Elmar Bereuter

Störmeldungen 2008

Der Versuch einer Ortung unseres geistigen Befindens in Schlagzeilen

Mauer Verlag
Wilfried Kriese
72108 Rottenburg a/N
Buchgestaltung: Wilfried Kriese
Titelbild: E. Bereuter
2009
ISBN 978-3-86812-180-3

www.mauerverlag.de

Inhalt

Vorwort

Der Versuch einer Ortung unseres
geistigen Befindens in Schlagzeilen

„Störmeldungen“ erschien erstmals 2008 als Sammlung täglich zusammen getragener Meldungen über das Jahr 2007. Was uns vor zwei Jahren noch bewegte, empörte, nachdenklich oder ängstlich machte, ist heute Schnee von gestern. Wer erinnert sich noch an Cumarin in Zimtsternen und Acrylamid in Kartoffelchips? Was ist geblieben von den Winterstürmen und den damit verbundenen Horrormeldungen über den angeblich kurz bevorstehenden Weltuntergang? Wer spricht noch von den Auswirkungen von Bio-Sprit oder von der Vogelgrippe? Wer weiß noch um die Bemühungen zur Streichung des Inzest-Paragrafen, um den staatlichen Ratgeber für Eltern mit der Aufforderung zur zärtlichen Berührung der Geschlechtsteile ihrer Kinder? Bereits im März 2007 kam eine Meldung aus den USA über die kollabierenden Immobilienmärkte mit der Warnung vor weltweiten Folgen, die jedoch kaum jemand ernst nahm. Wir wurden mit anderen Themen in Atem gehalten. Kaum ein Tag verging ohne die Eskapaden unbedeutender Girlies wie einer Britney Spears, Paris Hilton oder Lindsay Lohan. 2008 verschwanden sie alle fast gänzlich aus den Meldungen. Nach Jahrhunderten einvernehmlicher Geselligkeit spaltete nun das Rauchverbot die Bevölkerungen in fast ganz Europa in unerbittliche Gegner, die Staaten sorgen sich um die Bauchumfänge ihrer Bürger, Regierungen verordnen per Gesetz die Art der Beleuchtung in Haushalten, nach einem Jahr des Inkrafttretens des Allgemeinen Gleichbehandlungsgesetzes wagen viele Personalchefs kaum mehr ein Vorstellungsgespräch ohne Zeugen. Die staatlich geförderte und praktizierte Umsetzung von „Gender Mainstreaming“ verändert die Gesellschaften innerhalb von nur zwei Jahren nachhaltiger, als uns das bewusst ist: Inzwischen unterscheidet die Geschlechterforschung nicht mehr allein zwischen Frau und Mann, sondern kennt 15 verschiedene Ausrichtungen, die alle den rechtlichen Anspruch auf Gleichstellung einfordern. Wer sich dem nicht fügt, kann wegen Diskriminierung belangt werden. Toleranz heißt die Parole, Toleranz bis zur vollständigen Aufgabe eigener Standpunkte. Das lustvolle Niederreißen der letzten Tabus und die damit einhergehende Zertrümmerung aller unserer kulturell gewachsenen Werte schafft ein immer rauer werdendes gesellschaftliches Klima, dem wir zunehmend ratlos gegenüber stehen. Aber das alles kam nicht plötzlich über Nacht, sondern entwickelte sich leise und tut es weiterhin. „Störmeldungen 2“ möchte mit den verdichteten Nachrichten diesen Vorgang verdeutlichen und wieder ins Bewusstsein holen. Dazu finden sich zu vielen Meldungen auch Verweise auf die vorausgegangenen Ereignisse im Jahr 2007.

Quellen:
Ein detaillierter Nachweis würde den Umfang dieses Buches sprengen. Hauptsächlich handelt es sich neben den Tagesmeldungen um Online-Medien wie:
BILD, Blick, Bravo, Cicero, Der Westen, Die Zeit, FAZ, Focus, Hamburger Abendblatt, idea, kath.net, kreuz.net, Münchner Merkur, Münchner AZ, nachrichten.ch, Queer, Spiegel, Stern, Süddeutsche Zeitung, Schwäbische Zeitung, TAZ, Welt, Wiener Zeitung, Google.
Blogs:
Achse des Guten, Fakten und Fiktionen, dieStandard, Gegenstimme, hdp-online, foodwatch, genderama, Genderblog, Klima-News, Ökologismus, Politically Incorrekt, Zeitfragen-Infos, Umweltjournal.

Alle Informationen sind nach bestem Wissen und Gewissen wiedergegeben. Anmerkungen und Kommentare stellen vielfach die persönliche Sichtweise des Autors dar. Weder Autor noch Verlag übernehmen eine Gewähr für Korrektheit, Vollständigkeit oder Qualität der Quellen.

Rückblick auf Dezember 2006

Weihnachtsgebäck – Nichtraucherschutz – Feinstäube – Atomkraft – Feuerwerke

Zur Warnung vor Leber-schädigendem Cumarin in Zimtsternen kommt die Warnung vor krebserregendem Acrylamid in Lebkuchen, entdeckt wird die Potenzierung von Zigarettenrauch durch Giftstoffe aus Möbeln, Tapeten und Bodenbelägen und die Food and Agricultural Organisation sorgt mit der Meldung über massiv die Atmosphäre schädigende Kühe für Aufregung.

Der warme Winter wird bereits als Vorbote der Klimakatastrophe gesehen, aus den USA kommen Horrorzahlen über die Schädlichkeit des Rauchens und die Staatsanwaltschaft prüft die Strafbarkeit des Vertriebs von Zimtsternen.

Auf dem Berliner Weihnachtsmarkt werden 10 000 Gammelfleisch-Würstchen beschlagnahmt, die sich später als einwandfrei heraus stellen werden und ebenfalls in Berlin kommt ein kleiner Eisbär zur Welt, der von seiner Mutter verstoßen wird.

Wissenschaftler melden Forschungsbedarf über die Auswirkungen von Methangas in den Permafrostböden, zur Bekämpfung des Feinstaubs sollen in stark belasteten Städten Umweltzonen eingerichtet werden, in welche ab dem Frühjahr nur mit entsprechenden Plaketten eingefahren werden darf.

Die Forderung nach einem strengeren Nichtraucherschutz gipfelt in der Forderung, rauchenden Eltern die Kinder wegzunehmen, eine US-Studie belegt, dass sich Raucher eineinhalb Mal häufiger die Beine brechen und das Bundeskabinett beschließt Eckpunkte zum Nichtraucherschutz.

Vor den Feiertagen wird auf die bis zu siebenfach erhöhte Feinstaubbelastung in den Kirchen durch Weihrauch hingewiesen, im Weihwasser werden Bakterien entdeckt, eine weitere Untersuchung zeigt die bis zu 20-fache Überschreitung des Feinstaub-Grenzwertes in Kombination von Weihrauch und Kerzen, eine andere verweist auf die dicke Luft in den Gotteshäusern entsprechend 45 000 Autos an einer stark befahrenen Straße und Cumarin in Zimtsternen wird nun doch als ungefährlich erklärt.

Der Klimawandel setzt auch dem Wald zu, Brüssel empfiehlt die verstär-

kte Nutzung der Atomkraft zur Reduktion von CO2, die EnWB fordert eine längere Laufzeit der bestehenden Atomkraftwerke.
Die Meldung, der Himmel über Deutschland sei noch nie so sauber gewesen wie heute und die Feinstaubkonzentration sei in den letzten 30 Jahren um 60% zurückgegangen, geht unter.
Die Feuerwehr warnt vor illegalen Silvesterknallern, der Tierschutzbund fordert knallerfreie Zonen, die deutschen Versicherer mahnen zu besonderer Vorsicht im Umgang mit Böllern, das Umweltbundesamt sorgt sich über Überschreitung der Feinstaubwerte durch Feuerwerke, ein Psychologe warnt vor Potenzstörungen durch Kanonenschläge und in Bagdad wird Saddam Hussein hingerichtet.
Wort des Jahres wird in Deutschland: Fanmeile, in Österreich: Penthouse-Sozialismus und in der Schweiz: Rauchverbot.

JANUAR 2008

Rückblick auf Januar 2007

Gender Mainstreaming – Tempolimit – Feinstaub – Rauchverbot –Klimawandel - Orkane – Holzheizungen – Vogelgrippe-Verdachte – Jugendmorde von Tessin – Noro_Virus

2007 wird von der EU zum Jahr der Chancengleichheit ausgerufen. Was dahinter steht, verdeutlicht nach einem kritischen Artikel 2006 in der FAZ nun auch der SPIEGEL mit einem „Der neue Mensch" übertitelten Beitrag zu „Gender Mainstreaming".
Nach kurzer Aufmerksamkeit rückt das Thema wieder in den Hintergrund um die Sorge um die Belastungen durch Feinstaub, Passivrauch und Erderwärmung. Gleichzeitig dazu wird wieder der Ruf nach einem Tempolimit laut.
Die für den 1. März vorgesehene Einführung einer Feinstaub-Plakette sorgt für Verwirrung und die Forderung nach einem Rauchverbot in öffentlichen Gebäuden wird immer lauter.
Nach den Methangas ausstoßenden Kühen werden Holzheizungen als weitere Klimaschädlinge entlarvt und nach Acrylamid in Weihnachtsgebäck kommen nun auch Pommes ins Gerede.
Die Winterstürme „Kyrill" und „Lancelot" rasen als apokalyptische Vorboten des Klimawandels über Europa, Meldungen über Verdachte von Vogelgrippe sorgen für Schlagzeilen.
Nach den bisher als klimafreundlich geförderten Pelletheizungen werden diese nun sogar als noch gefährlicher angesehen als Holzheizungen. Die WHO korrigiert die Todeszahlen durch Feinstäube um das Vierfache nach oben, während gleichzeitig die EU-Kampagne gegen Übergewicht anläuft.
Aus Brüssel werden Rauchverbote auch in Gaststätten gefordert, Nichtraucher und Raucher stehen sich zunehmend feindseliger gegenüber.
Der Doppelmord in Tessin durch zwei Siebzehnjährige belebt die Debatte um Verbote von Killerspielen wieder neu, vor einer Welle des hochgefährlichen Noro-Virus wird gewarnt.

Meldungen Januar 2008

Dienstag, 1.1.08

• Ab heute Umweltzonen in Berlin, Köln und Hannover
• Acht Bundesländer führen ab heute das Rauchverbot in Gaststätten ein
• Randale in Magdeburg und Leipzig: Hunderte Jugendliche griffen in der Sylvesternacht Polizeibeamte an
• Hunderte Jugendliche fackeln zu Sylvester in Frankreich 273 Autos ab
• Diesmal wegen zu lauter Musik: Wieder zwei Männer von drei Jugendlichen in Münchner U-Bahn zusammengeschlagen
• Berlin – Mann wollte Frau mit Kind vor Knallkörpern schützen: Zwei Jugendliche treten 51-Jährigen zusammen
• Autofahren 2008: Gebühren und Bußgelder steigen drastisch
• UNESCO ruft 2008 zum Jahr der Erde aus
Mit einem 10-Punkte-Programm soll die Welt sauberer, sicherer, gesünder und gebildeter werden.
• Automarkt: 2007 war das schlechteste Jahr seit der Wiedervereinigung
• 30 000 klagen gegen Vorratsdatenspeicherung in Karlsruhe
• Regierung will Maut für Lkw's verdoppeln
• Feuerwerke ließen die Luftverschmutzung in den ersten Morgenstunden des Neujahrstages exorbitant steigen
• Feinstaub-Rekorde durch Feuerwerke
• Malta und Zypern führen den Euro ein
• Rechtsextreme greifen in Berlin zu Sylvester afghanische Familie an

Mittwoch, 2.1.08
• Chaos und Gewalt in Kenia: 70 000 Menschen auf der Flucht
• Erfrorener Säugling neben Babyklappe in Hannover gefunden
• Ansturm auf die Feinstaub-Plaketten in Berlin,Köln und Hannover
• Nach U-Bahn-Schlägereien: Politiker fordern schärferes Jugendstrafrecht
• CSU-Chef Schmid will Handy- und Führerscheinverbot für junge Serientäter
• Mordfall Buback: Beugehaft für RAF-Terroristen Klar, Mohnhaupt und Folkerts angeordnet
• Bericht zur Innenministerkonferenz: Die Gesellschaft ist rauer geworden
Fazit: „Die Ellbogen-Mentalität wird in allen Schichten zur

Grundlage menschlichen Handelns".

• Johannes Heesters (104) mit Rippenbrüchen in Innsbrucker Krankenhaus

• Riskante Downloads durch verschärftes Urheberrecht: Wer aus zweifelhaften Quellen Musik oder Filme herunter lädt, macht sich möglicher weise strafbar

• Sie nennt es „christliche Pflicht": Eva Herman verzeiht Johannes B. Kerner

• Iran hängt 27-jährige Mutter von zwei Kindern

Die mit 15 zwangsverheiratete Frau wurde von ihrem gewalttätigen Mann mehrfach missbraucht und brachte ihn um.

• Nicht mehr nur für Kader und reiche Kriminelle: China will anstatt mit Genickschuß mit „humaner"Giftspritze hinrichten

• Paris - Gewalt, Morde und Überfälle: Anwohner der Champs-Elysées trauen sich nachts nicht mehr auf die Straße

• Türkische Fernsehserie warnt vor Christen und bringt sie mit Organhandel, Prostitution und Mafia in Zusammenhang

• Unterschätzte Natur: Klimaforscher finden natürlichen Einfluss auf das Tauwetter in der Arktis

• Umfrage: Steffi Graf ist die beliebteste Deutsche

• Triefende Augen, sabbernde Schnauzen: Schönheitschirurgen kommen auf den Hund

• Beratungsresistente Klientin: Britney Spears Anwalt wirft das Handtuch

Donnerstag, 3.1.08

• Ölpreis überspringt erstmals die 100-Dollar-Marke

• Der zweite Fall in 24 Stunden: Wieder totes Kind in Karlsruher Babyklappe

• Verblüffendes Problem mit dem Feinstaub: Der Feinstaub hat sich selbst aus dem Staub gemacht – kaum mehr Überschreitungen der Höchstwerte

• Umweltzonen in Berlin, Köln, Hannover: Wo ist der Feinstaub?

• Umweltzonen, Feinstaub-Plakette, Sondergenehmigungen, Überwachungen, Bußgelddrohungen, Punkt in Flensburg: War die ganze Aufregung umsonst?

• Gewaltausbruch entsetzt Meckelfeld: 15 südländische Jugendliche jagen einen Hamburger und einen Niedersachsen
• Schmeißt die Scheiße weg!": 130 Vergiftungen in Leipzig durch mit Blei versetztem Marihuana
• Akte des Münchner U-Bahn-Schlägers Serkan A. (20) ist 1000 Seiten dick – auch Vater und Bruder saßen schon im Knast
• SPD und Union finden Erziehungscamps nach US-Vorbild für gut
• Glücklich, glücklicher, Beamter: Beamte sind die glücklichsten Deutschen
• Arbeitnehmer bewerten ihre Vorgesetzten: „Chefs strahlen Paranoia und Planlosigkeit aus"
• Darfur-Kinder zeichnen Bilder mit Strömen von Blut und Feuer
• Vulkan in Chile explodiert – Aschewolken türmen sich bis in 3000 Meter Höhe

In der EU wäre das ein Verstoß gegen die Feinstaub-Verordnung.

• Birma – Militärjunta erhöht Nutzungsgebühr von Satellitenschüsseln von 3,20 auf 544 Euro

Die Neuanmeldung soll 1100 Euro kosten. Der durchschnittliche Jahresverdienst liegt in Birma unter 200 Euro.

• Alkohol macht Fliegen schwul – US- Forscher vermutet Zusammenhänge auch beim menschenschlichen Sexualverhalten
• Sex der Zukunft: Anstelle der Moral kommt die sexuelle Demokratie

Erlaubt wird, was gefällt: Seitensprünge dienen der Aufwertung der Beziehung.

• Lindsay Lohan auf Capri: Drei Männer in 24 Stunden

Freitag, 4.1.08

• Jugendgewalt: Merkel will Erziehungscamps und Warnschuss-Arrest
• Später Triumph für G8-Gegner: Razzien vor dem Gipfel in Heiligendamm waren nicht rechtens
• Kein Feinstaub in Berlin: Die Umweltzonen sollen trotzdem her
• Auch ohne Feinstaub bleibt Hannover bei der Plakette
• Das Wetter ist schuld am fehlenden Feinstaub
• Hamburger Umweltbehörde: 70 Prozent aller Feinstäube sind klimatisch bedingt

• Durch Öko-Zertifikate legal: Stromanbieter verkaufen Atomstrom als Ökostrom

Ein Stromversorger kauft an der Börse z. B. deutschen Atomstrom, der mit den Ökozertifikaten eines ausländischen Wasserkraftwerkes aufgewertet wird. Das Wasserkraftwerk deklariert wiederum die entsprechende Menge seines Ökostroms in konventionell erzeugten Strom um.

• Feinstäube: Umweltbundesamt nimmt Feuerwerke, Zigarettenrauch und Grillen ins Visier

• Jugendgewalt erreicht das Land: Vier 14- bis 17-Jährige werfen in Oberbayern 16-Jährigen nach Prügelorgie ins Eiswasser

• 83 Millionen Buchungen erwartet: Deutsche bleiben auch 2008 Reise-Weltmeister

• Sturm in San Francisco: 850 000 ohne Strom

• Osteuropa versinkt im Schnee

• Ein Sieg für den Terrorismus: Rallye Dakar abgesagt

• Agressive „Missionare“: Evangelische Zentralstelle ermahnt Atheisten zur Toleranz

• Pilgern wird zum Massenphänomen

• Erwischt und aufgeschnitten: Australischer Tierarzt operiert vier Golfbälle aus Pythonschlange

• Britney Spears mit Überdosis einer „unbekannten Substanz“ im Krankenhaus

Samstag, 5.1.08

• CDU-Parteispitze stimmt für hartes Jugendstrafrecht

• Jugendgewalt: Kriminalbeamterbund fordert die Erfassung aller Migranten

• Mord und Totschlag: Kieler Staatsanwaltschaft geht für 2007 von einer Steigerung um dreißig Prozent aus

• Leyen unterschätzt Elterngeld: Statt 1,6 Milliarden jetzt 1,84 Milliarden

• Meist fällt das Elterngeld mager aus

30 Prozent der Gelder gehen an Besserverdienende. Über 90 Prozent der Empfänger sind Frauen, die nur über ein geringes Grundeinkommen verfügen.

• Ein Foto erschüttert die Welt: In Regalen gestapelte Kinderleichen in Nairobi

Nach umstrittenen Wahlen gehen die Stämme der Luo und Kikuyu mit Macheten auf einander los.

• „Hätten sie sich mehr um seine Erziehung gekümmert!“: 76-jähriges U-Bahn-Opfer nimmt die Entschuldigung des griechischen Täters und seiner Eltern nicht an

• 75 Prozent der Bayern sind gegen das strikte Rauchverbot

• Comedy-Marathon auf SAT 1: Pointen, die nüchtern nicht zu ertragen sind

• Peinliche Ölpreis-Prognosen: Er sinkt! Er steigt! Er bleibt!

• Dosenpfand, Grüner Punkt, Gelber Sack, Tempolimit, Rauchverbot, Mindestlöhne, Ganztags-Kitas, Gesundheitsreform, Ganztagschulen: Zügig in Richtung einer sozialistischen Bevormundungsrepublik

• Scientology in Spanien als offizielle Religion anerkannt

• 80 Prozent der irischen Raucher begrüßen das irische Rauchverbot ???: Bei Zuwiderhandlung drohen bis zu 3000 Euro Strafe und drei Monate Haft.

• Ex-Pornostar Gina Wild lehnt scharfe Sex-Szene für eine Million ab

Sonntag, 6.1.08 (Dreikönig)

• Streit um junge straffällige Ausländer verschärft den Ton in der Koalition

• Jugendgewalt: Breite Zustimmung für Hardliner Koch

She. 22.12., 25.12. und 29.12.07

• Arbeitslosenzahlen: Alles nur Augenwischerei?

Es gibt in Deutschland zwei Statistiken, die der ILO und der Bundesagentur für Arbeit. Die internationale ILO unterscheidet nur zwischen „erwerbstätig“ und „erwerbslos“, während die BfA nach „arbeitslos“, „arbeitssuchend“ und „beschäftigt“ kategorisiert. Personen z. B. in Fortbildung oder Umschulung fallen unter „arbeitssuchend“.

• Hirnforscher wollen kriminelles Potenzial diagnostisch erkennen können

• Barack Obama liegt in Umfragen weit vor Hillary Clinton

• Bill Gates zieht sich bei Microsoft zurück

• Neuwagen in Deutschland teuer wie noch nie: Das Durchschnittsauto ohne Extras kostet 24 835 Euro
• Norwegens CO2-Verbuddelung endet im Fiasko: Verfahren ist nicht finanzierbar
• Geheime Sicherheitsdaten zur Lage in Afghanistan und Angaben zum Bombenbau: Schwedischer Militär vergisst USB-Stick in öffentlicher Bibliothek
• Vermeidbare Todesfälle in den Industrienationen: USA landen auf dem letzten Platz
• 2007 sind in der Schweiz 36 Menschen ertrunken
• Mehrheit der Österreicher besorgt über den Geburten-Rückgang
• Porsche Panama Hybrid: Da freut sich der Öko-Snob
• Mittagsschlaf stärkt das Gedächtnis

Montag, 7.1.08

• Sieben arabisch- und türkischstämmige U-Bahn-Schläger verprügeln Frankfurter Lokführer
• Verbissener Streit um Verschärfung des Jugendstrafrechts
• Hessen spart bei jungen Straftätern: Null Euro für Streeetworker
• Münchner Grundschul-Leiter: „Wir züchten uns diese Jugendlichen!"

Lehrer beklagen den hohen Zeitaufwand mit der Beschäftigung mit einigen wenigen Problemkindern aus strukturlosen Familien und die rechtliche Ohnmacht.

• Miltenberg – 19-Jähriger schießt aus fahrendem Auto aus Spaß auf Fußgänger
• CSU plant grundlegende Lohn- und Einkommenssteuerreform
• Massive Beitragserhöhung der gesetzlichen Krankenkassen wird immer wahrscheinlicher
• VW-Sekretärinnen packen aus: Nach dem Diktat Lustreisen organisieren
• Feinstaubmangel bedroht Umweltzonen

In Köln war die geringe Feinstaubbelastung schon lange bekannt. In einem Flugblatt wird erklärt, es ginge auch nicht um Feinstaub, sondern um die ab 2010 geltenden Grenzwerte für Stickoxidemissionen. Stickoxidemissionen? Hatten wir doch schon mal. Vor dreißig Jahren – damals, beim Waldsterben.

• Saudi-Arabien erklärt Sarkozys Freundin Bruni zur unerwünschten Person

• Zehntausende Tonnen Müll in Neapel: Prodi schickt das Militär

• Der Osten hat die dicksten Deutschen

Während der durchschnittliche Bauchumfang 96,97 Zentimeter beträgt, bringen es Thüringens Herren auf 98,27 Zentimeter.

• Bizarrer Streit im US-Wahlkampf um Abtreibung

Die größte Pro-Abtreibungsorganisation unterstützt Obama, der Abtreibung bis zur Geburt will, während Hillary Clinton sich selbst als radikalste Abtreibungsbefürworterin in den USA sieht.

• Leichnam Padre Pios wird exhumiert und zur Verehrung ausgestellt

• So werden Sie steinalt: Schluss mit Saufen und Rauchen, täglich Sport und fünfmal Obst und Gemüse

• Studie: Singende Vorschulkinder sind klüger

• Das Pälästinensertuch wird zum Modetrend

• „Sie sind besonders pervers!“: Edelstripperin Dita von Teese bevorzugt Briten im Bett

Dienstag, 8.1.08

• Schreckliche Übergriffe in Köln: Zwei 16-Jährige quälen Obdachlose und stellen ihre Taten ins Internet

• Umfrage: Mehrheit der Deutschen für ein schärferes Jugendstrafrecht

• Jugendstrafrecht: Altkanzler Schröder reitet Attacke gegen Koch

• Jugendliche Gewalttäter: Sozialpädagogen für die Vermittlung christlicher Werte im Gefängnis

• Öttinger will mehr junge Polizisten gegen Jugendgewalt

• Deutsche Umweltverbände fordern Zulassungsverbot für Neuwagen mit hohem CO2-Ausstoß

• Grüne wollen Pkw mit hohem CO2-Ausstoß ab 2012 generell verbieten

• Frau spült ihren zerstückelten Mann durch die Toilette: Polizei sucht in der Kanalisation

• Büsum – Chef feuert drei nörgelnde Nichtraucher

• Schlappe Lehrer brennen schneller aus

Eine Frankfurter Langzeit-Studie kommt zu dem Schluss, dass die meisten der über „Burnout“ klagenden Pädagogen schon im Studium unmotiviert und als Einsteiger in den Beruf überfordert waren.

• Neapel – Mit Tränengas gegen Müll-Demonstranten

• Drittgrößte Glaubensgemeinschaft: Österreichisches Bundesheer bekommt zwei Imame als Seelsorger

• „Dunkel liegt über den Völkern!“: Die Globalisierungsgegner erhalten mit dem Papst einen bedeuteten Verbündeten

• 100ster Geburtstag von Simone de Beauvoir

Ihr Buch „Das andere Geschlecht“ wurde ein Welterfolg und zu einer der Grundlagen des modernen Feminismus. De Beauvoir verficht darin die zentrale These: „Man wird nicht als Frau geboren, man wird dazu gemacht!“. Dieser Grundgedanke findet in der Fortsetzung von „Gender Mainstreming“ Eingang in die EU und wird bis heute von der breiten Öffentlichkeit kaum wahrgenommen zur wichtigsten Richtlinie. She. 1.1.07

• Drama in Nürnberger Zoo: Eisbärin Vera frisst ihre beiden Jungen

• Gold so teuer wie noch nie

• Schweizer Sorgenbarometer: Handy-Pornos auf Platz 1, Krankenkassen-Beiträge auf 2

• Österreichs Frauenministerin plant Gegenmaßnahmen gegen häusliche Gewalt während der Fußball-Europameisterschaft

• Nach Ségolène Royals kommt auch Hillary Clintons Feminismus bei den Frauen nicht an

• Türkischer Professor sieht Belgier als Nachfahren des Oguz-Turkstamms

Mittwoch, 9.1.08

• Hamburger Justiz mit falschen Zahlen: Seit 2002 kamen nicht 70 Prozent, sondern lediglich 30 Prozent der jugendlichen Straftäter ins Gefängnis

• Türken werfen Koch Rassismus vor

• Schon neun Tote durch Noro-Virus

• Nürnberger Zoo: Drittes Eisbärenbaby wird nun doch mit der Flasche aufgezogen

• Im Kampf ums Klima: Großbritannien will im großen Stil Atomkraftwerke bauen
• Rauchverbot in Frankreich: Schmierestehen vor dem Bistro
• Wiesnwirt zum Rauchverbot: „Von ein paar Klugscheißern entmündigt!"
• Urlaub mit Öko-Siegel: Reisen mit reinem Gewissen
• Rekord-Jahr 2007: Lufthansa beförderte über 56 Millionen Passagiere
• Frauenrechtlerinnen stürmen die für Frauen verbotene Mönchsrepublik Athos
• 40 Tage ohne Sex: Niederländischer TV-Sender verpflichtet sieben Jugendliche zu „Big Brother" ohne Pornos, Masturbation und Sex
• Eine kleine Träne: Wie Hillary Clinton in New Hampshire die Demoskopen ausspielte
• Australien will Plastiktüten verbieten
• Unser Essen belastet die Umwelt
• Pamela Anderson: Entliebt, fast geschieden – und schwanger

Donnerstag, 10.1.08
• Jugendgewalt-Debatte: Migranten verlangen von Merkel Kochs Bändigung
• Privatfernsehen und Jugendgewalt: Eine Mixtur des Grauens
• Fernsehen macht dick, faul und gewalttätig
• EU-Plan: Milliardenstrafen für Schmutzkraftwerke
• Polizeichef bittet, nicht 110 zu wählen, wenn irgendwo geraucht wird
• Raucherwohnungen: BGH prüft Schadenersatzregel
• 151 000 tote Zivilisten in drei Jahren im Irak-Krieg
• Volker Beck protestiert gegen Symposium „Heilung von Homosexualität" beim Christival
Allein schon die Diskussion darüber soll abgewürgt werden.
• Hamburger Bürgermeister enttäuscht: Alkoholverbot auf dem Kiez ist vom Tisch
• Ein neuer Zyklus beginnt: Die Sonne rüstet sich für eine neue aktive Phase
• Jeder achte Arbeitnehmer wird zum Mobbing-Opfer
• „Urvertrauen wird erschüttert!": Professor weist 698 neue Verordnungen und Gesetze seit Beginn der großen Koalition 2005 nach

- Oberösterreichische katholische Privatschulen nehmen Moslems auf
- Schweizer Luft so sauber wie schon seit fünf Jahren nicht mehr
- Babyboom in SA: Erstmals seit 35 Jahren steigt die Geburtenziffer auf 2,1 pro Elternpaar
- Jesus-Figur mit Erektion erregt in Gateshead die britischen Gemüter
- 14-jähriger Pole bringt in Lodz mit selbstgebastelter Fernbedienung vier Straßenbahnen zum Entgleisen
- Nürnberger Eisbären-Baby: Knutschi, Knutella oder Karin?
- Stiftung Warentest nimmt Sushi-Bars unter die Lupe
- Zellkernübertragung: Quallen-Gen lässt Schweine leuchten
- Speichermedien: Porno-Industrie schlägt sich auf dieSeite von Blue-ray-Disc

She. 19.1., 3.2. und 7.9.07

- Neue Staffel Dschungel-Camp: Neuauflage des Fäkal-Fernsehens
- Spice-Girl Mel B auf der Bühne: „Zu Weihnachten bekam ich viele klitorale Stimulationen!"
- Droht Britney Spears Zwangseinweisung in die Klapsmühle?

Freitag, 11.1.08

- Härtere Strafen und Warnschussarrest: Innenminister der Union folgen Koch

Die Maximalstrafen imJugendstrafrecht sollen bislang von 10 auf 15 Jahre angehoben, Bewährungsstrafen mit einem „Warnschussarrest" geahndet und Führerscheine auch ohne Verkehrsverstöße entzogen werden.

- SPD-Chef Struck unterstellt Koch taktische Berechnungen zum Wahlkampf in Hessen
- 74-Jähriger Heilbronner von drei Jugendlichen bewusstlos geschlagen
- Gabriel für Tempo 130 auf Autobahnen
- Lokführer drohen mit neuen Streiks
- Rauchverbot sorgt auch für Einbrüche bei den Brauern
- Väter verzichten auf hunderte Euro: Nur zehn Prozent der Männer beantragen Elterngeld
- Goldpreis knackt erstmals 900-Dollar-Marke
- Kampf gegen Terrorismus: FBI will künftig Hirnströme von Flugpassagieren scannen

• Bio-Treibstoffe verdrängen Tier- und Pflanzenarten
• Unterschenkelfrakturen, Knie-, Schulter- und Handverletzungen: Der Ruf nach Helmpflicht für Wintersportler wird lauter
• Viel Schnee in den Bergen lässt die Zahl der Wintersportunfälle drastisch steigen
• Erstbesteiger der Mount Everest ist tot: Edmund Hillary starb mit 88 Jahren
• Inspiration aus „Kill Bill“: Vier Jugendliche schlagen in Bristol 16-Jährigem mit Hammer den Schädel ein
• Männer, Frauen und gemischt: Nächster Masturbations-Marathon findet im Mai in Kopenhagen statt

She. 26.5.07

• Gegen Löcher im Zahn: Weintrauben machen Kariesbakterien unschädlich
• Dschungelcamp bei RTL: Die Rückkehr des Mutantenstadels
• Sharon Stone: „Richtig männlich sind jetzt nur noch die Frauen!“

Samstag, 12.1.08

• Thema „Jugendgewalt“ löst verbale Prügeleien bei Politikern aus
• Koch besteht auf Entschuldigung von Struck
• Flugzeug-Abschüsse: Oberster Verfassungsrichter stoppt Schäuble
• Libanon warnt Deutschland vor Anschlägen militanter Islamisten
• Großbritannien baut zehn neue AKW

Derzeit sind weltweit 439 Atomkraftwerke in Betrieb und 34 in Bau. Sie produzieren 16% der weltweiten Elektrizität und 34% in der EU.

• Bayern torpediert Brüssels CO2-Pläne – besonders BMW und Audi wären betroffen
• Riesenaufwand für deutsche Feinstaubplakette

Einfahrtserlaubis für Schweizer in deutsche Umweltzonen: Adresse, Hersteller, Modell, Kraftstoffart, Hubraum, Leistung , Baujahr eingeben, Einscannen des Fahrzeugsscheines, Online-Übermittlung oder per Fax, Überweisung von 49,50 Euro – und fertig!

• Hillary Clinton preist Deutschland als Vorbild im Klimaschutz
• Von Monogamie hält sie nicht viel: Franzosen zunehmend geschockt über die Moralvorstellungen von Sarkozys Freundin Bruni

• Erster Schnee in Bagdad seit mindestens hundert Jahren

• Sarden machen mobil gegen Neapel-Müll

Der Müllberg ist auf 110 000 Tonnen angewachsen. Die Entsorgung auf Sardinien führt zu gewalttätigen Auseinandersetzungen zwischen 1000 Demonstranten und Polizei.

• Norwegischer Millionär soll 250 Kinder sexuell missbraucht haben

• Dummheit in XXL: Raucher-Shirts mit Judenstern im Internet

• Jugendlichen fehlt der Bezug zum Holocaust: „Jude" als neues Mode-Schimpfwort

• Jedes dritte Kind in der EU wird außerehelich geboren, jedes fünfte abgetrieben

• Gegen anschwellende Verrohung der Sexualmoral: Holland startet TV-Serie

• „Opportunistische, mit Schminke vollgekleisterte Tussen": Cécilia Sarkozy lästert über ihre Ex-Freundinnen

• Vergleich von Schwulen mit Pädophilen: Spanischer Homo-Verband verklagt Bischof

• Fräulein Knut sucht im Web einen Namen

• Dschungelcamp: Das nehmen die Promis mit

• Supertranse Lorenzo alias „Lory Glory" lässt den neuen Busen blitzen

Sonntag, 13.1.08

• Grotesker Wahlkampf in Hessen: Hessen-Linker nennt Koch „schießwütiger Gewalttäter"

• Streit um Mindestlöhne: Experten warnen vor einer Beschäftigungskatastrophe

• Kölner Skinheads verprügeln Dunkelhäutigen

• Täglich über 300 illegale Einwanderer an der deutschen Ostgrenze

• Familiäre Gewalt ist oft Ursache für kriminelle Jugendliche

• Experten drängen auf Helmpflicht für Skifahrer und Snowboarder

Kopfverletzungen liegen statistisch bei 10-15 Prozent – den größten Anteil stellen Kinder.

• Aufgehoben, nicht freigesprochen: Bundesanwalt hebt Todesurteil gegen Marinus van der Lubbe auf

Dem holländischen Kommunisten Marinus van der Lubbe die

Brandstiftung des Reichstags zur Last gelegt. Da er nach der damaligen Gesetzeslage nicht zum Tode hätte verurteilt werden können, wurde nachträglichdie „Verordnung zum Schutz von Volk und Staat“ erlassen. Van der Lubbe wurde nach einem spektakulären Prozess am 10. Januar 1934 in Leipzig hingerichtet.

• 1600 Euro – Indien stellt sein neues Billigauto vor

Das entspricht ungefähr dem Preisaufschlag beim Kauf eines deutschen Autos für die Klimaauflagen.

• Mehr als 8000 Namensvorschläge in wenigen Stunden: Eisbärbaby legt den Server lahm

• El-Kaida-Netzwerk bedroht schwulen Pariser Bürgermeister Delanoë

• Rauchverbot in Frankreich: Zwanzig Polizisten stürmen Lokal und verteilen Strafzettel

• Eis am Südpol ist auf Rekordniveau – auch am Norpol wächst es wieder

• Kuriose Konstellation: Antrag zur Abschaffung des Gotteslästerungsparagrafen im britischen Unterhaus fiel unter die Nummer 666

666 ist die Zahl des Antichristen in der biblischen Offenbarung.

• Computerarbeit geht auf die Augen: Optikbranche sieht in eine rosige Zukunft

In Deutschland tragen bereits mehr als 40 Prozent der Menschen über 16 eine Brille oder Kontaktlinsen.

• Das kleine Eisbärenbaby hängt an der Flasche

• RTL-Dschungelcamp: Quotenfest der Quotenleichen

Montag, 14.1.08

• Elf Prozent mehr: Endlich Einigung im Tarifstreit der Lokführer

• Jugendstrafrecht auch für Kinder: Koch nimmt nun die Krawallkids unter 14 ins Visier

• Leipzig – Drei Ausländer schlagen 17-Jährigen zusammen

• Jugendkriminalität: Statistik entlarvt Hessen als Gewalthochburg

• Strompreise steigen um sieben Prozent

• Millionen droht teurer Umstieg auf Super-Plus

Die Erhöhung der Beimischung von Bio-Ethanol von 5 auf 10 Prozent ab 2009 in Normal- und Superbenzin kann bei älteren Fahrzeugen Schäden an Motoren und Kraftstoffleitungen verursachen. Betroffen wären etwa 33 Millionen Autos.

• Atheist Gysi fürchtet sich vor einer gottlosen Gesellschaft

• Ralf Giordano bezeichnet die von Koch angestoßene Diskussion als überfällig

• Chinesen kaufen sich mit sieben Milliarden Dollar bei angeschlagener Citigroup-Bank ein

• Franzosen wollen Atomkraftwerke am Golf bauen

• Frankreich spielt Raucher und Gendarm

• Times: Das muslimische Großbritannien wird eine große No-Go-Area

Der Bericht dreht sich um den Stadtteil Small Heath in Birmingham, in dem ein Großteil der Bewohner das selbstgewählte Ghetto noch kaum verlassen hat. Zu welcher eigenen Wahrnehmung dies führt, zeigt deren Schätzung eines Moslem-Anteils in Großbritannien auf zwischen 30 und 50 Millionen. In Wirklichkeit sind es 1,6 Millionen bei einer Gesamtbevölkerung von 60 Millionen.

• Rauchverbot in Frankfurt/Oder: Zum Paffen nach Polen

• Bereits 102 Beschwerden gegen Berliner Gastwirte – Hellersdorf kündigt scharfe Rauch-Kontrollen an

• Pankow mit eigener Telefon-Hotline gegen Nicht-Beachtung des Rauchverbots

Die Blockwarte kommen wieder.

• Kameras laufen rund um die Uhr: Polizei hat Narren in Villingen fest im Blick

• 50 000 Narren feierten in Offenburg friedlich: Polizei meldet eine eingedrückte Fensterscheibe

• Dschungelcamp: C-Promis verschaffen ein Gefühl der eigenen Überlegenheit

• Dr. Sommer Quiz: Weißt du alles übers Onanieren?

• Neuer Rekord: Mehr als 1000 Gewaltakte gegen Christen in Indien

• Britney Spears auf Shoppingtour im alten Brautkleid

Dienstag, 15.1.08

• Deutschland hat erstmals seit 1969 wieder einen ausgeglichenen Haushalt

• Welle der Empörung gegen Koch: Kein Gefängnis für Kinder

• Nach Einigung mit Lokführern: Stellenabbau und Preiserhöhungen

• 100 Delikte insgesamt – 47 allein im letzten Jahr: 14-jähriger Türke ist Kölns schlimmster Gewohnheitsverbrecher

• Nur drei Monate nach der Scheidung: Sarkozy heiratet heimlich Carla Bruni

• Österreichische FPÖ-Politikerin nennt Mohammed „Kinderschänder" und „Epileptiker"

• Rechtspopulistische Hetzkampagne gegen Muslime in Österreich

• Steirischer Landeshauptmann sieht Graz als mögliches Terrorziel

• 80 000 Tote durch Passivrauch: EU fordert totales Rauchverbot in Europa

Die Zahlen beruhen auf willkürlichen Schätzungen. She. 30.5.07: Damals wurde bei zwei Dritteln der zugrunde gelegten 3300 deutschen Opfer ein Alter von über 85 Jahren nachgewiesen. Nun sollen es auf Deutschland umgelegt immer noch etwa 2800 Tote jährlich sein.

• VW verkauft erstmals mehr als sechs Millionen Autos

• Das Unwort des Jahres 2007 heißt „Herdprämie", Platz zwei für „klimaneutral"

• Europa ohne Industrie?

Die Klimaschutzpläne Brüssels für die Industrie würde zu milliardenschweren Belastungen führen. Nach Berechnungen der europäischen Papiererzeuger würde beispielsweise die Bezahlung der Kosten für die CO2-Emissionen sämtliche Gewinne der Branche auffressen.

• Rasende Motorradfahrer halten im Vogtland die Polizei zum Narren – und es gibt Leute im Internet, die finden das gut

• Fußball-Gewalt: Polizei will Randalierer aus der Luft mit Drohnenkameras überwachen

• Iran - Anteil der Aidsfälle in der heiligen Stadt Qom hat sich im letzten Jahr von 177 auf 324 Fälle fast verdoppelt

She. 25.9.07

• Big Brother 8: Neuzugang Naddel Sommerfeld zeigt ihren Kunstbusen

• Eisbärbaby öffnet auch das zweite Auge

Mittwoch, 16.1.08

• US-Börsen auf rasanter Talfahrt – Experten fürchten das Schlimmste

• BKA soll Abgeordnete, Geistliche und Anwälte präventiv abhören dürfen

• Berliner Gewaltrapper Massiv von Maskiertem angeschossen

• Kehlheim – Jugendamt nimmt Eltern acht angeblich misshandelte Kinder weg

Obwohl die Kinder zu ihren Eltern zurück wollen, müssen sie bis zu Klärung der Umstände in einem Heim und bei Pflegeeltern verbleiben.

• Hessen schickt 16-jährigen Schüler nach Sibirien

• Jugendgewalt: Wir stehen erst am Anfang

Die Jugendpsychotherapeutin Christa Meves verweist auf die zunehmende Entwurzelung schon in den ersten Lebensjahren durch die wachsende Anpassung von Kindern und Müttern an die Bedürfnisse der Industriegesellschaft.

• Bauernverband warnt vor weiterem Anstieg der Lebensmittelpreise

• 10 Prozent-Biosprit-Regelung: Wissenschaftler warnen vor Rodung riesiger Urwaldflächen

• FPÖ-Kandidatin Winter bedroht Österreichs Sicherheit

• Rechtspopulistin Susanne Winter nach Mohammed-Beleidigung unter Polizeischutz

• Evangelische Kirche erstattet Strafanzeige gegen Winter wegen Volksverhetzung

• Papst sagt nach antiklerikalen Tumulten Vortrag an römischer Universität „La Sapenzia“ ab

• Wie bei Katholiken der Weihrauch: Wirt in Schleswig-Holstein gründet Religionsgemeinschaft und erklärt seine Kneipe zur Kirche

• Tottenham – Jugendliche Sex-Gang übergießt 16-Jährige nach Vergewaltigung mit Säure

• Neue Belege: Brachte Kolumbus die Syphilis nach Europa?

• Leder und Pelz: Der neue Mann trägt Zuhälterstyle
• In Österreich verunglücken mehr Menschen am Berg als auf der Straße
• Groß wie ein Stier: Fossile Maus in Urugay entdeckt
• Schimpanse Hiasl ist kein Mensch – Wiener Tierschützer wollen nun den Europäischen Gerichtshof für Menschenrechte anrufen
• Nürnberger Zoo macht mit Eisbärbaby Flocke den Knut
• Victoria Beckham schildert Davids bestes Stück als 7,62 Meter langes Monster
She. 6.5.07

Donnerstag, 17.1.08
• Nokia wird zur Heuschrecke: 2300 deutsche Mitarbeiter stehen vor der Entlassung
• Bayern plant Alleingang zur Online-Durchsuchung
• EU-Pläne zum Emissionshandel bedroht 300 000 Arbeitsplätze in der Stahlbranche
• Jagt Brüssel die Schwerindustrie aus Europa?
• Das Ende der Friedhöfe: Freier hessischer Landtagskandidat Kadim Sanli empfiehlt das Essen von Menschenfleisch anstatt von Tieren
Rezept she. 29.9.07
• Detroit Motor Show: Sportwagen trotzen dem Öko-Trend
• Meteoriteneinschlag: Deutsche Forscher simulieren den Weltuntergang
• Fällt in Deutschland das Beichtgeheimnis? Das geplante Gesetz zur Abhörung sensibler Berufsgruppen stößt auf Widerspruch
• Jugendgewalt: Mehr Polizisten, mehr Richter, mehr Sozialarbeiter, mehr Täter?
• Big Brother 8: Kandidat fliegt wegen Pädophilenwitz raus
• Papst sagt nach anhaltenden Tumulten Rede an Universität über die Vernunft der Religion ab
• Solidaritätswelle für Benedikt im Streit um Uni-Besuch
• Urlaubsrekord: Frankreich ist weltweit beliebtestes Reiseland
• Feinstaub schadet den Spermien
• Australischer Ärzteverband schlägt Klimasteuer für Eltern mit mehr als zwei Kindern vor

• Im Nichtraucherlokal: Duft von Mensch, Bier, gebratenem Fett und Damenparfüm
• Kalifornische Stadt Calabasas verbietet Mietern das Rauchen in Wohnungen
• Schock! Pornostar Jenna Jameson geht in Pension
• Einsam und verzweifelt: Englische Zeitung veröffentlicht Abschiedsbrief von Britney Spears

Freitag, 18.1.08
• Nokia-Mitarbeiter können auf EU-Hilfe hoffen
• „Scheiß Deutscher!“: Baden-württembergischer Minister will deutschfeindliche Sprüche bestrafen
• Kommission für Jugendmedienschutz mahnt 13 Privatsender wegen Porno-Werbung schon am Nachmittag an
• Italien nach gescheitertem Papst-Besuch an der Uni bestürzt
• Rote Rosen für Benedikt und Katzenjammer an der Universität La Sapienza
• Universitäten sind kein Platz für den Papst
• Oralsex für Sechsjährige im Kino: Eltern entsetzt über Freigabe von „Keinohrhasen“
• Oralsex und andere Praktiken: FSK überpüft nach heftigen Protesten Freigabe von „Keinohrhasen“ für Kinder
• Namen, Bankverbindungen, persönliche Angaben: Britische Behörden verschlampen Daten von 600 000 Rekruten
• Britische Regierung verbietet Bezeichnung „Islamischer Extremismus“ oder „Krieg gegen Terror“
Die neue Sprachregelung für Beamte lautet „anti-islamische Aktion“.
• Überreste katholischer Kirche in der Türkei werden restauriert – Besuche nur für Ausländer
• Süditalien in der Mozzarella-Krise: 32000 Büffel mit Brucella- Granuloma-Erregern müssen notgeschlachtet werden
• Eisbär Flocke heißt jetzt ofiziell Flocke

Samstag, 19.1.08
• Panik an der Börse: Der DAX bricht ein

• EU besorgt über Kursstürze an den Börsen
• Clement warnt vor der irrationalen Energiepolitik von SPD, Grünen und Linkspartei
• Hessenwahl: Wolfgang Clement (SPD) warnt vor der Wahl seiner Parteigenossin Ypsilinti
• Parteivorsitzender Struck möchte Clement aus der SPD werfen
• Nachdem die Subventionen in Deutschland ausgesaugt sind: Nokia zieht nach Jucu in Rumänien
• Aus Protest: Politiker geben Nokia-Handys ab

Allerdings produziert kein anderer Hersteller noch in Deutschland.

• Sozialstrom: Gabriel will billigere Tarife für schwächere Verbraucher
• Spanische Polizei nimmt 14 Terrorverdächtige fest
• Kulturkampf-Studie: Europäer fühlen sich von Muslimen bedroht
• Auch die Türkei leidet unter Jugendgewalt
• Bin Ladens Sohn ruft seinen Vater zur Umkehr auf
• Jeder vierte Deutsche fordert den Eltern-Führerschein

Zwei Drittel der Bundesbürger sind auch für eine verstärkte Kontrolle der Eltern durch die Jugendämter.

• Firmen schicken Azubis in Benimm-Kurse
• Ökologischer Landbau: Bio wird knapp
• Frankreich verlängert Anbauverbote für Gen-Mais
• Billigauto Tata: Klimaexperten warnen vor einer Motorisierung Indiens im großen Stil
• Schachlegende Bobby Fisher: Das jähzornige Genie ist tot
• Blockheizkraftwerke: Öko-Strom mit schlechter CO2-Bilanz
• Zuviel Kaffe erhöht das Risiko für Fehlgeburt
• Darwin-Award für Rektal-Alkoholiker mit 4,7 Promille

Der Darwin-Award wird jährlich für besonders dämliche Todesfälle verliehen.

Sonntag, 20.1.08

• Stärkster Einbruch seit dem 11. September 2001: Der DAX im freien Fall
• Verheugen stellt EU-Subventionen im Fall Nokia infrage

• Streit um Ausländerkriminalität: Türkische Zeitung „Hürriyet" wirft Koch „Nazimethoden gegen über Muslimen" vor
• „Dominanz einer irrationalen Energiepolitik": Westerwelle unterstützt Clement
• Deutschland zwischen wirtschaftlichem Abstieg und grüner Utopie: BDI befürchtet den Verlust von über einer Million Arbeitsplätze durch Klimapläne
• Baby bei Aachen vor einer Haustüre ausgesetzt - Polizei sucht Mutter
• Schizophrener Sarkozy: Lob des „positiven Laizismus" in Rom und der Islam als „eine der größten und schönsten Zivilisationen" in Saudi-Arabien
• Jeder achte Bundesbürger ist inzwischen von Armut bedroht
• Keine Rede an der Uni: 200 000 bekunden auf dem Petersplatz dem Papst ihre Sympathie
• Klimastudie: Ostsee erwärmt sich schneller als die Erde insgesamt
• Psychisch kranke Studenten: Immer mehr gehen nur noch mit Pillen in die Prüfung
• Neue Globalstudie zeigt die kommende Überalterung der fast gesamten Weltbevölkerung
• Frische Äpfel aus Neuseeland mit besserer Öko-Blianz als deutsches Lagerobst
• Gender Mainstreaming auch bei den Schlümpfen: Die blauen Wichte bekommen neue Frauen

Geschlechterforscher kritisierten die einseitige Rolle der bisher einzigen Schlumpffrau Schlumpfine.

• Scientologe Tom Cruise so gefährlich wie Goebbels?
• Scientology verteidigt Cruise gegen Goebbels-Vergleich
• Eisbär Flocke ist schon fast einen halben Meter groß
• 34. Geburtstag: Kate Moss schenkte sich eine Sex-Orgie im Hotel mit drei Partygästen

Montag, 21.1.08

• DAX-Absturz: Die Party ist aus
• Finger weg von Aktien!
• Zum vierten Mal in Folge: Die Reallöhne sind erneut gesunken

• Ex-Kanzler Kohl warnt vor Verschweigen der Gewalt von jugendlichen Migranten
• Sachsen-Anhalt - 18-Jähriger tritt 54-jährige Frau auf Marktplatz zu Tode
• Normal: Täglich neun bis zehn Angriffe auf Berliner Polizisten
• Chinesischer BMW-Allrad-Verschnitt erhält EU-Zulassung
• Polnische Piratenfischer machen dem Dorsch den Garaus
• Gesundheitswissenschaftler warnen: Permanente Empfehlungen zu gesunder Ernährung machen nur kränker
• Rauchverbot in Bayern: Stammtische flüchten nach Österreich
• Rauchverbote sorgen auch bei Feuerwehren für dicke Luft
• Rauchverbot in Niedersachsen: Die ersten Kneipen machen dicht
• Dschungelcamp, Stars auf Eis, Schlag den Raab: Deutschlands TV-Shows immer brutaler
• Die Antarktis versinkt im Schnee
• 50 Peitschenhiebe: Saudische Frau zwang Stieftochter zum Essen einer Paprikaschote
• London – Kollegin bezeichnet Kollegen als Tunte: 2600 Euro Strafe - für den Arbeitgeber
• Eisbärmädchen Flocke mit gefährlichen Heuballen im Magen

Die Welt atmet auf:

• Pamela Anderson ist doch nicht schwanger

Dienstag, 22.1.08

• Nackte Panik an den Aktienmärkten
• Globale Rezessionsfurcht: Asiens Angst vor dem Absturz
• Neue Vorgaben der EU sollen den CO2-Ausstoß nochmals um 21 Prozent senken
• EU will bis 2020 pro Woche und pro Bürger drei Euro für den Klimaschutz
• EU-Klimapaket: Deutsche Industrie warnt vor horrenden Kosten
• Zwei Millionen Menschen können sich in Deutschland nur mit Doppeljobs über Wasser halten
• Gabriel für Autobahn-Tempolimit ab 2009
• Rauchverbot macht den Narrenzünften zu schaffen
• Angst und Gewalt in Kenia: „Wir rasen auf den Abgrund zu!“

• Macht die Amok-Droge Tilidin die Berliner Jugend gewalttätig?
• Internet-Freundschaft: Mysteriöse Selbstmorde sieben britischer Jugendlicher in einem Jahr
• Ron Wood und Keith Richards ignorieren ständig das Rauchverbot
• Alpenverein warnt vor Zerstörung der Wegenetze in den Bergen
• Kaffee schützt vor Eierstockkrebs
• Total-Absturz: Amy Winehouse nun auch Crack
• Paris Hilton macht Lindsay Lohans Ex schöne Augen

Mittwoch, 23.1.08
• Dax weiter im Sturzflug
• NWR prüft Rückforderungen der Millionen-Subventionen von Nokia
• Klimaschutz für drei Euro pro Bürger: Fast einhellige Zustimmung im Europarat
• Brüssels Ökodiktatur schlägt zu: 156 Euro pro Kopf und Jahr fürs Klima
• Ausbruch aus dem Gaza-Streifen: Hunger und Verzweiflung treibt 350 000 Palästinenser nach Ägypten
• Hartz IV: Die Beschwerden gehen in die Hunderttausende
• 40 Prozent mehr Klagen gegen Hartz IV in 2007
• Grüne wollen Homophob-Rap verbieten lassen
• Clement legt nach: „Ich würde Ypsilanti nicht wählen!“
• Immer mehr Verstöße gegen das Rauchverbot: Städte kündigen schärfere Kontrollen an
• Mecklenburg-Vorpommerns Wirte melden bis 30 Prozent Umsatzeinbruch seit dem Rauchverbot
• Neapels Müll kommt nun nach Deutschland
• Sechzig Skelette bei Bauarbeiten in Kassel entdeckt
• Nazi-Skandal im Dschungelcamp: DJ Tomekk zeigte auf Video den Hitlergruß
• Klimawahn: EU-Präsident Barroso droht den USA mit Handelskrieg
• Makler der französichen Bank Société Générale verzockte fünf Milliarden Euro
• Modeschauen in Paris: Blanke Brüste statt Luxusmode
• Paris Hilton will bei Nicole Richie Patentante werden

Donnerstag, 24.1.08

• Börse: Soros sieht schlimmste Krise seit 60 Jahren
• Clement kritisiert mangelnde Selbstbescheidung und Bürgernähe in der SPD
• Merkel macht sich für Kohle stark
• Strikter Sparkurs soll BMW zu mehr Rendite führen
• Spandau – Notarzt findet misshandelten Säugling – Wiederbelebung blieb erfolglos
• Berliner SPD setzt bei Jugendgewalt und Intensivtätern auf Prävention statt Repression
• US-Militär fällt Berweberdatei von Selbstmordattentätern in die Hände: Auch vier Deutsch-Tunesier sollen für El Kaida im Irak kämpfen
• Heimatpfleger fürchten um Landschaftsbild durch Verpflasterung mit Solaranlagen
• Pflanzliches Rauschmittel Zaubersalbei soll verboten werden
• Bei Rot über Gehweg: Betrunkener Fußgänger bekommt auch Fahrradverbot
• Eklat in England: Drei kleine Schweinchen auf Lern-CD sind eine Zumutung für Moslems
• Frankreich – 46 800 abgefackelte Autos im letzten Jahr
• Dschungelcamp und nasse Spielchen
• Der Feind im eigenen Bett: Britneys Kurzzeit-Lover Adnan packt aus

Freitag, 25.1.08

• Hessen-Wahl: Clement warnt vor Linksruck in der SPD
• Subventionen: Nokia unter Betrugsverdacht
• Tempo 130: Gabriel lässt nicht locker
• Empörung über Münchner Faschingsumzug am Holocaust-Gedenktag
• Goldpreis auf neuem Rekordkurs
• Ägypten riegelt Grenze ab – Fünf Hamas-Mitglieder getötet
• Gaza – Eine an die Macht geputschte Gang lehrt die Welt das Grausen
• Bayern will entlassene Sextäter per Satellitenortung überwachen lassen
• Leise Spione aus der Luft: Polizei testet mit Kameras bestückte Drohnen

• Im Theaterfoyer geraucht: Nichtraucher zeigen Altkanzler Schmidt wegen Körperverletzung an
• Jetzt erst recht: Helge Schneider fängt wieder zu Rauchen an
• Spanische Presse berichtet von geplanten Anschlägen in Deutschland
• Deutsche Arbeitszeiten nähern sich der 40-Stunden-Woche
• Erst 9 und 12: Polizei stoppt Kinder auf gestohlenem Traktor
• FrauenLebenVielfalt: Frauen zeigen ihre biologische und kulturelle Diversität
• Säkulare Verbände wollen Papstbesuch in Frankreich verhindern
• Das war knapp: Asteroid verfehlte die Welt um 537 000 Kilometer
• Australische Wissenschaftler entwickeln Verhütungspille für Kängurus
• Aktive Sonne: Russischer Wissenschaftler prophezeit neue Eiszeit ab 2055
• Amy Winehouse endlich in Entzugsklinik

Samstag, 26.1.08
• Rückbau die Wiederaufbearbeitungsanlage Karlsruhe kostet mindestens 2,17 Milliarden
• Steinkohlekraftwerke werden durch CO2-Emissionsrechte ab 2013 unwirtschaftlich
• Essen – Rempler sticht in der Straßenbahn Rentnerin (83) nieder
• 88 Prozent der Ost- und 66 Prozent der Westdeutschen halten den Aufbau Ost für gescheitert
• Rauchverbotklage: Keine Körperverletzung durch Altkanzler Schmidt
• Gaza – Das Chaos an der ägyptischen Grenze hält an
• Legionäre des Todes: Neun von zehn Selbstmordattentäter im Iran stammen aus dem Ausland
• Adoptionsverweigerung für eine Lesbe: EU-Gerichtshof verurteilt Frankreich wegen Diskriminierung zu 10 000 Euro Schmerzensgeld
• Davos-Gipfel: Bono beichtet seine Umweltsünden seinem Öko-Priester Al Gore
• Bereits 15000 Höfe werden von ihnen geführt: Sind Frauen die besseren Bauern?
• Trotz Erwerbsquotensteigerung auf über 60 Prozent: Immer noch zu wenig Frauen in Spitzenpositionen

• Arme Länder zunehmend besorgt über grünen Protektionismus aus Europa
• Karneval in Brasilien: 19,5 Millionen Kondome und kostenlose „Pille danach“ vom Staat
• Mit Touristenvisum: Immer mehr Türkinnen umgehen den Sprachtest
• Jeder zweite Schweizer Arbeitnehmer wird am Arbeitsplatz sexuell belästigt
• Dr. Sommer Anna und Max: Wir haben Lust auf Petting!
• Verliebt, verlobt, verprügelt: Österreichischer Vater verklagt Frauenministerin wegen verhetzender Plakataktion
• Österreichs Gender-Bericht meldet zu wenig Frauen in Führungspositionen
• Britneys Onkel: Sie trank schon mit 13

Sonntag, 27.1.08
• 2007 sagten zwei Millionen Kunden der Telekom Ade
• In NRW gehen die Physik-, Latein- und Musiklehrer aus
• Brüssel will schärfere Richtlinien für sichereres Spielzeug
• Arbeitsrecht: Arbeit darf durch Arztbesuch nicht gestört werden
• Lärmschutzrichtlinie darf im Karneval überschritten werden
• Kinderkrippen: Betreuungsangebot soll vielerorts Nachfrage erst wecken
• Verkehrsgerichtstag fordert Verbot von Navis mit Multifunktionen
• Helmut Schmidt: Dreimal wurde gegen mich ermittelt – 1944 wegen Nazi-Witzen, 1960 in der Spiegel-Affäre, nun wegen Rauchens
• Polizei will Narren scharf kontrollieren
• Papst warnt vor Manipulation durch Nachrichten: Medien sollen die Wirklichkeit abbilden, sie aber nicht bestimmen
• Führendes Hamas-Mitglied droht mit nächstem Ausbruch aus Gaza nach Israel
• Mehrheit der Europäer ist islamophob
• Erfurter Reiseanbieter plant Nacktflug zum FKK an die Ostsee
• Gender eating: Männer lieben Schweinebraten und Bier, Frauen Salate und Tee
• Raucher mit höherem Selbstmordrisiko
• Krebsrisiko: Ein Joint ist so gefährlich wie 20 Kippen

• Silikon-Fugenmassen oft hochgradig mit Schadstoffen belastet
• Jedes Jahr Hunderttausende Opfer durch gefälschte Medikamente
• Homo-Sex: Hockenheimer Aquadrom schließt Herrensauna
• Goldfischsex: Stimulation mit Lippen, Po, Brüsten, Penis oder Vagina ohne Benutzung der Hände
• Paris Hilton händchenhaltend mit Bekannter im Lesbenclub

Montag, 28.1.08
• CDU und SPD streiten inHessen um Regierungsanspruch
• Rückt Deutschland nach links?
• Neues Unterhaltsrecht: Erst die Kinder, dann der Partner
• Bochumer Handywerk: Nokia hält an Schließung fest
• 157 Selbstmorde von Jugendlichen 2007 in Deutschland
• Göttingen – 68-jährige Prostituierte ermordete mit Gehilfen vier Männer
• Närrische Alkoholsünder machen nach Narrenbällen der Polizei Sorgen
• Narrenzünften machen Sicherheitsauflagen und Alkoholkontrollen zu schaffen
• Zensieren, Überwachen, Regulieren: 2008 das Jahr der Freiheitsfresser
• Rechtsgutachten: Nummernschilder-Scanning verstößt massiv gegen die Verfassung
• Neue Studie bescheinigt Frauen in Führungspositionen höhere Effizienz
• Gerichtsurteil: Ausländer müssen ganze Sätze sprechen können
• Klimawandel? Weite Teile Chinas ertrinken im Schnee
• Briten können Abitur künftig bei McDonalds erwerben
Die Imbisskette bietet Mitarbeitern staatlich geförderte Kurse als Abiturersatz an, die zur Aufnahme eines Studiums berechtigen.
• Rekrutenmangel: Britische Armee wirbt auch um „nette“ Satanisten
• Dutzende nackter PETA-Tierschützer protestierten vor der Kathedrale „Heilige Familie“ in Barcelona gegen das Tragen von Pelzen
• Neue TV-Beichtshow entlockt mit Lügendetektor intime Geheimnisse – Obszönität inklusive

• Rummel um Britney Spears bringt jährlich etwa 110 bis 120 Millionen Dollar Umsatz
• Indonesien: Boing 737 rammte Kalb bei der Landung

Dienstag, 29.1.08
• Wer regiert nun Hessen?
• Kochs verlorene Wahl: Das Ende einer konservativen Volkspartei in Deutschland
• Schon wieder toter Säugling in Lüneburg – Mutter ist noch im Teeniealter
• Härtester Winter in 50 Jahren legt Chinas Kraftwerke lahm
• EU- und US-Politiker Hand in Hand: Erklärt der Westen dem Rest der Welt mit Klimazöllen den grünen Krieg?
• Eine Legende wird zerstört: Saddam hatte keine Doubles
George Piro verhörte im Auftrag des FBI Saddam nach seiner Verhaftung über mehrere Monate.
• Alle vier Minuten geht einer: Auswanderung aus Deutschland wie seit 120 Jahren nicht mehr
• Jeder fünfte Deutsche würde gerne das Land verlassen
• Steuern, Abgaben, Bürokratie: Der deutsche Staat frisst seinen Mittelstand
• Ted Kennedy stellt sich hinter Obama
• Bush ruft in seiner Rede zur Lage der Nation zum Kampf gegen die Erderwärmung auf
• Patient fällt in Bad Berka von OP-Tisch und stirbt
• Polizei spürt im Bodenseekreis im Fasching mit Zivilstreifen nach Jugendlichen
• Vierzig Festnahmen nach bundesweiter Razzia gegen Cannabis-Anbau
• Klagen über Raucher vor dem Haus: Vermieter befürchten eine Welle von Mietminderungen
Hauptsächlich in der Nähe von Gaststätten und Restaurants führt nächtliches Rauchen zu einer Häufung von Beschwerden. Haftbar ist der Vermieter auch dann, wenn er die Ursache nicht beheben kann.
• Berlin – 13-Jährige ließ ihren 16-jährigen Exfreund von Bande krankenhausreif schlagen

• Blutbad in Müncher Innenstadt: Türke erschießt Ex-Frau auf offener Straße
• 13-Jähriger vergewaltigt in Münchner Tagesstätte mehrere Kinder
• Bewegungsmangel lässt die Zellen um bis zu zehn Jahre schneller altern
• Schönheits-OP's: Alle wollen Angelinas Lippen und Pams Brüste

Mittwoch, 30.1.08
• NATO will deutsche Kampftruppen für Afghanistan
• Deutschlands Wirtschaft fehlen Managerinnen
• Frauen in Führungspositionen: Norwegen mit 37 Prozent Spitze, Deutschland im Mittelfeld mit nur mit 11 Prozent
Das norwegische Gleichstellungsgesetz sieht auch für börsennotierte Privatfirmen bei Androhung einer Zwangsschließung eine Frauenquote von 40 Prozent in der Vorstandschaft vor. Die Suche nach auch nur einigermaßen geeigneten Kandidatinnen für einen Aufsichtsratsposten führte zu teilweise grotesken Besetzungen. She. 10.12. und 11.12.07
• Trotz Wirtschaftsaufschwung: Frauen sind die Verliererinnen am Arbeitsmarkt
• Produzierende Betriebe klagen über Frauenmangel
• Rürups Mindestlohn 4,50 Euro: 40 Stunden Fulltime-Job für 180 Euro in der Woche
• EU-Pläne zum Emissionshandel würden die deutsche Industrie 84 Milliarden kosten
66 Milliarden kämen dabei auf die Stromindustrie zu.
• 800 000 Haushalten wurde 2007 der Strom abgestellt
• Sarkozy verklagt Ryanair wegen Werbung mit seiner Geliebten Bruni
• Der Wald erholt sich nur langsam
• Waldschäden sind von 40 auf 45 Prozent angestiegen
• Es schneit weiter: 78 Millionen Chinesen bibbern in der Kälte
• BW prescht vor: Öttinger will Nacht-Verkaufsverbot von Alkohol an Tankstellen
• Rauchverbot: Sieben Heilbronner Wirte müssen blechen
• Rauchverbot in Villingen-Schwenningens Kneipen wird künftig überwacht

• Freiburg – Rabiate Raucher gingen auf Wirtsleute los
• Zwei Drittel der deutschen Männer und die Hälfte der Frauen sind zu dick
• Drei Viertel aller verheirateten deutschen Männer haben Übergewicht
• Ergebnisse der neuen Verzehrstudie: Dumm macht dick
• 20-Jähriger in Südafrika von drei Frauen vergewaltigt
• Satellit entdeckt geheimnisvolle Figur: Dreht Adolf Hitler auf dem Mars einen Pornofilm?
• Wackelige 4,2 Kilo: Flocke macht die ersten Gehversuche
• Knuts geliebter Jutesack ist kaputt – jetzt spielt er mit Bällen

Donnerstag, 31.1.08
• Nokia steuerfrei in Rumänien
• Wahldebakel in Hessen: Wut auf Koch in der CDU wächst
• Frauen im Top-Management: Deutlicher Rückgang im Westen, deutlicher Anstieg im Osten
• Familienphase: Anteil der Managerinnen über 30 Jahren sinkt rapide
• Energieversorgung: Konzerne sehen Stromnetze am Limit
• Kraftwerksbrand legt Karlsruher Stromversorgung lahm
• Keine Perspektiven: Hausärzte proben Ausstieg aus dem Krankenkassenmodell
• Abiturienten sind schlanker als Hauptschüler
• Ampel, Sport und Infos sollen Deutsche dünner machen
• Weight Watchers bieten sich der Regierung als Partner im Kampf gegen Übergewicht an
• Übergewicht verursacht Milliardenkosten
• Sechsjährige in Berlin auf dem Schulweg vergewaltigt
• BUND bezeichnet Waldzustandsbericht als verharmlosend
• Waldsterben: Die meisten deutschen Eichen sind krank
• Schweden, das gläserne Land: Hotline des Finanzministeriums informiert über das Einkommen der Nachbarn
• „Mama" und „Papa" diskriminiert Homosexuelle: Britische Regierung erklärt Begriffe für politisch unkorrekt
• Über die Köpfe der Eltern hinweg: Homosexuelle erarbeiten offizielle Leitlinien für britische Schulen

• Gesundheitsrisiko Karneval: Herpes vom Knutschen, Allergie von Schminke
• Panische Flugangst des Co-Piloten zwingt kanadischen Flieger zur vorzeitigen Landung
• Man to Man: Duftspray soll schwule Männer zusammen führen
• Neuer synthetischer Harn besteht jeden Standard-Urintest
• Kaffee: Nicht nur der Leber zuliebe

She. 22.1.08

• Arzt weist Britney Spears in die Psychiatrie ein

Monats-Rückblick Januar 2008

Die ersten Umweltzonen werden eingeführt, in acht Bundesländern gilt ein Rauchverbot, Gebühren und Bußgelder für Autofahrer werden drastisch angehoben , nach mehreren U-Bahn-Schlägereien fordern Politiker ein schärferes Jugendstrafrecht und der Bericht der Innenministerkonferenz vermeldet eine zunehmend rauer werdende Gesellschaft.

Messstellen melden durchwegs Feinstaub-Belastungen weit unter den Grenzwerten in den Städten, die Hamburger Umweltbehörde erklärt Feinstaub zu 70 Prozent als klimatisches Problem - aber Gesetze, Verordnungen und Maßnahmen sind bereits beschlossen und werden daher trotzdem ausgeweitet. 75 Prozent der Bayern sind gegen das strikte Rauchverbot, während sich 80 Prozent der irischen Raucher angeblich dafür aussprechen und Frankreichs Kinder als Warnposten vor der Raucher-Polizei ein Taschengeld verdienen. Die Müllberge in Neapel sind auf 110 000 Tonnen angewachsen, die deutschen Grünen wollen Pkw mit hohem CO2-Ausstoß ab 2012 generell verbieten, Australien fordert nach dem von Canberra angestoßenen globalen Glühbirnen-Verbot ein Verbot von Plastiktüten und Großbritannien plant zum Schutz des Klimas zehn neue Atomkraftwerke. Wiener Tierschützer wollen einen Schimpansen rechtlich zum Menschen erklären lassen, Frauenrechtlerinnen stürmen den für Frauen verbotenen Mönchsberg Athos, Geschlechterforscherinnen kritisieren die einseitige Rolle der einzigen Schlumpffrau „Schlumpfine"und fordern eine höhere Frauenquote für Schlümpfe.

Nach einer im März 2007 kaum beachteten Meldung über den kollabrierenden Immobilenmarkt in den USA befürchten Experten nun den Absturz der Börsen und warnen vor dem Kauf von Aktien. Ein Nichtraucher zeigt Altkanzler Schmid wegen Körperverletzung an, worauf Helge Schneider wieder zum Rauchen anfängt. Der DAX geht in den Sturzflug über, Gabriel beharrt auf einem Tempolimit, Brüssel will schärfere Richtlinien für Spielzeug, die Polizei kündigt schärfere Kontrollen für Narren an und die Regierung sorgt sich um zu viele übergewichtige Bürger. Die Britische Regierung erklärt Begriffe wie „Mama" und „Papa" als diskriminierend für Homosexuelle und in Berlin geht Eisbär Knuts geliebter Jutesack kaputt.

FEBRUAR 2008

Rückblick auf Februar 2007

Reaktor-Störfälle – Kernenergie – Bio-Sprit – Südsee-Inseln – Tempolimit – Rauchverbot - Vulkanausbruch in der Eifel - Kinderkrippen –Inzest -Glühbirnen

Familienministerin von der Leyen sagt Männern den Kampf an und fordert mehr Frauen in Führungspositionen.
Zwei nachträglich bekannt gewordene Reaktor-Störfälle sorgen zwar für Aufmerksamkeit, aber nur für mäßige Aufregung. Kernenergie wird zunehmend zum kleineren Übel im Kampf gegen den Klimawandel, immer mehr Experten fordern „sauberen" Strom.
Strenge Abgasvorschriften für Holzöfen sollen ab 2008 kommen, dazu sind gesetzlich vorgeschriebene Beratungen für Hausbesitzer geplant.
Die problematische Gewinnung von Bio-Sprit macht uns nur wenig Kopfzerbrechen, dafür umso mehr die schmelzende Arktis mit in der Folge verhungernden und ertrinkenden Eisbären und in den Fluten versinkenden Südsee-Inseln.
Obwohl bereits auf 90 Prozent der bundesdeutschen Straßen Geschwindigkeitsbegrenzung gilt, wäre eine Mehrheit für ein Tempolimit, gleichzeitig für mehr Geschwindigkeitskontrollen und höhere Strafen für Raser und Drängler.
Nach Fußball-Krawallen in Italien kommt es auch zu heftigen Ausschreitungen in Deutschland. Forscher warnen vor einem möglichen Vulkanausbruch in der Eifel, von dem auch Frankfurt betroffen sein könnte und den Lübeckern macht der Hafensmog durch Schiffe zu schaffen, während für Klimafonds attraktive Renditen prognostiziert werden.
In den Abrieben von Bremsbelägen wird eine weitere Feinstaubquelle ausgemacht, auf die Forderung nach Rauchverboten in Autos folgen weitere Verbots-Forderungen in Zügen und Taxis.
Australien will zum Schutz des Klimas die Glühbirne verbieten, nur wenige Tage später erreicht die Diskussion auch Deutschland.
Ein Geschwisterpaar mit vier gemeinsamen Kindern – zwei davon behindert – will das Inzestverbot kippen, die Jungen Liberalen fordern die vollständige Freigabe mit der Begründung, behindertes Leben sei genauso wertvoll.
Nachdem sich ein Rauchverbot im Auto als nicht durchführbar erwies, fordert die Drogenbeauftragte nun ein Verbot in Discos.

Von der Leyens Vision von der Doppelverdienerfamilie mit Krippenkind findet Zuspruch aus der Wirtschaft, während der Augsburger Bischof Mixa von „Frauen als Gebärmaschinen" spricht und damit eine Welle der Empörung auslöst.
Die Zerschlagung des Handyanbieters BenQ geht einher mit der Einigung auf ein Rauchverbot in Gaststätten und Diskotheken, gleichzeitig sorgt die Vor-Veröffentlichung aus dem IPCC-Bericht für Entsetzen, der Menschheit bleibe nur noch dreizehn Jahre zur Umkehr. Die Grünen fordern ein Sonntags-Fahrverbot nach italienischem Vorbild.
In Folge der Mehrwertsteuererhöhung meldet der Handel dramatische Umsatzeinbrüche und die EU-weite Initiative zum Verbot der Glühbirne findet breite Zustimmung in der Bevölkerung.

Meldungen Februar 2008

Freitag, 1.2.08
• Energieunternehmen warnen: Die Stromnetze glühen
• Gabriel drängt in Peking auf mehr Klimaschutz
• Globale Erwärmung: Forscher warnen vor riesigen Klima-Hungersnöten
• Bundesregierung will das Essverhalten der Deutschen ändern
• Mit Bildung gegen die XXL-Gesellschaft
• Saarbrückner und Arme sind am dicksten
• Nationale Verzehrstudie bestätigt Bedarf nach Nährwertkennzeichnungspflicht
• Gebärmutterhalskrebsimpfung kommt nach zwei Todesfällen in die Kritik
She. 5.10.07
• Gewinneinbruch: Handy-Hersteller Ericsson streicht 4000 Stellen
• Harter Wettbewerb: Motorola denkt an Abspaltung der Handy-Sparte
• EU will Lichtpflicht für Autos
Nach zwei Jahren wurde in Österreich die Lichtpflicht wegen des Anstiegs der Verkehrstoten um 13,4 Prozent bei den Fußgängern und 2,1 Prozent bei den Radfahrern wieder abgeschafft.
• EU startet heute Programm zur europaweiten Preisbeobachtung
• Studie zeigt: Frauen sind die besseren Makler

• Killerfach Ingenieurswissenschaft schreckt Frauen ab
• „Zwei Drittel des Waldes sind krank!“: BUND fordert waldverträgliche Agrar-, Verkehrs- und Energiepolitik
• Gülle aus der Landwirtschaft verursacht massive Waldschäden
• Kaffee beugt Alters-Diabetes vor
• Fußballfieber verdoppelt das Herzinfarktrisiko
• Fußballspiele erhöhen das Herzinfarkt-Risiko um das Dreifache
• Zwei schwedische Freundinnen stoßen beim Blaubeerensammeln auf riesige Goldader
• Für richtige „Freunde“: Aas-Spray entfaltet den Duft von verwestem Tier
• „Desperate Houswife“ Teri Hatcher stiehlt Edelstripperin Dita von Teese auf Wiener Opernball die Show

Samstag, 2.2.08
• Berlin sagt „Nein“ zum Kampfeinsatz in Afghanistan
• Fähre im Sturm von Riesenwellen getroffen: Dramatische Szenen in der Irischen See
• Nach Widerstand der Bürger: RWE und Steag stoppen den Bau neuer Kohlekraftwerke
• Seehofer und BUND streiten um Buchen und Eichen
Seehofer macht Klimawandel, Pilz- und Käferbefall verantwortlich.
• Bundesweite Cannabis-Razzia erwischt Mindener Richter
• Alkohol und närrische Tage: Die Polizei kennt keinen Spaß
• Übergewicht und Magersucht: Experten fordern Umdenken im Essverhalten
• Kaum ein Erwachsener kennt seinen Energiebedarf
• Zum Fernsehen Obst anstatt Knabbergebäck
• Greenpeace warnt vor unterschätzter Pestizidgefahr in Obst
• Dick ist doof
• Baden-Württemberg lehnt Bezuschussung der Schulspeisung für arme Kinder ab
• Soviele Bedürftige wie noch nie: „Tafel“ hilft einer Million Menschen mit billigen Lebensmitteln

• Sicherheit als das beherrschende Thema auf der Nürnberger Spielwarenmesse

• England schafft den Terror ab: „Islamischer Terror" heißt ab sofort offiziell „anti-islamische Aktivität"

• Bagdad – Islamisten jagen zwei geistig behinderte Frauen per Fernzündung in die Luft

• Abu Dhabi beginnt mit dem Bau der ersten CO2-neutralen und abfallfreien Retortenstadt

• MRSA-Bakterien suchen Schwulengemeinde von San Franscico heim

MRSA-Bakterien sind gegen eine Vielzahl von Antibiotika resistent und können zu einer fleischfressenden Form der Lungenentzündung führen. Die Übertragung erfolgt über enge Hautkontakte, besonders häufig durch Geschlechtsverkehr.

• Berner Pädagogin hatte Sex im Heim mit Jugendlichen

• Gericht entmündigt Britney Spears

Sonntag, 3.2.08

• Nach Wahlschlappe in Hessen: CDU distanziert sich von sich selbst

• Klimaschutz: A. T. Kearny-Studie berechnet bis zu 115,2 Milliarden Mehrbelastung für deutsche Energieversorger

• Klimapolitik: RWE verhängt Investitions-Stopp für Deutschland

• EU-Klimapaket: Thyssen-Krupp erwägt Investitionsstopp für Hochöfen und Stahlwerke

• Mädchengewalt hat sich in den letzten 15 Jahren vervierfacht

• Familienministerium spricht nicht mehr von Gender, sondern von „Gleichstellung als Querschnittsaufgabe"

Durch eine Reihe kritischer Artikel, insbesondere des „Spiegel " und der „FAZ", ist der Begriff „Gender Mainstreaming" inzwischen eher negativ belegt. In Reden oder Erklärungen der Regierung taucht der Begriff nicht mehr auf, sondern wird allgemein durch „Gleichstellung" ersetzt. Die interministerielle Arbeitsgruppe wurde aufgelöst und das Referat im Familienministerium verkleinert. Derzeit wird an einer neuen Strategie gearbeitet. Die Seite gender-mainstreaming.net des Familienministeriums ist derzeit jedoch noch online. Zu „Gender Maistreaming" she. auch 1.1.07 ff.

• Ernährungswissenschaftler warnen Dicke vor Null-Diät

• Berliner Jugendamt lässt 12-Jährige wegen Übergewicht zwangsweise in ein Heim einweisen

Ein erster Vorgeschmack?

• Was Grüne Delegierte unter Klimaschutz zu Hause verstehen: Dachgärten für alle, Fahrrad fahren, Glastrennen zur Erdölgewinnung, Raumtemperatur absenken, Urlaub zu Hause, nicht fliegen, nicht Auto fahren, Fahrrad fahren, Fahrrad fahren, Fahrrad fahren, Fahrrad fahren...

• Erdöl aus Glas: Chemie-Nobelpreis für Markus Kurdziel?

• Britische Forscher entwickeln Methode zur Spermagewinnung aus dem Rückenmark von Frauen

• Forschungsbericht des Frauenforschungszentrums der Hessischen Hochschulen beschäftigt sich mit der Situation lesbischer Studentinnen im Ausland

• Holland hat die Hosen voll: Geert Wilders dreht islamkritischen Film

• Angekündigter Film des Rechtspopulisten Wilders sät Hass und Zwietracht in den Niederlanden

• Den Haag fürchtet weltweite Reaktionen auf Wilders Film

• Islam-Kritiker Wilders: „Ich lebe in Todesangst!"

• FKK-Flieger: Hunderte wollen nackt nach Usedom

She. 27.1.08

• Transsexuelle Lkw-Fahrerin verklagt DHL auf sechstellige Summe wegen Diskriminierung durch Kollegen

• Indianer stammen von den Türken ab: Forscher der Universität Istanbul entdecken 300 türkische Wörter in indianischen Sprachen

She. 8.1.08

• Virginia – Schüler lernen in der Turnstunde schießen

Rosenmontag, 4.2.08

• Trauung im Elysée-Palast: Sarkozy und Bruni haben geheiratet

• NRW erhöht die Zahl der Polizeianwärter von 500 auf 1100

• Baden-Württemberg rüstet massiv mit mobilen Verkehrsüberwachungsgeräten auf

• Vier Führerscheine bei 500 Kontrollen im Berufsverkehr: Restalkohol wird oft unterschätzt

• 24-stündige Großrazzia in Brandenburg: 3822 Alkoholkontrollen kosteten 45 Führerscheine
• Wie schon im letzten Jahr: 29 Jugendliche in Apolda stören Karnevalsumzug

She. 20.2.07

• Tragen von Masken verstößt während des Karnevals nicht gegen das Vermummungsverbot
• Faschingsstopp in Locarno: Drei Migranten prügelten Schweizer Studenten zu Tode
• Mannheim – 16-Jährige von 15-Jährigem an Bushaltestelle vergewaltigt
• Erkältung, Grippe, Norovirus: Im Fasching ist die Ansteckungsgefahr am größten
• Karnevalsumzüge: Gefahr durch fliegende Kamellen und Schokoladetafeln
• Abi in 12 statt 13 Jahren: 50 Stunden lernen und keine Zeit mehr für Freunde
• Jeder vierte bayrische Gymnasiast braucht bereits Nachhilfeunterricht
• Railgun: US-Militär testet erfolgreich elektromagnetische Kanone mit siebenfacher Schallgeschwindigkeit des Projektils
• Airbus testet ersten Jet mit Flüssiggas
• EU-Experten schlagen Alarm: H1N1-Grippevirus ist zunehmend resistenter gegen Tamiflu

She. 27.6. und 9.7.07

• Marburg plant Solarpflicht für Neu- und Umbauten – Verstöße sollen bis zu 15000 Euro kosten
• Wir sind nicht der Iran: Über Hunderttausend protestieren in Ankara für ein Kopftuchverbot
• Solidaritätsparty für Serdar A. in Berlin: 33-jähriger Serien-Gewalttäter soll in die Türkei abgeschoben werden
• 79-jährigem Basler den Schädel eingetreten: 29-Jähriger wird nach Haftverbüßung aus der Schweiz ausgewiesen
• Nach Zusammenbruch durch verbale Abwatschung von Bohlen: DSDS-Kandidat in Klinik
• Angriff auf Google: Microsoft will für 44,6 Milliarden Dollar Yahoo übernehmen

Dienstag, 5.2.08

• Deutschlands dickste Männer leben in Schleswig-Holstein

• Hauptschüler sind dicker als Abiturienten

• Frauen im Saarland: Nicht nur dick, sondern fettleibig

• Wildes Pinkeln im Kölner Karneval kostet 35 Euro

2007 kamen so bei 1150 Verstößen 40 000 Euro in die Stadtkasse.

• Bei bisher 2940 Kontrollen 9 Führerscheine weg im Kreis Mettmann

• Rauchverbot beim Vereinsball sorgte für saubere Luft und genügend Platz in der Bar

• Eltern als staatlich gelenkte Reproduktionsfunktionäre

Krippen,Kitas, Kindergärten, Ganztagsschulen übernehmen immer mehr die Erziehungsaufgaben der Eltern. Die Gängelung der Familien über Kindergelder, Baukindergelder, Erziehungsgelder, Elterngelder und Sozialltarife unterhöhlt die Familien und zwingt diese zur Finanzierung des Systems in die Doppelverdienerschaft: Je höher der Erwerbsanteil der arbeitenden Mütter desto höher werden auch die Lohnsteuer- und Beitragszahlungen in die Renten- und Krankenkassen.

• Verrücktes Königreich: Bis zu 7 Jahre Haft bei Polygamie für Briten, aber 33,65 Pfund Mindestrente für moslemische Nebenfrauen

Begründung: Die Scharia gebietet dem Ehemann die Gleichbehandlung aller seiner Frauen.

• Gesetze allein reichen nicht: Regierung startet bundesweite Anti-Raucherkampagne

She. 7.1.07

• Bundesregierung will Aktionsplan für Ernährung und Bewegung

• 31 Kilo schwerer Eisenmeteorit in der Antarktis gefunden

Mittwoch,6.2.08

• Klimapolitik der EU führt zu wachsender Energieunsicherheit

• Störungen der atmosphärischen Zirkulation könnten Monsunregen in Indien bereits ab dem kommenden Jahr chaotisch werden lassen

• Brandenburg - Neugeborenes in Hinterhof in Plastiktüte gefunden

• Feuerdrama in Ludwigshafen mit 9 Toten – Rassistischer Hintergrund vermutet

• Feuer in Ludwigshafen: Zwei Mädchen beschreiben möglichen Brandstifter
• 128-Kilo-Mann zerquetschte seine zierliche Ehefrau
• Weniger alkoholisierte Jugendliche in der närrischen Zeit – Polizei will künftig schärfere Maßnahmen gegen Eltern
• Köln/Düsseldorf – Polizei kassierte bei 77 300 Kontrollen 235 Führerscheine
• Düsseldorf – 2216 Alkohol- und Drogenkontrollen auf der Autobahn: Zwei Lappen weg
• Frankreich - 11-Jähriger nannte Lehrer „Arschloch": Lehrer muss wegen Ohrfeige hinter Gitter

Die Anzeige erfolgte vom Vater des Jungen. Im Gegensatz zur Empörung der Medien erhält der Lehrer landesweite Zustimmung.

• Künstliche Befruchtung: Eizellen-TÜV steigert die Chance auf Kinder
• Wahnsinn Speedflying: In ein paar Minuten mit Spezial-Gleitschirm und Helmkamera durch die Eiger-Nordwand
• In Holland kommt das Rauchverbot: Bald auch aus für den Joint im Coffeshop?
• Gut für die Gesundheit: Ein Teller Fötensuppe für knapp dreißig Euro

Die Mehrheit der Chinesen wertet Abtreibung durch die jahrzehnelange Praxis etwa wie einen Besuch beim Zahnarzt. Das in den USA publizierte Buch „The seven sorrows of China" berichtet von den makaberen Auswüchsen und den Bemühungen der Regierung um Löschung entsprechender Web-Seiten, um einen Skandal zu verhindern.

Donnerstag, 7.2.08

• NPD-Schatzmeister wegen Veruntreuung verhaftet
• Hausbrand in Ludwigshafen: Scharfe Töne in türkischen Zeitungen
• Tote in Ludwigshafen sind Aleviten: Funktionäre verwahren sich gegen Instrumentalisierung

She. 23.12.07 und 30.12.07

• EU plant biometrische Kontrollen für Reisende aus und nach Europa

• Sarkozy's SMS acht Tage vor der Hochzeit mit Bruni an seine Ex: „Wenn du zurück kommst, blase ich alles ab"
• Politischer Aschermittwoch des CSU: Plötzliche Sehnsucht nach Edmund Stoiber
• Gelsenkirchen – Mutter rettet sich mit vom Freund schwer misshandeltem fünfjährigen Sohn zur Polizei
• Türkische Medien sprechen von Brandanschlag in Ludwigshafen
• Türkischer Ministerpräsident Erdogan besucht Brandort in Ludwigshafen
• Friedrichshafen – Polizei erwischte in der Fasnet 25 Jugendliche mit branntweinhaltigen Getränken
• Polizei fordert für kommendes Jahr Verbot von Werfen mit schnapshaltigen Pralinen bei Faschingsumzügen
• Rhein-Berg – Trotz dreimal soviel Kontrollen wie im letzten Jahr weniger Führerscheine
• Trotz Finanzkrise: 6,5 Milliarden- Rekordgewinn für die Deutsche Bank
• Warnung vor ephedrinhaltigen Appetitzüglern aus dem Internet
• Türkisches Parlament erlaubt Frauen das Kopftuch an den Universitäten

She. 28.8.07

• Zahl der Aids-Fälle unter Homosexuellen hat sich in der Schweiz seit 2003 fast verdoppelt
• Britney Spears flüchtet aus Psycho-Klinik

Freitag, 8.2.08

• Türkische Medien vermuten rechtsradikalen Anschlag auf Haus in Ludwigshafen
• Erdogan bietet Deutschland türkische Lehrer und Universitäten an
• Erdogan will eigene Schulen für Türken in Deutschland
• Türkischer Ministerpräsident ruft deutsche Türken zur Bewahrung der kulturellen Identität auf
• Dutzende Tornados fegen über die USA
• Zuschlag für Arme: 140 Euro extra für 250 000 Kinder
• Yoghurt-Duschgel statt Bonbons: Polizei ermittelt wegen Körperverletzung gegen Narren

• Niederländische Forscher rechnen nach: Schlanke Nichtraucher kosten den Staat mehr als Dicke und Raucher

Demnach verursachen bis zu ihrem Tod Raucher durchschnittliche Behandlungskosten von 220 000, Dicke 250 000 und gesunde Schlanke 281 000 Euro.

• Chinesische Meteorologen machen den von den Industrieländern herbei geführten Klimawandel für den kältesten Winter seit 100 Jahren verantwortlich

• Künstliche Süßstoffe verwirren den Körper und machen dick

• Überraschende Funde: Almwirtschaft im Silvretta-Gebirge schon vor 7000 Jahren

Samstag, 9.2.08

• Brand in Ludwigshafen brach im Keller aus – noch keine Details bekannt

• Erdogan bezeichnet Assimilation als Verbrechen gegen die Menschlichkeit

• Pächter in Panik: Baden-Württemberg will Alkoholverkauf an Tankstellen verbieten

• Regierungwill Kampf gegen Medikamentensucht verstärken

• Indischer Kleinwagenhersteller Tata will in vier Jahren auf den europäischen Markt

• Übergewicht: Wer auf Vorrat kauft, isst mehr

• Ungesunder Lebenswandel: Deutsche Männer sterben früher

• Bundesgesundheitsministerin will Kodex gegen Schlankheitswahn

• Staatlicher Gesundheitsdienst verordnet Briten täglichen Sex gegen Krebs und Herzinfarkt

• Klimawandel: Das Korallensterben wird abgesagt

• Václav Klaus: „Der beste Schutz gegen Klimawandel ist wirtschaftliche Entwicklung!"

• Sportlich und dick: Der GMC Denali XT als monströser Pick-Up mit Öko-Siegel

• Tödlicher Pilz: Experten warnen vor Fröschesterben wie bei denDinosauriern

Sonntag, 10.2.08

• Hausbrand in Ludwigshafen: Türken attackieren deutsche Helfer

• Kaum noch Funken am Funkensonntag in Oberschwaben

Das Abbrennen eines in der Regel großen Holzfeuers am ersten Sonntag in der Fastenzeit ist ein alter Brauch in Tirol, Vorarlberg und Schwaben. Besonders innerhalb der letzten Jahre kam diese Tradition fast vollständig zum Erliegen. So bedarf es einer behördlichen Genehmigung, dem Aufstellen von Warnschildern, Paletten und Kisten sind als Brennmaterial verboten, trockene und entsprechend teure Holzarten sind vorgeschrieben, die Asche wird untersucht und den Vereinen oder Privatpersonen drohen bei Verstößen empfindliche Geldstrafen.

• Erdogans Auftritt löst Debatte über EU-Tauglichkeit der Türkei aus

• „Tatort"-Folge über Zwangsheirat wird abgesetzt

• Deutsche Männer leiden bis zu fünfmal häufiger an Schlafstörungen als Frauen

• Klimawandel-Symbole: Den Briten hängen die Eisbären zum Hals heraus

• Englischer Bischof löst mit Forderung nach teilweiser Einführung der Scharia Empörung aus

• Umfrage: Zwei Drittel der Deutschen befürworten die Scharia

• Zickenkrieg: Lindsay Lohan nennt Paris Hilton auf Party „Hure"

• Löchrige Strumpfhosen, halbnackter Po: Spears ähnelt einer Prostituierten

Montag, 11.2.08

• Hohe Opferzahlen bei Brand in Ludwigshafen durch mangelnde Sprachkenntnisse?

• Ludwigshafen: Feuer durch Stromklau?

• Gericht kippt absolutes Rauchverbot in Rheinland-Pfalz

• Noro-Virus breitet sich aus

• Dänische Polizei vereitelt Mordplan gegen Mohammed-Karikaturisten

• Obama vorn – verliert Hillary jetzt die Nerven?

• Scheibe für Scheibe auch fürs Wohnzimmer: Gunther von Hagens will

seine päparierten Leichen übers Internet verkaufen
• Jede Sekunde sterben 100 Menschen – alle 6 Sekunden ein Raucher
• Ehe kaputt: Mann verhungerte bei Solling freiwillig auf Hochsitz
• 925 000 Mal: Rekordeinsätze des ADAC in NRW in 2007
• Elektronik-Problem: Volvo ruft weltweit 82 000 Autos zurück
• Bin Ladens Sohn plant 3000 Kilometer-Pferderrennen durch die Wüste für den Frieden
• Al Gores Live-Earth-Konzert erhält den MIDEM-Umweltpreis
• Heather Mills will 120 Millionen von Paul McCartney
• Keith Richards macht einen großen Bogen um Amy Winehouse

Dienstag, 12.2.08
• Integrationsdebatte: Merkel knüpft sich Erdogan vor
• Kindergeld wird erhöht – jetzt auch SPD dafür
• Claudia Roth kritisiert scharf die Erhöhung des Kindergeldes
• Unionspolitiker warnen vor Mindestlohn für Leiharbeiter
• Schokoladenhersteller wegen Absprachen unter Verdacht
• EU ermahnt Deutschland zur Umsetzung der Gleichbehandlung von Homosexuellen
• Keine Gleichstellung der Homo-Ehe: EU droht Deutschland mit scharfen Maßnahmen
• Münchner Erzbischof Marx kann sich die Türkei in der EU vorstellen
• Drohmanöver im Pazifik: Russische Bomber überfliegen US-Flugzeugträger
• Sechs Guantanamo-Häftlingen droht in den USA die Todesstrafe
• Geschlechtsteile der Kinder küssen: Deutscher Sexratgeber nun auch in der Schweiz in Kritik
She. 28.7., 1.8. und 7.8.07
• Schweizer Kinderschutz verteidigt Broschüre zu sexuellen Handlungen an Kindern durch Eltern und Verwandte
• Johannes B. Kerner-Show: Juristischer Sieg für Eva Herman
She. 10.9.07 ff., Nach Ansicht des Kölner Landgerichts ist eine verkürzte Darstellung des umstrittenen Zitates nicht akzeptabel.
• Amy Winehouse räumt fünf Grammys ab

• Grammy - Sie kam nicht und siegte: Amy Winehouse wurde aus Drogenklinik zugeschaltet
• Jeder zweite Deutsche kann Bohlen nicht leiden

Mittwoch, 13.2.08
• Ganztagesschulen sollen Kinder aus der medialen Verwahrlosung holen
• Studie zum Medienkonsum: Daddeln macht doof
• Mehr Geld für Gender-Mainstreaming: Evangelische Heiligengeistkirche in Hamburg wird abgerissen
She. 1.1.07 ff.
• Nordelbische Kirche setzt weiter auf Gender Mainstreaming
• Heftige Kritik an nordelbischer Kirche: Gender Mainstreaming ist mit christlichem Weltbild unvereinbar
• Zuviel Fastfood schadet der Leber
• Geschäft mit verrückten Wachstumsraten: Fremdhaare für Extensions aus indischen Tempeln
Buddhistische Frauen danken nach einem alten Ritual mit einer Totalrasur den Göttern.
• Dickes Plus: Krankenkassen verdienen Millionen
• Das Ende der schnellen Fotos: Polaroid stellt die Produktion ein
• Riesige Kohlenstoffreserven auf Saturnmond Titan könnten irdische Energierprobleme lösen
• Beliebteste Namen 2007: Marie, Sophie, Leon und Maximilian
• Pariser Bürger wollen Paris Hilton als Bürgermeisterin

Donnerstag, 14.2.08
• Wieder Amoklauf an US-Uni: 6 Tote und 16 Verletzte!
• Zweite Fremdsprache: Ute Vogt will Türkisch an den Schulen
• Revolte in Bayern: Hofbräukeller will Raucherclub werden
Hofbräu ist ein Regiebetrieb des bayerischen Finanzministeriums.
• Seit 1. Januar: Besserwisserische Nichtrauchertipps so hilfreich wie ein Blinddarm
• Von Ahnenforschern entdeckt: Gaddafis Vater war ein Korse

• Nach Abdruck von Mohammed-Karikaturen: Brennende Autos und Container in Dänemark
• Modewoche in Madrid: Gesicht verschleiert – Busen blank
• Übergewicht: Hoher BMI, hohes Krebsrisiko
• Scharia in Nigeria: 6 Todesurteile durch Steinigung, 46 Amputationen von Gliedmaßen
• Scharia und Homosexualität: Der anglikanischen Kirche Englands droht die Spaltung
• Nach Abdruck von Mohammed-Karikaturen: Seit vier Tagen Randale in Dänemark
• Kondome sind für viele Jungs zu groß
• Flockes neues Heim: Eisbären-Kinderstube eingeweiht
• 17 Hunde: Tierschutz jagt Paris Hilton

Freitag, 15.2.08
• Säugling in Frankfurt/Oder verhungert
• Postchef Zumwinkel unter Verdacht von Millionen-Steuerhinterziehung
• Nicht nur Zumwinkel: Deutschlands Millionäre stehen vor Massenrazzien
• 3200 Mitarbeiter streiken in bayerischen Kliniken
• Mainz – 58 000 Einsprüche gegen Kohlekraftwerk
• Schock in der Linkspartei: Abgeordnete Wegner will die Stasi zurück
• Polizei beschlagnahmt in Kuhstall bereits 1998 abgelaufene Lebensmittel
• Europagegner und Klimaskeptiker Václav Klaus bleibt tschechischer Präsident
• Staat Mississippi plant Essverbot für Dicke in Restaurants
• Bill 282: Richtlinie soll festlegen, wer in US-Restaurants essen darf
• Homo-Heilungseminar beim Jugendkongress Christival: Holger Beck beschimpft Christen als fundamentalistische Scharlatane
• Bundesregierung: „Homosexualität nicht therapierbar"
• Neuer Vorsitzender der Bischofskonferenz Zollitsch denkt laut über Ende des Zölibats nach
• Vatikan wenig erfreut über die Aussagen von Zollitsch
• Katie Price lässt ihren operierten Busen blitzen

Samstag, 16.2.08

• Gigantischer Steuerskandal: Fahnder jagen mehr als 700 Verdächtige

• Reiche Deutsche bunkerten bis zu 4 Milliarden Euro auf Liechtensteiner Bank

• Brand in Ludwigshafen: Bisher keine Anhaltspunkte für fremdenfeindliche Motive

• Bereits 82 Tote in USA durch Würgespiel

„Choking Game" ist ein neuer Spiele-Trend unter amerikanischen Jugendlichen. Durch Würgen wird eine kurze Bewusstlosigkeit herbei geführt - die Ohnmacht soll ein „High"-Gefühl ohne Drogen bringen.

• Im Kampf gegen die Weltverfettung: Eine Milliarde Menschen sind übergewichtig

• Tödliche Schifffahrt: 92 Prozent der Schwefelemissionen stammen aus Schiffen

• Hohe Zahl von Lungen- und Herztoten in küstennahen Gebieten durch Schiffsabgase

• Bundesrat fordert Ökowärme-Pflicht auch für Altbauten

• Einigung in Hamburg: Bier auf dem Kiez nur noch in Dosen oder Plastikflaschen

• Nach Erdogan: Marokko will Zahl arabisch sprechender Auswandererkinder verdoppeln

• Schock für Amy Winehouse: Heroin-Überdosis ihres Ehemannes Blake im Knast

Sonntag, 17.2.08

• Deutschland will Kosovo anerkennen

• Zumwinkels Falle: Regierung zahlte einem Informanten vier Millionen für Steuerdaten

• Lohnzurückhaltung gilt für sie nicht: 17,5 Prozent mehr für deutsche Top-Verdiener in 2007

• BayernLB in der Krise: Der Steuerzahler soll helfen

• Linke Christel Wegner: „In der DDR gab es freie Wahlen!"

• Streit ums Rauchen eskaliert: Student an Münchner S-Bahnhof krankenhausreif geschlagen

• Immer mehr Verbände nehmen Jugendkongress „Christival" gegen Angriffe von Bündnis 90/Die Grünen in Schutz

• Drei Monate nach Krawallen: Riesenrazzia mit 1000 Polizisten in Pariser Banlieu
• Pleite für Ozean-Düngungsfirma „Planktos“

She. 31.5. 07 und 15.11.07

• Paul McCartney zahlt angeblich 75 Millionen Euro an Heather Mills
• US-Forscher: Dick durch Virus-Infektion?
• Widersprüchliche Studien: Macht Süßstoff Saccharin dick?
• Verkehrtes Wetter: Kein Winter in Schweden und Schnee auf der Akropolis
• Nach nochmaliger Brustverkleinerung: Katie Price hat höllische Schmerzen

Montag, 18.2.08

• Brandenburg – Frau ertränkt Baby in der Badewanne
• Münster – Familienvater in Haft: Vier Kinder verwahrlost, Ehefrau schwer misshandelt
• Liechtenstein-Bankskandal: Vier Durchsuchungen in München
• Politiker fordern härtere Maßnahmen gegen Steuersünder
• SPD fordert mehr Steuerfahnder
• Steuerfahndung: Es rappelt jetzt mit Selbstanzeigen
• Linke schließt Christel Wegner aus der Partei aus
• Linkspartei hofft auf Schub durch Zumwinkel
• Bundesministerium für wirtschaftliche Zusammenarbeit und Ernährung empfiehlt Beamten weniger Fleisch und mehr Kartoffeln
• Joopie Heesters Rückkehr in die Heimat: Sie hielten ihm Dachau-Bilder vor
• Gegen Raser und Alkohol: Italiens Polizei kontrolliert auch auf Skipisten
• Wien will Wohnanlagen in Gemeindebauten mit Kameras überwachen
• Aufstand gegen EU-Klimapaket in Wien, Berlin und Paris
• Mehr Eiszuwachs in der Antarktis als um diese Jahreszeit üblich
• Rekord-Kältewinter in Afghanistan
• USA anerkennen Kosovo – EU uneinig
• Seit Inkrafttreten des Kyoto-Protokolls am 16.2.2005 kostete dies bis heute etwa 451.191.000.000 US-Dollar, um bis 2050 eine Verminderung des Temperaturanstiegs um 0,004679022 Grad Celsius zu erreichen.

She. 1.4.07, 31.8.07, 17.10.07.

- Amy Winehouse bekommt Methadon

Dienstag, 19.2.08

- Steuersünder-Informant nach Morddrohungen abgetaucht
- Öttinger fordert 15 Jahre Haft für Steuersünder
- Unabhängiges Kosovo: Von Saudi-Arabien finanziert?
- Hagen – Türke erlitt auf Polizeiwache Herzstillstand: Bruder erhebt schwere Vorwürfe
- Eine Formel mit Folgen: Das Geschäft mit dem Body-Mass-Index
- Internationale Konferenz will in Neuseeland Streubomben verbieten
- Australien verbietet Plastiktüten
- Texanisches Gericht erklärt Verbot von Sex-Spielzeug als verfassungswidrig
- EU-Bericht 2002 meldete 13 tote Passiv- und Ex-Raucher in Deutschland
- Bundesrat befürwortet geplantes Verbot „gewaltbeherrschter“ Spiele
- Fulda beharrt auf Verbot von Außenbestuhlung in der Innenstadt durch die Gastronomie

Mittwoch, 20.2.08

- SPD ringt um Haltung: Ypsilanti-Wahl in Hessen mit Stimmen der Linken?
- Steuer-Affäre: Liechtenstein stellt sich stur
- Hagen – Herzstillstand bei Vernehmung: Türke wirft Polizei Misshandlung seines Bruders vor
- Zahl der Wehrdienstverweigerer um 16 Prozent gegenüber 2007 gestiegen
- Anti-Doping-Kampagne auf Tingeltour durch die Sportschulen
- Gasprom-Pipeline will 2,3 Milliarden Giftbrühe in die Ostsee pumpen
- Union will gesetzliches Verbot kommezieller Sterbehilfe
- Klimawandel: UNO warnt vor totalem Kollaps der Fischbestände
- Vulkan Shiveluch ausgebrochen: Riesige Aschewolke über russischer Halbinsel Kamtschatka

• China verbietet Horrorfilme
• Malaysia verbietet katholischen Christen die Benutzung des Wortes „Allah“
• Iran: Zwei Schwestern und Mütter wegen angeblichen Ehebruchs nach 99 Peitschenhieben zum Tod durch Steinigung verurteilt

Donnerstag, 21.2.08
• Die Regeln für Vaterschaftstests werden gelockert
• Probleme bei älteren Fahrzeugen: Gabriel will Biokraftstoffziele überdenken
• Schwere Vorwürfe in türkischen Medien wegen angeblicher Misshandlung auf Hegener Polizeiwache
• Umweltbundesamt bemängelt zu lasche Hygiene-Grenzwerte für Binnengewässer
• Fahnder werfen bayerischem Datenschützer Schwarzkonto in Liechtenstein vor
•Oberster Datenschützer Betzl spricht von gezielter Rufmord-Kampagne
• Produktsicherheit: Kaum noch Durchblick bei Prüfsiegeln
• BRD mit 1,5518 Billionen Euro verschuldet
• Zu geringe Frauenquote: Ein Dutzend Unternehmen in Norwegen vor der Schließung
• Frauenquote in Norwegen: Mehrheit der 463 betroffenen Unternehmen setzte die Vorschrift um
• Frauenquote nicht erfüllt: Norwegischem Erstliga-Fußballclub Fredrikstad FK droht das Aus
Das norwegische Gleichstellungsgesetz sieht zwingend eine Frauenquote von 40 Prozent in der Vorstandschaft vor. She. 10.12. , 11.12.07 und 30.1.08
• Hillary Clinton laufen die Frauen weg
• Flocke spielt mit ihren Plüschtieren

Freitag, 22.2.08
• SPD-Chef Beck schließt Zusammenarbeit mit Linken nicht aus
• Dortmunder Jugendamt in der Kritik: Zwei sieben und neun Jahre alte

Mädchen wochenlang allein mit sterbendem Vater in verwahrloster Wohnung

• Erzeugung von 1 Liter Bio-Sprit verbraucht 4000 Liter Wasser
• Neue Kontrollvorschriften: Gemeinden sollen Gewässerprofile für Badeseen erstellen
• Badeverbote für belastete Seen in Baden-Württemberg
• Grüne fordern Verbot von Lkw's und Geländewagen mit Zulassung vor 2000
• 14-Jähriger verübt in Freiburg Messerattacke auf 12-Jährigen
• Bundestag verschärft das Waffengesetz
• Steinbrück will Druck auf Liechtenstein erhöhen
• Liechtenstein – Deutschland belohnt Rechtsbruch mit 7,5 Millionen Schweizer Franken
• SPD beschließt Parteiausschlussverfahren gegen ehemaligen Wirtschaftsminister Clement
• Clement: Ein Schlachtross auf der Schlachtbank
• Auch Bundestagsabgeordnete auf Liechtensteiner Steuersünderkartei
• Typ 1-Diabetiker erhalten schneller wirksames Insulin nur noch in Ausnahmefällen
• Ex-Boxenluder Katie Price will sich zur Jungfrau zurück operieren lassen
• Flocke verspricht Kohle

Samstag, 23.2.08

• XY jagt US-Mörder mit falschem Bild eines deutschen Ehepaares
• Neun Feuertote in Ludwigshafen: Mädchen ziehen Aussage zurück

She. 6.2. 08 und 7.2.08 ff.

• Feuer in Ludwigshafen: Regierungsnahe türkische Zeitung kritisiert deutsche Ermittlungen
• Hygiene-Werte: Am Bodensee droht kein Badeverbot
• Hollywood setzt bei Oscar-Verleihung auf Blut
• Trotz tiefem Schnee: Türkei marschiert im Nordirak ein
• Nach Anerkennung als Staat: Serben wehren sich gegen ihre Vertreibung aus dem Kosovo
• BND-Informant Kieber verkaufte Liechtenstein-Bankdaten auch an die USA

• 100 Einschläge in Sderot in drei Tagen – Israel liefert weiter Gas, Diesel und Lebensmittel nach Gaza
• Iranischer Vater steinigt seine 14-jährige Tochter wegen Verdachts auf einen Freund
• Auch die SED hatte in Liechtenstein gebunkert
• Nach neuen Morddrohungen: Dänischer Mohammed-Karikaturist muss sein Hotel verlassen
• Gesunde Darmflora bringt mehr Spaß beim Sex
• Sturm zerfetzt in Dänemark Windkraftanlage
• Bruce Darnell und seine Styling-Opfer weinen viel - und der Zuschauer heult auf
• Busenstar Katie Price will zu ihren drei Kindern noch ein Baby aus Bulgarien adoptieren

Sonntag, 24.2.08
• VW-Affäre: Volkerts Lustreise endet für drei Jahre im Gefängnis
• Volkert belastet Piëch
• Sachsen-Anhalts Ministerpräsident Böhmer bezeichnet hohe Zahl der Kindstötungen als Folge der DDR-Abtreibungspolitik
• Böhmer erklärt Babymorde im Osten mit einer leichtfertigen Einstellung zum werdenden Leben in den neuen Ländern
• Böhmer: Kindstötungen sind für manche Frauen ein Mittel der Familienplanung
Wolfgang Böhmer war bis 1990 Chefarzt der Gynäkologie in Wittenberg.
• Liechtensteiner Informant Heinrich Kieber mit krimineller Vergangenheit
• Schule der Demütigung: Jährlich 3000 Tote in der russischen Armee
• Gespräche über Streubomben gescheitert
She. 19.2. 08
• Bis 10 000 Euro Strafe: Regierung verbietet Waffen-Attrappen und Messer über 12 Zentimeter
• Messerverbot: Ausnahmen für Trachtenvereine, Bergsteiger und Taucher
• Friedliche Kriege in deutschen Schulbüchern: „Moslemische Erobe-

rungen“ heißen jetzt „moslemische Erwerbungen“, Schlachten und Angriffskriege kommen nicht mehr vor

• Nach Kopfttuch-Erlaubnis: Türkischer Professor fordert Kopftuchpflicht in der Türkei

• Auf Druck der Moslems: Holländische Fortis-Bank schafft Sparschweine ab

• Zur Stärkung der geistigen Leistungsfähigkeit: Studie fordert zehn Minuten privates Surfen im Internet während der Arbeitszeit für Frauen

• Proteststurm gegen Händchen haltendes Schwulen-Paar in irischem Fernsehen

Montag, 25.2.08

• Keine Reformen auf Kuba: Raúl Castro löst Fidel ab

• Hamburg-Wahl: Die Zeit der klaren politischen Mehrheiten ist vorbei

• Erdbeben im Saarland durch eingestürzte Hohlräume in Bergwerk

• Berliner Polizei rettet Kind aus Müllwohnung

• BND soll pädophilen Liechtensteiner Banker erpresst haben

• Empörung durch alle Parteien über Äußerungen Böhmers zu Kindstötungen

• Babymord-Theorie: Böhmer rudert zurück

• Kindstötungen: Thüringens Landtagspräsidentin fordert Debatte über Väter

• 16-Jähriger stößt 21-Jährigen in Stuttgart aufs Bahngleis

• Oscar-Verleihung: Der Gewinner ist...die Gewalt

• Trotz Warnhinweisen, Steuererhöhungen und Verboten: Zahl der Raucher nimmt kaum ab

• Nur 29 Prozent: Zahl der Raucher wird erheblich überschätzt

• Autounfälle nehmen um 6,3 Prozent zu - Zahl der Toten nimmt weiter ab

• Erziehungsexperte: Eltern machen 20 Fehler – pro Tag

• Aachen – Gewalttätige Frau versteckte 18 Zentimeter langes Küchenmesser in ihrer Vagina

• Billigauto Dacia Logan entwickelt sich zur tragenden Säule bei Renault

• Erste Biosprit-Boing 747-400 flog von London nach Amsterdam

• Karikaturenstreit: Pakistan sperrt Internet-Zugang zu Video-Portal Youtube

• Goldene Himbeere an Lindsay Lohan als miserabelste Schauspielerin
• Flocke fährt die Klauen aus

Dienstag, 26.2.08
• Die Empörungsmaschinierie gegen Wolfgang Böhmer rollt
• „Abtreibung auf einer Stufe mit Ermordung von Kindern": Claudia Roth fordert Böhmers Rücktritt
• Letzte Kindergeld-Erhöhung für das dritte Kind war 1996
• Lovebus klärt an Niederösterreichs Schulen 12-Jährige über lustvolle Formen der Sexualität auf
• Staatsanwalt Aschaffenburg: Anti-religiöses Kinderbuch „Wo bitte geht's zu Gott, fragte das kleine Ferkel" ist ein „perfides Machwerk", enthält aber keine strafbaren Inhalte
• Gender Mainstreaming in Nordelbischer Kirche: Pastor geißelt Verabschiedung vom christlichen Menschenbild
• Niederländische Fernseh-Show vermietet Babys an Kinderlose zum Üben
• Schwalm-Eder – Die Linke fordert Aufstellen von Kondomautomaten in Schulen
• Belgische Polizisten greifen zur Selbsthilfe und blasen selber
Die Zahl der geforderten Alkoholkontrollen kann von den Beamten nicht mehr durchgeführt werden.
• 57 Jugendliche wegen Tanzen und Flirten in Mekka vor Gericht
• Britische Ärzte ließen 66 Babys sterben, die Abtreibung überlebten
• Britische Regierung will die Bildungsdaten aller seiner Bürger erfassen
• Klimawandel: ETH Zürich legt Rettungsplan vor
• Intimrasur für Mädchen und Jungs: So geht's!
• Ist Barack Obama ein verkappter Schwuler?
• Britney trifft sich unter strengen Auflagen mit ihren Söhnen

Mittwoch, 27.2.08
• Schweizer Banken wollen aus Angst vor Spionage keine Deutschen mehr einstellen
• Entlassungswelle in Deutschland: Siemens streicht 6800 Stellen
• BMW bestätigt trotz Rekordergebnis 8100 Entlassungen
• 3000 Stellenstreichungen bei Henkel trotz Rekordgewinnen

• Viermal mehr Kindstötungen im Osten: Hat Böhmer doch Recht?
• Gender Mainstreaming: Neue Jobs für schwer vermittelbare Sozialwissenschaftlerinnen
• Die Familie spricht ein Wort mit: Jede 14. türkische Frau wurde zwangsverheiratet
• Silikonwunder Katie Price tüftelt an Vibratoren, Reitpeitschen und Sattelzeug
• Zürcher Uni will mit Gender Studies Geschlechterforschung und Islam verbinden
• Hamas bringt nur 5000 anstatt 50 000 in die Menschenkette in Gaza

Gleichzeitig zum friedlichen Protest gegen Israel flogen Kassam-Raketen nach Sderot, wobei ein israelischer Junge schwer verletzt wurde.

• Katholische Kirche der Niederlande propagiert die Fastenzeit als „christlichen Ramadan"
• Filme mit Rauchen und Rauchern in den USA bald nur noch ab 18?
• Bienensterben in USA: Lebenmittelhersteller befürchtet Eiscremekrise

Seit 2007 ist jedes vierte der 2,4 Millionen Bienenvölker in den USA verschwunden. Vermutet werden Viren, Handystrahlen oder gentechnisch veränderte Pflanzen.
She. z. B. 11.3., 20.3., 22.3., 27.3., 4.4., 17.4., 18.4., 12.6. und 7.9.07

• WDR-Intendantin will Sportmoderatoren und Sportlern das Duzen verbieten
• Ist Britney wieder schwanger?

Donnerstag, 28.2.08

• Ölpreis springt auf über 103 Dollar
• Schäuble fordert deutsche Zeitungen zum Abdruck der Mohammed-Karikaturen auf
• Hannover – Krebsärztin wegen achtfacher Sterbehilfe vor Gericht
• Radikale Kahlschläge der Konzerne: Merkel will Bossen ins Gewissen reden
• Superkapitalismus: Wann wird das Land regierungsunfähig?
• Gallup-Umfrage: 70 Prozent der Arbeitnehmer machen nur noch Dienst nach Vorschrift

• Rauchverbot in Hamburg: Anonyme Denunzianten schwärzen immer mehr Wirte an

• Nur vier Prozent der Sterbenden werden palliativ betreut

Die Deutsche Hospiz Stiftung sieht den Bedarf bei 40 Prozent.

• Rakete aus Gaza: Israelischer Student stirbt in Sderot

• Las Vegas – Tausende in Krankenhaus mit Hepatitis und HIV infiziert

• US-Unternehmen will CO2 aus der Luft absaugen und in der Erde verbunkern

Zur Auswaschung und Verdichtung sollen riesige Mengen an Kohle oder Gas verbrannt werden.

• Obama fordert von Europa mehr Einsatz in Afghanistan

• Sparlampen rentieren sich erst nach einem Jahr

• Nicht okay für Selbstbefriedigung: Flaschen, Gemüse, Kerzen & Co.

• Jeder vierte TV-Zuschauer glaubt an Uri Gellers übersinnliche Kräfte

• Nach Knut und Flocke: Drittes Eisbär-Baby kommt aus Stuttgart

• Kate Beckinsale: „Das Beste an mir ist meine spektakuläre Vagina!“

Freitag, 29.2.08

• Auch Versicherungen zittern vor Liechtenstein-Affäre

• Ex-Postchef verabschiedet: Mitarbeiter feiern Zumwinkel mit stehenden Ovationen

• Nach Wahlen in Hessen und Hamburg: SPD in der Zerreißprobe

• Debatte um Links-Partei spaltet die SPD

• Steigende Energiepreise: Glos stellt Atomausstieg in Frage

• Schaltjahr-Tag ist bei werdenden Müttern nicht beliebt

• Ermittler gehen bei Brandunglück in Ludwigshafen von Schwelbrand aus

• Ludwigshafen – 17-jähriger Messerstecher in Haft

• Nach Streit mit der Freundin: Berliner schleudert seine einjährige Tochter auf den Boden - tot

• Mitten in Deutschland: Christenmord an drei Georgiern

• Arbeitslosigkeit Dank mildem Winter im Februar gesunken

• Alpaufzug mit Kamelen statt mit Kühen: Schweizer fordern CO2-Steuer auf Treibstoffe

• Schweizer machen Druck auf Politiker: Klima-Initiative mit 151.817 Unterschriften gestartet
• Gaza: Israel schlägt zurück – 21 tote Palästinenser
• Nach Hillary umwirbt nun auch Obama Schwule und Lesben
• Katholischer Erzbischof in Bagdad vor der Kirche verschleppt
• Oma hat es erlaubt: Prinz Harry kämpft in Afghanistan
• Tötete Prinz Harry schon 30 Taliban?
• Eisbärmädchen Flocke entwickelt Raubtiermanieren

Monats-Rückblick Februar 2008

Gabriel fordert von China mehr Klimaschutz, Forscher warnen vor riesigen Klima-Hungersnöten, die deutsche Bundesregierung will das Essverhalten ihrer Bürger ändern und eine nationale Verzehrstudie bestätigt Bedarf nach Nährwertkennzeichnungspflicht. Nachdem Österreich nach einem Anstieg der Verkehrstoten die Lichtpflicht für Autofahrer wieder abschafft, fordert die EU eine europaweite Einführung. Eine US-Studie berechnet bis zu 115,2 Milliarden Mehrbelastung für deutsche Energieversorger für den Klimaschutz, Thyssen-Krupp erwägt einen Investitionsstopp für Hochöfen und Stahlwerke, ein Politiker der Grünen empfiehlt verblüfften TV-Zuschauern eine Erdöl-Gewinnung aus Altglas und ein Bericht des Frauenforschungszentrums der Hessischen Hochschulen beschäftigt sich mit der Situation lesbischer Studentinnen im Ausland. NRW erhöht die Zahl der Polizeianwärter von 500 auf 1100, Baden-Württemberg rüstet massiv mit mobilen Verkehrsüberwachungsgeräten auf und ein Urteil bestätigt, dass das Tragen von Masken während des Karnevals nicht gegen das Vermummungsverbot verstößt. Ein deutscher an Kindergärten verteilter Sex-Ratgeber für Eltern, der zur „zärtlichen Berührung"der Geschlechtsteile von Kindern auffordert, sorgt auch in der Schweiz für Wirbel. Die Bayrische Landesbank fordert Hilfe vom Staat, Liechtensteins Banken kommen wegen Schwarzkonten in Bedrängnis und die SPD fordert mehr Steuerfahnder.
Dem Norwegischem Erstliga-Fußballclub Fredrikstad FK droht wegen Nicht-Erfüllung der Frauenquote das Aus. Sachsen-Anhalts Ministerpräsident Böhmer erklärt die Häufung von viermal mehr Babymorden im Osten mit einer leichtfertigen Einstellung zum werdenden Leben in der DDR und sorgt damit für Empörung in allen Parteien. Deutsche Schulbücher werden umgeschrieben: „Moslemische Eroberungen" heißen jetzt „moslemische Erwerbungen", Schlachten und Angriffskriege

kommen nicht mehr vor und die Holländische Fortis-Bank schafft auf Rücksicht auf Muslime die Sparschweine ab. Nach einer Gallup-Umfrage machen 70 Prozent der Arbeitnehmer nur noch Dienst nach Vorschrift.

MÄRZ 2008

Rückblick auf März 2007

Übergewicht - Mixa -Grabfindung Jesu– Methan – Urlaub - Rauchverbot - Bienen – Scharia - Waldsterben

EU-Kommissare sagen dem Übergewicht den Kampf an, gleichzeitig wird bekannt, dass auch die Iren zunehmend dicker werden, während Österreichs Frauen vorbildlich schlank sein sollen.
Der EU-Gleichstellungsbericht bemängelt zu wenig Krippenplätze in Deutschland, während Mixa nichts von seinen Aussagen zurücknimmt.
Die Ankündigung eines Films des Oscarpreisträgers David Cameron über die Grabfindung Jesu erreicht trotz heftiger Einsprüche von Wissenschaftlern weltweite Aufmerksamkeit.
Nach dem Rauchverbot und der Kampagne gegen Übergewicht befürchtet nun auch die Süßwarenindustrie ins Fadenkreuz der EU zu geraten.
Wegen des hohen Methan-Ausstoßes von Kühen und Rindern kommt nun deren Fleisch zunehmend ins Zwielicht, auch die Klimaverträglichkeit der deutschen Tornados in Afghanistan wird kritisch hinterfragt, während Politiker nach Bekanntwerden des UN-Klimareports an die Bevölkerung appellieren, den Urlaub im eigenen Land zu verbringen. Gleichzeitig meldet die Berliner Tourismusbörse einen neuen Besucherrekord, bei Airbus storniert der letzte Kunde zehn 380-Transporter und die Familienministerin veranschlagt den Ausbau der Krippenplätze auf 9,5 Milliarden Euro.
Nach den Glühbirnen kommt der Ruf nach einem Verbot von Stand-by-Geräten sowie die Forderung nach einem ökologischen Siegel für Elektrogeräte und die UN genehmigt die Produktion einer Energiesparlampe zur CO2-Reduktion in Afrika und Asien.
Ein Gesetz soll generell das Rauchen in Flugzeugen über dem deutschen Luftraum verbieten, während der Streit um den Qualm in Gaststätten zunehmend härter geführt wird und immer mehr Länder auf Ausnahme-Regelungen bestehen.
Auf die Nachricht vom Phänomen eines riesigen Bienensterbens in den USA wird ein solches auch in Deutschland beobachtet, die Meldung über das Anwachsen der Beamtenpensionen in den nächsten zwanzig Jahren auf über eine Billion Euro sorgt für kurzfristiges Entsetzen.

Dem lauten Nachdenken eines Nürnberger Richters über die Einführung islamischen Rechts lässt eine Frankfurter Richterin die Tat folgen und findet Prügel für eine muslimische Ehefrau als selbstverständlich.
Die Einführung der in Baden-Württemberg für den 1. März vorgesehenen Feinstaub-Plakette wird auf den 1. Juli vertagt, der UN-Waldbericht für Europa zieht eine positive Bilanz und meldet wachsende Wälder, während eine andere Studie ein beschleunigtes Schrumpfen derselben bedingt durch Klimawandel feststellt.

Meldungen März 2008

Samstag, 1.3.08

• Orkan „Emma" fegt über Deutschland
• Orkantief „Emma": Das ist erst der Anfang
• Feinstaubkontrolle: Ab heute Fahrverbote in acht Städten Baden-Württembergs
• Liechtenstein-CD: Finanzminister erwartet 300 Millionen Ertrag
• Bis 14,4 Millionen: Regierung plant höhere Strafen für Steuersünder
• Fiasko für den Fiskus: Nur 163 Steuersünder erwischt
• EU-Förderplan will Atomkraft mit Wind- und Sonnenenergie als erneuerbar gleichsetzen
• Grüne fordern gesetzliche Frauenquote für Hochschulen
• Mindestens 20 Tote bei Luftangriff im Gazastreifen
• Saddams Cousin „Chemie Ali" wird hingerichtet

She. 4.9.07

• Nach Skelettfund nun zugemauertes Verlies in Waisenhaus auf Kanalinsel Jersey entdeckt
• Bundesregierung auf Distanz zu evangelikaler Position: „Homosexualität ist nicht therapierbar"

She. 10.1., 15.2. und 17.2.08

• Diskussion um Therapierbarkeit von Homosexualität wird politisch abgewürgt
• Saarbrücken – 21-jähriger Marokkaner tritt gemeinsames Baby mit seiner deutschen Freundin im Mutterleib tot
• Wegen Indeskretion der ausländischen Presse: Prinz Harry muss nach Hause

- 16 tote Mütter durch Abtreibungspille RU486 in Italien
- Hamas fordert im Kinderfernsehen die Ermordung des Karikaturisten Westergaard
- Britney Spears dementiert ihre Schwangerschaft
- Knut, Flocke, Wilbär: Welcher Eisbär wird am glücklichsten?

Sonntag, 2.3.08

- Feuerwehren wegen Sturms im Dauereinsatz
- Bilanz: Telekom verliert zwei Millionen Kunden
- Druck von der EU: E.on will seine Stromnetze verkaufen

E.on will dadurch einer angestrebten Zerschlagung der Energiekonzerne durch die EU zuvor kommen. She. 15.1.07, 19.9.07 und 20.9.07

- Mehrheit der zwischen 1950 und 1970 Geborenen hat messbare rot-rot-grüne Tendenzen
- Berliner Satire-Ausstellung wegen muslimischer Drohungen geschlossen
- Hamburger Senatorin von Welck will Kirchen in Moscheen umwidmen
- Wasser zu sauber: Bodenseefischer fordern mehr Plankton

She. 11.1.07, 17.3.07, 10.6.07, 18.12.07

- NRW-Philologen warnen: 60 Prozent der Lehrer stehen vor dem Burnout
- Iran plant Todesstrafe für Abkehr vom Islam
- Jordanien bestätigt Ausweisung von Christen wegen illegaler Missionierung
- Weltrekord: Jeder 100. Amerikaner sitzt im Gefängnis
- „Hehleraktivität sagt mir nicht zu!“: Dänischer Finanzminister lehnt Nutzung der gestohlenen Liechtensteiner Daten ab
- Mohammed-Karikaturen: Sudan verhängt Import-Verbot für dänische Waren
- 268 Millionen mehr Schulden: Dänemark zieht angekündigten Schuldenerlass für den Sudan zurück
- Gesellschaft für bedrohte Völker nimmt Taliban mit auf die Liste
- Nahm junge Frauen in Schutz: 44-jähriger von 20-jährigem Südländer in Berliner U-Bahn halbtot getreten

Montag, 3.3.08

• Sturm „Emma“ sorgt für Beinahe-Katastrophe bei Airbus-Landeanflug in Hamburg

• Amateur-Video hält Fast-Katastrophe auf Hamburger Flugplatz fest Sprecher der Piloten-Vereinigung dementiert: „Die Flugzeugführer sind auf solche Situationen trainiert!“

• Betreuungsgeld sorgt für sanften Anstieg bei Geburten

• Betreuungsgeld: Deutsche Väter zunehmend heiß auf Job am heimischen Herd

• Negativtrend gestoppt: Höchste Geburtenrate seit der Wiedervereinigung

• Geburtenrate steigt von 1,33 auf über 1,4

• Entlassungswelle: Der Kapitalmarkt kennt kein Gewissen

• EU-Unsinn zur Flugsicherheit: Zahnpasta verboten, 6-cm-Messer erlaubt

• Verkehrststrafen nun EU-weit eintreibbar

• Deutschland, Frankreich und Österreich warnen: EU-Klimapolitik zerstört Arbeitsplätze

• Nach Bremen will auch Niedersachsen gleichgeschlechtliche Partnerschaften mit der Ehe gleichstellen

• Deutsche Autofahrer haben am meisten Angst vor dem Blendlicht entgegen kommender Autos

• Bundesministerium für Arbeit empfiehlt Feng-Shui im Büro für besseren Energiefluss

• US-Studie: Viele Jugendliche halten Hitler für einen Waffenproduzenten

• Miese Tricks in Liechtenstein: Die Jagd auf Steuersünder hebelt den Rechtsstaat aus

• Chemnitz - Weil sie als Friseuse fremden Männern die Haare schnitt: Tunesier erwürgte Ehefrau

• Neues Mittel gegen Haarausfall macht Hoffnung

• Giordano bezeichnet Erdogans Rede in Köln als Kriegserklärung in Deutschland

She. 7.2.08 und 8.2.08

Dienstag, 4.3.08

• Sturmtief „Emma“ mit geringeren Schäden als erwartet
• Computermesse CeBit: Die IT-Branche erwärmt sich für den Klimaschutz
• Die Pseudo-Ökos der IT-Branche
• Mindestens die Hälfte der 150 000 deutschen Schulen und Kindertagesstätten sind dringend sanierungsbedürftig
• Gesetzliche Krankenversicherer mit zwei Milliarden im Plus
• Late Night Talk „Kind und Karriere“: Bekennende Lesbe Anne Will moderiert, kinderlose Claudia Roth weiß, was für Kinder das Beste ist, Christa Müller fordert 1600 Euro Müttergehalt und Renate Schmidt ist es wurscht, wenn die Deutschen aussterben
• Kündigung rechtens: Berliner Mieter war mit 25 Cent im Rückstand
• Klima-Rolle der Aerosole unterschätzt: Pollen und Bakterien tragen zur Wolkenbildung bei
• Klimaschutz-Chef De Boer: „An Atomkraft führt wahrscheinlich kein Weg vorbei!“
• Seelze/Niedersachsen – Neunjähriger bietet moslemischen Mitschülern Coctailwürstchen an: Zur Strafe eine Stunde Müllsammeln
• Pädophilen-Waisenhaus auf Jersey: 200 Opfer und Zeugen berichten von brutalen Quälereien
• 63.540 Euro Strafe und verordnetes „Umerziehungs-Training“ für anglikanischen Bischof Anthony Priddis wegen Nicht-Einstellung eines Homosexuellen als Erzieher
• EU-Reformvertrag hebt Konkordat auf

Der EU-Reformvertrag greift in die inneren Angelegenheiten der Kirchen und Religionsgemeinschaften ein. Ähnlich wie in China bestimmen Staat bzw. eine EU-Kommission innerkirchliche Regelungen und Besetzungen von Ämtern.

• Hillarys letzte Karte: Ein neuer Werbespot
• Rauchverbot auch für James Dean?
• GfbV streicht Taliban wieder aus der Liste der bedrohten Völker
• Paris Hilton sucht „echte Freunde“ per TV-Show

Mittwoch, 5.3.08

• Porsche übernimmt die Macht bei VW

• Deutsche Autos „made im Ausland“: 150.000 Jobs sind bedroht
• Elterngeld: Jeder achte Antragsteller ist ein Mann
• Jedes zweite Krippenkind schafft den Sprung auf das Gymnasium
Korrekt ist: Jedes zweite Krippenkind wird von den Eltern an Gymnasien angemeldet.
• Was Schüler heute lernen: Der Staat schafft Arbeitsplätze, die Unternehmen wieder vernichten
• Nach Finanzskandal in Liechtenstein: Österreich wird nun das neue Steuerparadies
• Über 20.000 Seiten: Das deutsche Steuergesetz
• Bundeswehrskandal: Zwei Feldwebel aßen aus Jux aus Eigenblut gefertigte Wurst
• „Ihm glauben die Kinder!“: Berliner Problemschulen laden Rapper Budhido zu Gastspielen
Textprobe: „...wenn ich will, seid ihr alle tot, ich bin ein Taliban, ihr Missgeburten habt nur Kugeln aus Marzipan...“. She. auch 4.8.07
• Zahl der Katholiken weltweit um 1,4 Prozent gestiegen – Rückläufige Tendenz in Europa
• Widerlich, kindisch und vulgär: Charlotte Roches Körperflüssigkeiten- und Kack-Buch in den Bestsellerlisten
She. 30.5.07
• Wie Hamas Israel zum Frieden bomben will
• South Pasadena verbietet das Fluchen
• Lindsay Lohan bekommt ein Angebot vom „Playboy“

Donnerstag, 6.3.08
• 24-jährigen Co-Pilotin rettete Hamburger Airbus vor Emma
• Nach Beinahe-Crash: Passagiere kritisieren nun die Lufthansa
• Tankstellen in Baden-Württemberg jetzt nachts alkoholfrei
• Mindestlohn für alle Briefträger ist rechtswidrig
• Nach dramatischen Stimmenverlusten: CSU denkt über Lockerung des Rauchverbots nach
• Transrapid-Pläne schüttelt die CSU kräftig durch
• Rauchverbot kein Faktor für Stimmenverlust der CSU
• Volles Risiko: Ypsilanti will es doch mit Links versuchen

• Trotz weltweiter Erfolglosigkeit der Forschung: Wird der Schutz embryonaler Stammzellen gekippt?

She. 24.11.07 und 26.11.07

• Polizei nutzt immer häufiger die Telefonverbindungsdaten
• Schülerinnen demütigen in Saulgauer Heim pflegebedürftige Senioren
• Zu dick: Deutsche Soldaten sind Sportmuffel
• Cécilia Sarkozy heiratet in dritter Ehe Werbefachmann von Versace
• Unternehmer Reinhold Würth: „Wir befinden uns auf geradlinigem Weg in eine Edel-DDR“
• Rekord-Stromverbraucher Flachbildfernseher

Freitag, 7.3.08

• Neue EU-Öko-Standards: Viele Elektrogeräte werden teurer
• EU-Öko-Richtlinie für Elektrogeräte überfordert die Kontroll-Behörden
• Umweltfreundliche Stromgeräte: Hersteller sollen Produktion binnen weniger Monate umstellen
• Junge Väter packen an: Elterngeld wird besonders in Universitätsstädten genutzt
• Nach CSU-Schlappe raucht es richtig: Politiker knicken ein, Nichtraucher gehen auf die Barrikaden und Ärzte sind entsetzt
• „Richter Gnadenlos“ beim Kokain schnupfen gefilmt: Verliert Roland Schill seine Pension (1400 Euro)?
• Kein Kuscheln mit den Linken: Dagmar Metzger stoppt Parteigenossin Ypsilanti
• Dagmar Metzger: „Ich bin in der DDR aufgewachsen!“
• Stürzt Beck? Totales Chaos bei der SPD
• Verkehrsstreik in Berlin: Niemand weiß, wie er vom Fleck kommen soll
• Ärzte und Kirchen fordern Gesetzesänderung für Spätabtreibungen

Als Spätabtreibung gelten Schwangerschaftsabbrüche nach der 23. Woche.

• Verfassungsschutz warnt vor islamistischen Anschlägen in Deutschland
• Neues Unterhaltsrecht: Die Frau muss schneller für sich sorgen

• Sind Pommes und Wurst schuld am deutschen Übergewicht?
• Wenig Haare als Zeichen für Risiko zum Übergewicht
• Bauern wehren sich gegen Ramschpreise von Milch- und Fleischprodukten

Samstag, 8.3.08
• Bahnstreik kaum noch zu verhindern
• Weltfrauentag: Politikerinnen fordern Gleichberechtigung
• Weltfrauentag: Heute kostenloser Zutritt für Frauen zur CeBit
• Schavan spendiert zum Weltfrauentag 150 Millionen Euro zur Stellenbeschaffung für Professorinnen
• „Linke“ fordern Frauentag als gesetzlichen Feiertag
• Familie und Beruf: Karrierefalle Mütterauszeit
• Öko-Design für Elektrogeräte: Landesministerin Gönner sieht Anreize für Innovationen
• Bundesregierung will CO2-freie Kraftwerke
• Verpresstes CO2 in Erdbunkern: Bei Undichtigkeit droht Lebensgefahr durch Ersticken
• Vor allem Akademiker nutzen die Vaterzeit
• Doppelbelastung durch Vaterzeit: Techniker Krankenkasse bietet Work-Life-Balance-Seminare
• Gehälter: Dax-Vorstände verdienen ein Viertel mehr
• Aus Wut auf Schule: Neunjährige beschädigt 14 Autos
• Bush will „Waterboarding“ nicht verbieten
• Deutscher Banker ermittelt Gewinner und Verlierer des Klimawandels für 2030
• Kindsmörder Magnus Gaefgen verlangt 10.000 Euro Schmerzensgeld wegen Folterdrohungen eines Polizisten
• Klimakonferenz in New York: 500 Teilnehmer und 100 Vorträge
• Rauchverbot in der Schweiz: Staatliche Studie berechnet Zusatzkosten für das Bügeln von Hemden durch den Tod einer kettenrauchenden Ehefrau
• Penis: Schau, welche Unterschiede es gibt!
• US-Studie: Staubsaugende Männer haben besseren Sex

Sonntag, 9.3.08

• Keine Macht für Ypsilanti: SPD, Linken und Grünen droht das gemeinsame Absaufen

• Mit Messern und Totschlägern: 20 Heranwachsende überfallen vier wehrlose junge Männer beim Verlassen eines Kölner Stadions

Eine Zeugin beschreibt die „Heranwachsenden“ im Gegensatz zur Zeitungsmeldung als etwa 25 bis 30 Jahre alt mit nicht sonderlich europäischem Aussehen.

• Allein unter Frauen: Mangelware Mann an Grundschulen

• NPD verlangt Rückbesinnung auf traditionelle Geschlechterrollen

• NPD fordert bundesweite Beendigung aller Gender-Mainstreamig-Programme

CDU Mecklenburg-Vorpommern will Wiederbelebung „im weitesten Sinne nationalsozialistischen Gedankenguts“ prüfen lassen.

• Neuer Staat Kosovo: Verbrechen ist der einzige wachsende Wirtschaftsfaktor

Ölmultis wollen CO2 in leere Ölfelder unter dem Meer pumpen

• Im Kampf gegen den Klimawandel: Britische Regierung verordnet bei Meetings Leitungs- anstatt Mineralwasser

• SED-Gelder in Liechtenstein interessieren nicht

• Demnächst Koran-kritischer Film von Geert Wilders: EU verweist auf „die Grenzen der Meinungsfreihheit“

• Ablasshandel des 21. Jahrhunderts: Bis drei Euro Klimaspende bei Austrian Airlines und TUI

• Zwei Drittel der Bundesbürger würde der klassischen Kindererziehung den Vorzug geben

• Moslemische Erzieherinnen in christlichen Kindergärten können Ängste vor Christianisierung nehmen

• Schockierte Beamte über mangelnde Schuldeinsicht der Eltern: Drei strafunmündige Siebtklässler vergewaltigen in Minden-Lübbecke Mitschülerin

Montag, 10.3.08

• Metzgers „Gewissensentscheidung“ empört Genossen – Ypsilanti gibt auf

• Deutsches Forschernetzwerk will Übergewicht bei Jugendlichen systematisch vorbeugen
• Neues Gender-Zentrum an der Uni Augsburg: Rückenwind für Karrierefrauen
• Wolkenforscher sagen drastische Zunahme von Niederschlägen voraus
• Adelie-Pinguinen in der Antarktis geht die Nahrung aus
• Meeresspiegel lag in der Kreidezeit 170 Meter höher als heute
• Rekordwinter im Nordmeer: Eisbären finden durch zuviel Schnee zu wenig Beute

She. 7.2.07, 22.2.07, 10.4.07, 28.5.07, 1.9.07, 8.9.07, 7.10.07.

• Packeis schmilzt zu schnell: Ringelrobbenbabys müssen zu früh ins Wasser und erfrieren
• Stillen schützt Jungen von dicken Müttern vor Fettpolstern
• Forscher entdecken Blei als Ursache für Übergewicht
• Krebs durch Übergewicht
• Als Kunstwerk: Schweden wollen Blockhaus auf den Mond schießen
• „Der Westen will uns auslöschen": Erdogan fordert mindestens drei Kinder pro Familie
• Einbruch von Pub-Aktien in England durch das Rauchverbot
• Bayerische Nichtraucher klagen gegen Raucherclubs
• Bundesverfassungsgericht soll demnächst den Inzest-Paragrafen kippen

She. 20.2.07, 21.2.07, 22.2.07, 26.2.07, 27.2.07

• Inzestschäden können Generationen überspringen
• Forscher entwickeln Vaginal-Gel gegen Aids
• Flocke übt mit Betreuern Eisbäryoga

Dienstag, 11.3.08

• Schwere Orkane über Frankreich und England
• Karlsruhe erklärt automatischen Datenabgleich von Verkehrsüberwachungskameras mit der Fahndungsdatei für gesetzwidrig
• Europarat diskutiert über staatliche Finanzierung der Abtreibung und Bereitstellung von Verhütungsmitteln aus nationalen Budgets
• Polizeiliche Erfassung auch von Bagatell-Unfällen treibt die Statistik nach oben

• Polizei am Bodensee geht mit neuen Kameras verschärft gegen Raser vor
• Hessen-SPD: Kesseltreiben gegen Dagmar Metzger
• Zerreißprobe für Beckstein: CSU-Widerstand gegen Lockerung des Rauchverbots wächst
• Rauchverbot: Hälfte der Kleinwirte in Baden-Württemberg bangt um die Existenz – Öttinger sieht keinen Handlungsbedarf
• EU stimmt Regierungschefs auf „ungeahnte Herausforderungen" durch den Klimawandel ein
• Ab heute EU-weit nur noch kindersichere Feuerzeuge – über die Hälfte der Trafikanten weiß nichts davon
Wann kommen kindersichere Streichhölzer?
• Milder Winter hilft Killermilben: Stirbt jedes zweite Bienenvolk?
• Biosprit-Produktion: Wissenschaftler warnen vor Öko-Katastrophe durch Düngemittel
• Müncher verkauft seine fünf und sieben Jahre alten Töchter für Sex-Spiele
• Sieben Jahre nach BSE: Koalition will verbotene Tierfette wieder zur Verfütterung zulassen
In anderen EU-Ländern ist die Verfütterung längst wieder erlaubt. She. z. B. 22.8.07
• Streit um Sonnenliegen: Britischer Kreuzfahrt-Kapitän kritisiert „deutsches" Verhalten und bekommt Anzeige bei Menschenrechtskommission
• Richterbeschluss: Britney bekommt nur noch 1500 Dollar pro Woche

Mittwoch, 12.3.08
• Hin und zurück: Sigmar Gabriel ließ sich solo mit Regierungsjet aus Mallorca-Urlaub fliegen
• Nur noch 23 Prozent: Desaströse Umfragewerte für die SPD
• Autokennzeichen- und Videoüberwachung: Verfassungsrichter warnen deutlich vor Dauerobservation und „Einschüchterungseffekten"
• Geplante Lockerung des Rauchverbots in Bayern: Drogenbeauftragte Bätzing befürchtet Umsatzeinbußen für die Gastronomie durch Wettbewerbsverzerrung

• Wies'n-Rauchverbot: Münchner SPD warnt vor Eskalation durch militante Nichtraucher
• BRDDR: Wie weit darf der Überwachungsstaat gehen?
• Steueraffäre: Liechtenstein fordert Auslieferung des BND-Informanten
• Google, Yahoo, Microsoft, AOL und Fox sammeln monatlich mindestens 336 Milliarden Daten
• Wer meldet sich freiwillig? Ohne Kunstdünger könnten nur drei Milliarden Menschen ernährt werden
• Kanada erlässt Jagdquote: 275.000 Robben dürfen getötet werden
• Neuseeland: Delfin führt im Flachwasser verirrte Wale zurück ins offene Meer
• 1984 Waldsterben, 1985 Ozonloch, 2000 BSE, 2002 SARS, 2006 Vogelgrippe: Fünf Katastrophen, über die keiner mehr spricht
• EG-Öko-Verordnung verbietet konventionelle Farbstoffe zum Färben von Bio-Ostereiern
Synthetische oder natürliche Farbstoffe sind in der Verordnung nicht aufgeführt. So bleiben Anbietern nur färbende Lebensmittel wie Spinat, Heidelbeeren oder Kamillentee.
• Geoforscher Georg Deisle hält Warnungen vor dem Auftauen der Permafrostböden für „maßlos übertrieben"
• Abnehmen: So bekommen Sie den Hunger in den Griff
• Gleichberechtigung kann so einfach sein: Delitsch bekommt „weibliche" Fußgängerampel
• Großes Petting-Quiz: Wie gut kennst du dich aus?
• Flocke macht ihren ersten Erkundungs-Spaziergang

Donnerstag, 13.3.08
• Jeder dritte Deutsche bezieht staatliche Hilfen – Anteil der erwerbstätigen Bevölkerung sinkt
• Verfassungsgericht: Inzest bleibt in Deutschland strafbar
She. 20.2.07, 21.2.07, 22.2.07, 26.2.07, 27.2.07
• Berliner Schule muss für moslmemischen Schüler Gebetsraum einrichten
• Deutschland: 15,1 Millionen Einwohner mit Migrationshintergrund

• Schäuble will mit Islamunterricht an Schulen Hasspredigern Konkurrenz machen
• Hybrid-Hysterie auf dem Genfer Autosalon
• Physics Today: Neue Studie führt Erderwärmung zu zwei Drittel auf die Sonne zurück
• Rauchverbot auf Berliner Spielplätzen – 30 Beamte sollen täglich kontrollieren
• Osterfeuer: Ordnungsdienste und Umweltämter kündigen Kontrollen an
• Minneapolis startet Kampagne gegen Parfüms und Deos an Schulen
• Jeder vierte weiße und jeder zweite afro-amerikanische US-Teenager leidet an einer Geschlechtskrankheit
• Ostereier: Salmonellengefahr beim Auspusten
• Eine Million Seevögel und 100.000 Meeeressäuger gehen jedes Jahr an Plastiktüten zugrunde
Die aus England stammende Meldung geht auf eine unkorrekt wiedergegebene Studie von 1987 zurück, in der es sich nicht um Plastiktüten, sondern um im Meer treibende Fischernetze handelte.
• Emmissionsneutrale Beerdigung: Australisches Krematorium will Schadsstoffaustoß bei Einäscherungen durch Baumpflanzungen kompensieren
• Chinas 1-Kind-Politik: Gut für das Klima
• Amsterdam erlaubt öffentlichen Sex im Vondelpark – Hunde an die Leine
• Sexualität versus Religion: Filmprojekt sucht schwule Muslime
• Mit der Klobrille zusammen gewachsen – Amerikanerin saß zwei Jahre auf der WC-Schüssel

Freitag, 14.3.08
• EU-Gipfel: Merkel fordert Ausnahmen beim Klimaschutz
• Europa rudert zurück: EU erwägt mögliche Abkehr von Bio-Kraftstoffen
• Armee umstellt Klöster in Tibet: Mönche wehren sich gewaltsam
• Islamkonferenz: Schäuble unterstützt Moscheebau in Deutschland
• Elterngeld: Bayerns und Baden Württembergs Väter liegen vorn

Allerdings nur in Universitätsstädten.

• Tausende Lehrer trotz Festanstellung auf Hartz IV angewiesen

• Inzest-Urteil: Diskriminierung oder Normerhalt?

• Inzest-Urteil als Ausdruck eines willkürlichen Sittenrechts

• Osterfeuer auf Sparflamme: Kommunen gehen gegen Feinstäube vor

• Osterfeuer im Visier der Klimaschützer

• Chaldäischer Erzbischof im Iran ermordet

• Leipziger Buchmesse: Flaschenbier und Muschischleim

• Die Super-Zwerge: In Freimann starten Kinder schon mit zwei Jahren mit Englisch-Unterricht

• „Pro Familia"-Aufklärungsbuch empfiehlt Kindern das Riechen an Scheide oder Penis anderer Kinder

Kinder sollen sich gegenseitig nackt erkunden, des weiteren sollen Kindergartenkinder nicht gehindert werden, den Penis in die Scheide einzuführen und sexuelle Kontakte zwischen Kindern und Erwachsenen werden ausdrücklich als empfehlenswert beschrieben, sofern sie im gegenseitigen Einvernehmen erfolgen. She. auch z. B. 28.6.07, 7.8.07, 22.10.07, 6.11.07, 8.11.07

• Calabasas/USA – Raucher müssen im Freien 6 Meter Abstand zu Nichtrauchern halten

• Brasilianische Kirche verteilt Plastikföten gegen Abtreibung

• 330 Kilo schwerer Brite musste mit dem Bagger ins Grab gehoben werden

Samstag, 15.3.08

• Bereits zehn Tote: Protest tibetischer Mönche gegen die Vorherrschaft Chinas eskaliert

• Riesen-Tornado über Atlanta

• BASF-Vize warnt vor einer „schleichenden Deindustrialisierung" Deutschlands

• Rolle rückwärts: Merkel warnt in Brüssel vor dem Abzug der Schwerindustrie aus Europa

• Energie und Lebensmittel: Inflation bei 2,8 Prozent – Die Kaufkraft schwindet dahin

• Renten werden um 1,1 Prozent erhöht
• Punkte, Meilen, Digits: Beim Tanken und Shoppen die Rente aufbessern
• Meisner bittet Erdogan um Unterstützung zum Bau einer Kirche in der Geburtsstadt des Apostel Paulus in Tarsus
• Milliyet: „Hört auf, die Türken in Deutschland zu verbrennen!"

Trotz erwiesener Haltlosigkeit der Vorwürfe sind die Hausbrände immer noch ein Dauerthema in den türkischen Medien.

• Inzest-Urteil: Linke finden Begründung mit programmierten Erbschäden für befremdlich
• Grüne: „Inzest-Paragraf ist ein Relikt aus dem letzten Jahrhundert!"
• Zahl der Sexualdelikte im Bodenseekreis um 83 Prozent gestiegen
• The Dome in FN: Polizei hat alles im Blick – Alkoholverbot wirkt positiv

Das Publikum besteht aus überwiegend weiblichen Teenagern, Jugendliche unter 14 müssen von Erwachsenen begleitet werden.

• Islamisches Religionsgesetz: Algerien ließ seit November 10 von 32 Kirchen schließen
• Zu bunt gefärbte Ostereier können auf die Gesundheit schlagen
• Quiz: Wie machen es die Tiere?
• Sex-Alarm bei Big Brother: Isi ist auf jeden scharf!
• Taiwan – Sohn spendiert Vater Striptease zur Beerdigung

Sonntag, 16.3.08

• China macht den Dalai Lama für Unruhen in Tibet verantwortlich
• Jungpolitiker empört über Rentenerhöhung
• Vier Tote: Bayerischer Deutsch-Türke sprengte sich in Afghanistan in die Luft
• Türkische Menschenrechtsorganisation kritisiert deutsche Integrationspolitik
• Süßigkeiten geht es an den Kragen: Verbraucherverbände fordern Ampel-Kennzeichnung
• Verhaltensstudie: Mobbing beginnt bereits in der Grundschule

• Klimawandel: Wir leben in der Warmphase einer Eiszeit
• IPPNW fordert stärkere Bemühungen zur Aufklärung der Zusammenhänge zwischen Kinderkrebs und Atomkraftwerken
• Geplante Mittelmeerunion: Ein neues trojanisches Pferd?
• Probeweiser Islamunterricht an niedersächsischen Grundschulen führt zu weniger Rangeleien zwischen Arabern und Türken
• Inzest und sexuelle Freiheit: Wenn zwei sich lieben, ist Sex immer gut
• Inzest-Verbot: Wie weit darf sich der Staat in das Sexualleben seiner Bürger einmischen?
• Inzest und Gefahr von Down-Syndrom: Wer verbietet Frauen über 40 das Kinderkriegen?
• Kleine Männer sind eifersüchtiger
• Gemeinsam im Geschlechterkampf: Moderne Männer sind Feministen – sie wissen es nur nicht
• Abschwächung des Golfstroms könnte sich durch höhere Lufttemperaturen ausgleichen

She. 23.1.07, 1.2.07, 4.2.07, 20.3.07, 21.3.07, 24.4.07, 3.7.07, 7.7.07

• Gender Mainstreaming: Das neue Denken von der Stange
• Pillen, Koks und Abführmittel: So hungert Hollywood
• Achtung Salmonellen: Ostereier nur mit Strohhalm auspusten!
• Ostern: Einfach geil!
• Knut – ein fetter Sack

Montag, 17.3.08

• 100 Tote? Tibet-Krise heizt Debatte um Olympia-Boykott an
• Dalai Lama: „China begeht kulturellen Völkermord!"
• Ivan Rebroffs Bruder schoss am 31. Juli 1944 Antoine Saint Exupéry ab
• EU nimmt Verkehrssünder im Ausland ins Visier
• Das „Papst-Attentat" auf RTL: Ein klassischer Schundfilm im zeitgemäßen Kleid
• UNO-Warnung: Die Gletscher schmelzen im Rekordtempo
• Die überängstliche Beibehaltung des Inzest-Verbots
• Verein der Inzestkinder M.E.L.I.N.A: Erhalt des Paragrafen ist für Inzestgeborene wichtig

Inzest-Kinder müssten den Nachweis erbringen, dass sie aus solchen Verbindungen geboren und Schäden und Behinderungen darauf zurück zu führen sind.

• Inzest-Paragraf: Dieselbe Logik wie „lebensunwertes Leben“ im 3. Reich

• Studie: Jede dritte Firma zahlt für Waren aus China mehr als für heimische

• Eva Herman auf der Buchmesse: „Krippenplätze bedeuten Verwahrlosung“

• Eva Herman in Leipzig: Proppenvoller Saal und kaum Presse

• Eva Hermans Hund: Kein Scotch-Terrier wie bei Hitlers Geliebten Eva Braun

• Sachsen-Anhalt mit höchster Krippendichte, aber niedrigster Geburtenzahl

• Jürgen Habermas fordert vom Christentum stärkere Einmischung in gesellschaftliche Debatten

• Nach 1400 Jahren erste Kirche in Katar

Für die Gastarbeiter. Die katholische Kirche steht 15 Kilometer in der Wüste und darf nicht als solche kenntlich sein.

• Landplage Kängurus: 400 Tiere sollen nach Protesten von Tierschützern von australischem Truppenübungsplatz in eine neue Heimat gebracht werden

Die Aktion würde pro Tier etwa soviel kosten wie ein Flugticket um die Welt.

• EU-Kadaververbot treibt Bären, Wölfe und Geier in den Hunger

She. 18.6.07

• Paris Hilton versucht sich als Groupie in einer Punkband

Dienstag, 18.3.08

• Crash an den Finanzmärkten: Bosse rufen nach Geld von Papa Staat

• 1,1 Prozent mehr Rente: Brauchen Senioren wirklich ein Auto?

• Tibetische Reiter fallen in chinesischer Stadt ein

• Republikaner John McCain überholt Obama und Clinton

• Öko-Imker in Sorge: Immer mehr Gentechnik auf den Feldern

• Von der Leyen will auch gewerbliche Kitas bezuschussen

• Elf Prozent der Düsseldorfer Einraum-Wirte wollen bis zum 1. Juli schließen

• Gender Mainstreaming: Die globale Gleichschaltung des menschlichen Denkens

• Gender Mainstreaming: Die Vermischung von Mediensprech und primitivster Vulgärwissenschaft

She. 11.11.07

• Freizeitsport: Jeder zehnte dopt

• Niederlande verbieten Sex mit Tieren

Begründung: Niederlande werden zunehmend zum Anziehungspunkt für Perversitäten. Sodomie war bisher nur bei Misshandlung von Tieren strafbar.

• Mit Helium-Sack über dem Kopf: „Dignitas" lässt Menschen minutenlang qualvoll ersticken

Damit soll die ärztliche Kontrolle umgangen werden – für Natriumpentobarbital ist ein Rezept erforderlich.

• Maos fromme Enkel: Das Christentum ist die am schnellsten wachsende Religion in China

• „Homo-Ideologie ist größere Gefahr als Terrorismus": US-Abgeordnete Kern erhält zahlreiche Todesdrohungen

• Greenpeace-Test: Bedenkenloser Genuss nur bei Bio-Ostereiern

• Flocke beißt ins Gras und ist begeistert

Mittwoch, 19.3.08

• China droht Tibet mit „Kampf auf Leben und Tod"

• Peking nennt Dalai Lama als „Teufel mit dem Gesicht eines Menschen"

• Bin Laden droht Europa wegen Mohammed-Karikaturen mit Abrechnung

• Bin Laden: „Papst führt einen neuen Kreuzzug gegen den Islam!"

• Kirchen-Einweihung in Katar: Minister sieht „positives Signal für die Welt"

• Verfassungsgericht stoppt Massenspeicherung von Telefon- und Internet-Verbindungsdaten

• Demografischer Wandel: Personaler sind ratlos

• RWI: Solarstromausbau könnte kumuliert 100 Milliarden kosten

„Selbst bei größtem Optimismus" soll der Anteil der Stromversorgung bei gleichzeitiger Subventionierung ausländischer Arbeitskräfte nur wenige Prozent betragen. Der Klimaschutzeffekt wird mit „Null" beziffert.

• Großbritannien macht Front gegen Blutspendeverbot für Schwule

• Studie untermauert volles Adoptionsrecht für Lesben und Schwule

• EU-Parlamentarier fordern Rechtsanspruch und staatliche Finanzierung von Abtreibungen

Eingebracht wurde der Antrag vom Ausschuss für Geschlechtergleichstellung.

• Marburger Lebenshilfe übt scharfe Kritik an „Abtreibungsautomatismus" bei Anzeichen von Behinderung ungeborener Kinder

• Tierschützer fordern Kennzeichnungspflicht auch für Ostereier

• Foodwatch fordert Kennzeichnung der Hühnerhaltung in Lebensmitteln mit Eiern

• Dies 100 Frauen sind nicht sexy: Rock-Wrack Amy Winhouse auf Platz 1 vor Britney Spears und Lindsay Lohan, Anne Will als „beste" Deutsche auf Rang 4

Donnerstag, 20.3.08

• Dalai Lama will mit Chinas Staatspräsident Hu reden

• Bundesregierung verschärft Ton gegenüber China

• Ökonomen schlagen Alarm: US-Wirtschaft kommt zum Stillstand

• Verschlüsselte Bankdaten: Schwere Panne schockt Ebay-Verkäufer

• Friedrichshafen - Neues Video-Fahrzeug mit Doppelbesatzung erfolgreich: 10 Führerscheine weg

• Verkehrsminister will mit Todesanzeigen auf Schock-Plakaten Raser abschrecken

Sechs Millionen für eine Aktion mit vorhersehbarem Null-Effekt: Selbst die Todesstrafe verhindert keine Morde.

• Ärger im Bio-Laden: Konventionell gefärbte Eier aus Österreich

• Tierschutzbund warnt vor Osterfeuern als Gefahr für Wildtiere

• Steigende Preise durch Biosprit: Welternährungsprogramm muss möglicherweise Lebensmittelhilfe rationieren

• 3000 Wissenschaftsroboter zeigen: Weltmeere kühlen seit 2003 ab

• Zu schwul: Polens Ministerpräsident Kacynski will Lissabon-Vertrag nicht unterschreiben
• Britische Lehrervereinigung schlägt Alarm: Niedergang der Ehe schädigt die Schüler
• Gender housing: Geschlechtergerechtes bauen, wohnen und leben unter dem Aspekt der Gleichberechtigung
• Berliner Grüne bemängeln ungenügenden Gender-Check: Nur jede fünfte Senatsvorlage wird auf die Anwendung von Gender-Mainstreaming überprüft
• Experten diskutieren: Sex ohne Kondom mit HIV-Positiven?
Ein Schweizer Forscher sieht eine Verringerungdes Infektionsrisikos durch eine Kombitherapie.
• Ruiniertes Sexleben: Kanadisches Ehepaar fordert 215.000 Dollar wegen toter Fliege im Mineralwasser

Freitag, 21.3.08
• Schneechaos, Kälte, Sturm und Staus im Osterverkehr
• Peking marschiert in Tibet ein
• Verschärfte Sicherheitsvorkehrungen des Vatikan nach Bin Ladens Drohungen gegen den Papst
• Reaktionärer Papst: Weltweit Proteste gegen Karfreitagsgebet zur „Erleuchtung der Juden"
• OECD erwartet Konjunkturcrash in USA – Gold- und Ölpreis im Sturzflug
• Lynndie England: „Rumsfeld wusste um Vorgänge in Abu Ghraib Bescheid"
• Ypsilanti droht Strafverfahren wegen Nötigung von Dagmar Metzger
• Ostereier: Gefärbt und gefährlich
• Osterfeuer: NABU warnt vor sich versteckenden Tieren in Holzhaufen
• Rohe Ostern: Das Fernsehprogramm setzt auf Gewalt
• „Angriff auf öffentliche Ordnung": Bischof Fürst wettert gegen Gewalt in TV-Programm
• ProSieben zeigt erstmals ungekürzt „Passion Christi" von Mel Gibson im Fernsehen

• Demografischer Wandel: Wirtschaft kann nicht auf das Arbeitspotenzial der weiblichen Bevölkerung verzichten
• Schärfere Kontrollen gefordert: Alkoholkonsum bei Jugendlichen um 10 Prozent gestiegen
• Ende der Gemütlichkeit: Gericht verbietet Fürther Amtsrichter Bierausschank zur Ausstandsfeier
• Polizei Wesel macht mit Video-Motorrad und Schock-Videos Jagd auf rasende Biker
• Konkurrenz der Krabbelgruppen: Betuchten-Kinder in Privat-Kitas, Hartz IV-Kinder unter ihresgleichen
• Gefährlicher Goldabbau: Ein Ehering produziert 20 Tonnen Giftmüll
• Kate Moss singt und tanzt in Paris auf dem Grab von Doors-Sänger Jim Morrison

Samstag, 22.3.08
• Öttinger verärgert über geplante Rentenerhöhung
• Erhöhe Feinstaubwerte durch Osterfeuer
• Wenig Verständnis bei den Bürgern: Nur noch fünf statt 33 Osterfeuer in Eilsen
• 29 Männer lassen sich zu Ostern auf den Philippinen ans Kreuz nageln
• Südländer treten Hamburger Wirt zu Tode
• Italienischer Forscher bescheinigt Echtheit des Turiner Grabtuchs
Das umstrittene Leinentuch zeigt das Negativ-Bild eines gekreuzigten Mannes – der Legende nach Jesus. Die Wissenschaft hat für die Erforschung einen eigenen Begriff geprägt: „Sindonologie“, von griech. „Sindon“ = „Leichentuch“.
• Nach Großmoschee in Rom: Französische Initiative will katholische Kathedrale in Mekka
• Kein Kreuz auf Trikots von Eintracht Frankfurt
Trotz mehrheitlicher Zustimmung der Anhänger wurde das Emblem für Auswärts-Trikots als „zu religiös“ abgelehnt. She. 3.12.07, 16.12.07.
• Multikulti im Kölner Dom: Malteser verzichten erstmals nach 1000 Jahren auf das Templerkreuz auf ihren Umhängen

• Michael Gorbatschow outet sich am Grab von St. Franziskus in Assisi als Christ

• Gorbatschow: „Die Eltern meiner Frau mussten wegen Ikonen im Haus sterben!"

• Belgische Studie: Brüssel wird in 20 Jahren das Mekka Europas sein

• Sieben Millionen deutsche Singles suchen im Internet nach einer neuen Beziehung

• Männermangel bei den freiwilligen Feuerwehren: Frauen an den Löschzug

Manchen Kleinstädten und Gemeinden droht Einführung von Pflichtfeuerwehren. She. 24.3.07, 6.5.07, 14.10.07

• Wein lässt das Gehirn schneller schrumpfen als Bier

• Wohin mit dem Slip beim Quickie?

• Pamela Anderson hat von Männern die Nase voll

Ostersonntag, 23.3.08

• Chinesische Staatszeitung ruft zu „Vernichtung der Dalai-Lama-Clique" auf

• Erzbischof Marx sieht soziale Lage angespannt und fordert menschenwürdige Löhne

• Als Jesus noch ein Guru war

• Cholesterin: Wieviele Ostereier darf ich essen?

• Comeback für Atomstrom: Briten und Franzosen schließen Allianz – Deutschland im Abseits

• Gorbatschow stellt klar: Ich bin kein Christ

• Münchner Wirt bietet 140 bayerischen Politikern sein Lokal zum Kauf an

Ein CSU-Abgeordneter empfiehlt ihm mehr Kreativität und den Einbau einer Raucherzelle, wobei er allerdings nicht weiß, „ob derlei überhaupt machbar ist".

• Zu wenig Kraftwerke: Deutschland könnte bald auf Strom-Importe angewiesen sein

• Bankenkrise: Angst und Gier zerfressen das Finanzsystem

• Bozen/Italien – Rauchverbot im Freien in der Nähe von Schwangeren und Kindern unter 12

Vorlage eines Schwangerschaftstests oder dem Kinderausweis?

• Schneedecke über USA wie seit 1966 nicht mehr, Rekord-Minus-Temperatur in Minnesota, Rekord-Schneefall in Wisconsin, erster Schnee in Bagdad seit Menschengedenken – und Al Gore schweigt

• Lady Bitch Ray: Die 10 Gebote des Vagina-Styles

She. 15.11.07, 7.12.07, 11.12.07.

• Schwuler Stardesigner Tom Ford will dieses Jahr noch ein Kind

• Britney Spears will Tanzlehrerin werden

Ostermontag, 24.3.08

• „Reporter ohne Grenzen" stören die Entzündung des Olympischen Feuers in Griechenland

• Beten in Tibet: 15 bis 25 Jahre Haft

• Papst taufte moslemischen Redakteur des „Corriere della sera" im Petersdom

Magdi Christiano Allam: „Ich weiß, welche Dinge mir bevor stehen!"

• Oldenburg – Holzklotz von Autobahnbrücke tötet zweifache Mutter vor den Augen der Kinder

• Sittensen – Brandanschlag auf moslemische Gebetsstätte

• Trotz Verbots-Antrag, heftigen Protesten und Morddrohungen: Rechtspopulist Geert Wilders will seinen Anti-Islamfilm zeigen

She. 3.2.08, 9.3.08

• 40 Stunden Horror, Action und Gewalt an den Ostertagen im deutschen Fernsehen

• „Nur Filmklassiker": Privatsender weisen Kritik an Gewaltfilmen zurück

• Hillary Clinton flunkert: „Ich wurde in Bosnien von Heckenschützen beschossen!"

• Bejahung der Homosexualität treibt US-Protestanten aus den Kirchen

• Nigerias Ex-Präsident Charles Taylor aß die Herzen seiner Feinde

• Adobe baut Flash-Format zur Kontroll-Software aus

• Hauptsache Beamter: Faule Lehrer als Problem

• Fußballerinnen können bei der Überwindung geschlechterstereotyper Vorstellungen helfen

• Christie's versteigert Aktfoto von Carla Bruni-Sarkozy
• Neuer Check in Heathrow: 4 Fingerabdrücke und 1 Foto für den Einkaufsbummel in London
• „Besonders wertvoll": Lady Bitch Ray spielt eine türkische Protistuierte

Dienstag, 25.3.08
• BND-Panne: Der Irak-Krieg begann in Zirndorf
Ein Betrüger lieferte der US-Regierung „Belege" für Saddams Bio-Waffen.
• Trotz verpflichtender Beimischung: Deutsche Biosprit-Hersteller stehen vielfach vor dem Aus
• Nach dem Holzklotzwurf: Kameras auf Autobahnbrücken installieren?
• Über 100 Autos krachen ineinander: Massenkarambolage bei Schneetreiben in Österreich
In der Statistik werden sie vermutlich allgemein unter „nicht angepasster Geschwindigkeit" als Begründung für mehr Kontrollen wieder auftauchen.
• „Brigitte"-Studie: Junge Frauen setzen auf Karriere und Kinder – notfalls auch ohne Mann
• Deutschland verblödet: IQ-Messungen zeigen historischen Tiefststand
• Hisbollah-Führer Nasrallah: Es ist möglich, Israel zu eliminieren
• Neues iranisches Parlament berät über Einführung der Todesstrafe für Konvertiten
• Buddhismus in Deutschland mit höherem Ansehen als das Christentum
• Nicht mehr nur Mann oder Frau: Gender Mainstreaming kennt 15 verschiedene Geschlechter
• Feinstaub aus Dieselabgasen stresst das Gehirn
• 1,2 Millionen verkaufte Feinstaub-Plaketten: Berliner Umweltsenatorin zieht positive Bilanz
• Herzstillstand durch Schlankmacherpillen aus dem Internet
• Hillary Clinton behauptet, nach Sir Edmund Hillary benannt zu sein
Edmund Hillary bestieg den Everest 1953 und war 1947 noch ein unbekannter Bienenzüchter in Neuseeland.

• Klimawandel beginnt auf dem Teller: Computerprogramm berechnet den Energieverbrauch
• Aus Langeweile: Britischer Lotto-Millionär serviert wieder Burger
• Wenn Kosmetik nicht mehr hilft: Amy Winehouse schmiert sich Eigenurin ins Gesicht

Mittwoch, 26.3.08
• Linke überholen SPD im Saarland
• NPD-Prozess gegen Spitzenfunktionäre belebt die Verbotsdebatte
• Tempolimit: Umweltschützer erwarten Entscheidung bis 2010
• Gewalt-Probleme an Nenas Kuschelschule: Eltern melden ihre Kinder ab
• Tata kauft Jaguar und Land Rover: Inder zahlen 2,3 Milliarden Dollar für britische Traditionsmarken
• Indisches Parlament in Rajasthan beschließt fünf Jahre Haft bei Konversion zum Christentum
• Toilettengänge der Mitarbeiter mit Kameras registriert - Lidl im Bespitzelungs-Verdacht
• Rußpartikel sind nach CO2 Hauptursache für die Klimaerwärmung
• Klimawandel: Gigantischer Schelfeisblock von 41 Kilometern zerfällt in der Antarktis
• Kohlendioxid bildet einen trüben Dunst

Zum „Beweis" veröffentlichte die Washington Post dazu ein Smog-Bild aus Peking.

• WWF bildet auf Schiffsreise in die Arktis Jugendliche zu Klimabotschaftern aus
• Machen Handy-Antennen krank?
• Transsexueller Thomas Beatie trägt mit seinen weiblichen Geschlechtsorganen mit Fremdsamen gezeugtes Kind seiner Frau aus
• Gender-Forschung: Verschleierung ist Schutz der Frauen vor animalischen männlichen Trieben
• Heuchlerisches Einverständnis: Die Okayisierung der Gesellschaft
• Sex-Training: So sagst du, was du willst
• Neben Dick Cheney: Obama ist auch mit Brad Pitt und Hillary Clinton mit Angelina Jolie verwandt

Donnerstag, 27.3.08

• Statt 1,85 deutlich über drei Milliarden Euro: Stoibers Transrapid ist gescheitert

• Drei Tage nach dem Holzklotz: Diesmal flog ein Stein von einer Brücke bei Castrop-Rauxel

• Schlammkübel gegen Obama: Hillarys Wähler laufen angewidert davon

• Versuchter Mord: 18-jähriger Cottbuser wollte Frauen essen

• „Ein Akt christlicher Nächstenliebe“: Ex-Senator Kusch's Tötungsautomat ist einsatzbereit

She. 6.9.07

• Neuer Umweltschock: Südpol zerfällt – Sorge um Pinguine – 405 Quadratkilometer Eis zerbrochen

• Extremwetter-Kongress: Klimawandel könnte Deutschland in 50 Jahren 800 Milliarden kosten

• Luftballon im Sinkflug: Nenas antiautoritäre Schule in der Krise

• Satellitenpeilung, GPS-Granaten, Periskop-Kameras, Kenzeichenscanner: Polizei rüstet mit Hightech gegen Raser und Falschparker

• Über jeder zweite Angestellte verdankt seinen Job Vitamin B

• Der durchschnittliche Jahresverdienst Kulturschaffender liegt bei 10.800 Euro

• Neue Funde: Stalin rüstete schon vor Hitler zum Weltkrieg

• Gesundheitskosten: Japans Firmen sollen für den Bauchumfang ihrer Mitarbeiter zahlen

• Alzheimer: Kugelbauch gefährdet das Hirn

• Der erste Europäer? Forscher finden 1,2 Millionen Jahre alten Kieferknochen in Spanien

• Lesbische Schwestern vom Orden der „Ewigen Hingabe“ küren in San Francisco den schwulsten Jesus

• Science goes Gender: Nie mehr das „brave Mädchen“ sein

• Gender Studies und Ernährung: Fleisch für Männer, Gemüse für Frauen

Erkenntnis: Männer essen mehr Fleisch, Frauen mehr Obst, Gemüse und Nüsse. She. 8.11.07

• Seebad Blackpool hebt Auftrittsverbot für Rolling Stones auf – nach 44 Jahren

Freitag, 28.3.08

• Wird der Transrapid nach China verramscht?

• Angst in den Niederlanden: Rechtspopulist Wilders stellt koranfeindlichen Film ins Internet

Der Politiker Geert Wilders lebt seit der Ermordung des Filmemachers Theo van Gogh 2004 unter ständigem Polizeischutz. Seit der Film-Ankündigung stehen die Niederlande unter erhöhter Alarmbereitschaft. She. 3.2.08, 9.3.08, 24.3.08.

• „Gemein und verletzend": Niederländische Regierung distanziert sich von Wilders Film

• Wilders Film „Fitna": Ein direkter Sprung ins Gesicht der Problemleugner

• Pakistan droht Niederlanden mit „ernsthaften Folgen"

• Sachsen erlaubt das Rauchen in Einraum-Kneipen

• Bespitzelung: Lidl entschuldigt sich und macht übereifrige Detektive verantwortlich

• Freiburg setzt auf Gender Budgeting

Gender Budgeting bedeutet Planung der öffentlichen Haushalte nach geschlechterspezifischen Gesichtspunkten und setzt Gender Mainstreaming in der Haushaltspolitik von Bund, Ländern und Gemeinden um. Beispiel: Wer profitiert mehr von der Anschaffung neuer Bänke in Parkanlagen – Frauen oder Männer? Gefördert wird das Projekt vom Land BW mit 150 000 Euro.

• Doing Gender: Das wirkliche Geschlecht hängt nicht von den Chromosomen ab

• Deutsche Bevölkerung schrumpft, islamische wächst mit 6,6 Prozent

• Künstlerische Freihheit: Rheinland-Pfalz gestattet beim Rauchen auf der Bühne nur noch Kräuterzigaretten

• Fischstäbchen bei Warentest: Hart, kleistrig, tranig

• Belgien will aktive Sterbehilfe auf Kinder und Demenzkranke ausweiten

• Bis zur Unkenntlichkeit zerstampft: Fünf Londoner Teenies traten 20-Jährige zu Tode

• Reporter-Massenschlägerei bei Ankunft von Paris Hilton in Istanbul

Samstag, 29.3.08

• Wilders-Film: Befürchtete Proteste in den Niederlanden bleiben aus

• Geschmacklos, intolerant, verunglimpfend: Breite Ablehnung für Wilders-Film

• Anti-Islam-Film: BKA warnt vor erhöhtem Anschlagrisiko auch in Deutschland

• Wilders Film nur halb so wild

• FITNA im Internet nach massiven Drohungen gegen Provider-Mitarbeiter gelöscht

• UNO, EU und Weltkirchenrat kritisieren anti-islamischen Film

• BKA nervt mit wirrem Anschlags-Geschwafel

• Nach Drohung mit EU-Embargo: Italien nimmt Dioxin-verdächtigen Mozzarella vom Markt

Was so alles als Erfolg gefeiert wird:

• Berliner Bildungssenator erleichtert: Gewalt an Schulen nur noch um 10 Prozent gestiegen

• Ex-Senator Kuschs sichere Tötungsmaschine: „Geprüfte Sicherheit“ mit Segen vom TÜV

• Betreuungsgeld in Thüringen: Zahl der Krippenkinder sinkt

• Familiennetzwerk wirft „Brigitte“-Studie Volksverdummung aus Wirtschaftsinteressen vor

Nur 23 Prozent der befragten Frauen hatten Kinder, davon nur 8 Prozent mehr als eines. She. 25.3.08

• Projekt „Ballkönigin“ soll die männliche Dominanz im Fußball aufbrechen

• Transsexualität: Weltweite Aufregung um schwangeren Mann

• Zahl der Christen wächst in Verfolgerstaaten am stärksten

• SOS Esclaves berichtet von bis zu 600.000 Sklaven in Mauretanien

Das entspräche etwa 20 Prozent der Gesamtbevölkerung.

• Frauen sind die besseren Uhren-auf-Sommerzeit-Umsteller

• Eisbärmädchen Flocke wird Werbeträgerin für die Region Nürnberg

• LoveSchool: Das Erste Mal in Bildern!

• Britney schwört auf Darmspülungen

Sonntag, 30.3.08

• Fitna: Breite Kritik an Missbrauch der Meinungsfreiheit

• Teheran macht Front gegen Anti-Islam-Film
• Dalai Lama fleht um Hilfe – und alle schweigen aus Angst um Milliardenumsätze mit China
• Falsch gepolt: Der Großteil der EEG-Fördergelder für Solarstrom landet in Asien
• Drei Millionen Kraftfahrzeuge vertragen den neuen Bio-Sprit E-10 nicht
• Gefährlichste Premiere der Welt: „Satanische Verse" ab heute in Potsdam auf der Bühne
• Doktor Kusch: „Der Erste stirbt gratis!"
• Verbrennungsgefühle in den Venen: Kuschs Sterbemethode ist in USA wegen Unmenschlichkeit verboten
• Backnang - Brennender Kinderwagen in türkischem Wohnhaus: Rechtsradikaler Hintergrund vermutet
• Gläubige zu 73 Prozent gesünder: AOK will Studien über Glauben und Gesundheit prüfen
• Gender schon im Kindergarten

Jungen sollen mit Puppen an ihre spätere Rolle als Väter heran geführt werden.

• Schweizer Sexualkundeunterricht: Wenn sich ein Vierjähriger ein Autöli ins Füdliloch schieben will: Mit einem Faden dran kann man es wieder herausziehen
• Schweizer Sexualpädagoge: „Kinder und Jugendliche nehmen nichts auf, was ihnen schadet!"

Sigmund Freud: „Kinder, die sexuell stimuliert werden, sind nicht mehr erziehungsfähig. Die Zerstörung der Scham bewirkt eine Enthemmung auf allen anderen Gebieten, eine Brutalität und Missachtung der Persönlichkeit des Mitmenschen!"

• Klimaschutz: Easyjet-Chef fordert Flugverbot für Lufthansa-Dreckschleudern
• Umstellung auf Sommerzeit verwirrt Kleinkinder
• US-Studie: Regelmäßige Kirchgänger leben sieben Jahre länger
• Paris Hilton bei „Wetten dass?": So blond und so langweilig
• Frankreichs schöne Justizministerin Dati kauft Strumpfhosen mit Steuergeldern

Montag, 31.3.08

• Fünf Niederländer bei Anschlag in Afghanistan verletzt

• China beschimpft tibetische Mönche als faul und arbeitsscheu

• Premiere „Satanische Verse" in Potsdam: Weit und breit kein Demonstrant

• LB-Desaster, Wahlschlappe, Rauchverbot, Transrapid-Blamage: Es steht nicht gut um die CSU

• SPD-Dilemma: Zwei Drittel der Deutschen wollen Kurt Beck weg

• Jürgen Todenhöfer: Hauptproblem der Moslems ist die Gewalttätigkeit des Westens

• Islamische Staaten fordern im Menschenrechtsrat weltweites Verbot einer „Diffarmierung des Islams und anderer Religionen"

• Brutale Verfolgungen: Zahl der Christen im Irak seit 2005 auf 400 000 halbiert

• Schäubles Fingerabdruck geklaut und mit Atrappen-Anleitung ins Internet gestellt

• Nach Lidl: Ver.di berichtet von Lochwand-Spähattacken auch bei Schlecker

• Wirtschaftsminister will Vollbeschäftigung bis 2010

• Deutsche Großunternehmen planen mehr Entlassungen als Neueinstellungen

• Klimaschutzziele bedeuten Aus für Hamburger Kohlekraftwerk – 27 weitere auf der Kippe

• Bis zu acht Prozent mehr: Kräftige Gehaltserhöhung für öffentlich Bedienstete

• Kinder & Familie: Der Spagat zwischen Karriere und Familie ist Extremsport

• Abgeordneten-Karriere von Frauen führt zu wenigen Kindern

1,1 Kinder bei einem Frauenanteil von 60 Prozent bei den Grünen, 1,9 Kinder bei der CDU/CSU bei einem Frauenanteil von 20 Prozent.

• Raucher-Anarchie in Bayern: Ein Drittel der Gaststätten mutiert zum Raucherclub

• Erstmals in der Geschichte: Auf der Welt leben mehr Muslime als Katholiken

• Schwule Tormänner, Elfmeter schießende Frauen, lesbische Fans, fiebernde Ehemänner: Gender- und FußballforscherInnen aus acht Ländern diskutieren in Wien

• US-Firma bietet Massenbestattungen auf dem Mond für 6500 Euro

She. 14.5.07

• Madonna über Britney: „Wir sollten sie retten!"

Monats-Rückblick März 2008

Die deutsche Regierung plant höhere Strafen für Steuersünder, die Grünen fordern gesetzliche Frauenquote für Hochschulen, eine Hamburger Senatorin will Kirchen in Moscheen umwidmen, der Iran plant Todesstrafe für Abkehr vom Islam und die Gesellschaft für bedrohte Völker nimmt die Taliban mit auf ihre Liste.

Der Anstieg der Geburtenrate von 1,33 auf über 1,4 wird als Ende des Negativtrends erklärt, das Bundesministerium für Arbeit empfiehlt Feng-Shui im Büro für Verbesserung des Energieflusses, Charlotte Roches Körperflüssigkeiten- und Kack-Buch „Feuchtgebiete" stürmt die Bestsellerlisten, an den Tankstellen in Baden-Württemberg darf nachts kein Alkohol mehr verkauft werden und die CSU denkt nach dramatischen Schlappen über eine Lockerung des Rauchverbots nach. Ypsilantis Wortbruch in Hessen bringt der SPD vernichtende Umfragewerte, die NPD fordert bundesweite Beendigung aller Gender-Mainstreamig-Programme, worauf die CDU Mecklenburg-Vorpommern die Wiederbelebung nationalsozialistischen Gedankenguts im weitesten Sinn prüfen lassen will. Die Britische Regierung verordnet zum Schutz des Klimas bei Meetings anstatt CO2-haltigem Mineralwasser Leitungswasser, EU-weit dürfen nur noch kindersichere Feuerzeuge verkauft werden – allerdings weiß über die Hälfte der Trafikanten nichts davon. Eine EG-Öko-Verordnung verbietet konventionelle Farbstoffe zum Färben von Bio-Ostereiern, Ordnungsdienste und Umweltämter kündigen Kontrollen bei Osterfeuern an, zugleich warnen Klimaschützern vor der Gefahr durch Feinstäube. Ein Aufklärungsbuch von „Pro Familia" empfiehlt Kindern das Riechen an Scheide oder Penis anderer Kinder, einvernehmlicher Sex zwischen Erwachsenen und Kindern soll aus der Tabu-Zone und die Grünen sehen im Inzest-Paragrafen ein Relikt aus dem letzten Jahrhundert. Verbraucherverbände fordern Ampel-Kennzeichnung für Süßigkeiten, Ostereier sollen wegen Salmonellen-Gefahr nur mit Strohhalm ausgepustet werden und der Tierschutzbund weist auf die Gefahr für Wildtiere durch Osterfeuer hin. Der transsexuelle Amerikaner Thomas Beatie trägt mit seinen weiblichen Geschlechtsorganen ein mit Fremdsamen gezeugtes

Kind seiner Frau aus und in San Francisco küren Lesbische Schwestern vom Orden der „Ewigen Hingabe“ den schwulsten Jesus. Geert Wilders korankritischer Film „Fitna“ sorgt für Terror-Angst in den Niederlanden, Pakistan droht mit ernsthaften Folgen, UNO, EU und Weltkirchenrat üben heftige Kritik, während die befürchteten Proteste ausbleiben.

Der Berliner Bildungssenator zeigt sich um einen Gewaltanstieg an den Schulen um nur 10 Prozent erleichtert. Nach versteckter Mitarbeiter-Überwachung bei Lidl werden Lochwand-Spähattacken auch bei Schlecker bekannt.

Die Zahl der im Irak verfolgten Christen hat seit 2005 auf 400 000 halbiert, erstmals gibt es weltweit mehr Muslime als Katholiken.

APRIL 2008

Rückblick auf April 2007

Ostereier – Kohlekraftwerke – Keith Richards –Klimabericht – Schulmassaker in USA – Fastfood-Clown – Verbote - Knut

Gentechnik lässt nicht nur Bienen verschwinden, sondern macht auch Ostereier gefährlich und Experten rätseln, wo die Vogelgrippe bleibt.
Zum Schutz des Klimas kommen die ersten Osterfeuer-Verbote, gleichzeitig werden für den Standort Deutschland 45 neue Kohlekraftwerke geplant.
Die neue Anti-Terror-Datei vernetzt 38 Behörden von Polizei, Kripo, Zoll, Verfassungsschutz sowie Bundesnachrichtendienst und Flensburg meldet mit 8,4 Millionen Einträgen in der Verkehrssünderkartei einen neuen Rekord.
Ein steigendes Wachstum der Wirtschaft macht der Klimapolitik einen dicken Strich durch die Rechnung, während die Hungerlöhne Besorgnis erregend zunehmen und das Institut der deutschen Wirtschaft schlägt zum Schutz des Klimas eine Kürzung des Jahresurlaubs vor.
Keith Richards Schnupfen der Asche seines verstorbenen Vaters löst weltweite Abscheu aus.
Der vierte Klimabericht erschüttert die Welt mit den Prophezeiungen von Hitze- und Hungertoten, Artensterben, Missernten, Überschwemmungen und Wirbelstürmen.
Über 20 000 Fachleute leugnen zwar nicht den Klimawandel selbst, bestreiten jedoch einen nennenswerten Einfluss des Menschen. Eine Meldung, die jedoch untergeht. Dafür herrscht Empörung über Australien, das sich nicht um den Klimabericht schert, obwohl Berechnungen belegen, dass es in den letzten 1000 Jahren noch nie so warm war wie heute.
Nach einem Verbot in Schweden fordert auch hierzulande eine Eltern-Initiative die Verbannung des McDonalds-Clowns wegen möglicher Traumatisierung der Kinder und nach dem Massaker an der Schule von Blacksburg in USA kommt auch die Debatte um ein Verbot von Killerspielen wieder neuer Schwung mit gleichzeitiger Forderung nach einer Verschärfung des deutschen Waffengesetzes.
Eine neue Studie zeigt einen Zusammenhang zwischen Rauchen und Übergewicht, in Berlin kommt das erste Rauchverbot auf Spielplätzen und Sportvereine sollen im Trikot ertappte rauchende Mitglieder mit einer Geldstrafe belegen.
Die Grünen fordern ein Werbeverbot für Dickmacher, die Landesverkehrsminister beraten über ein Überholverbot für Lkw's auf Autobahnen und München erwägt ein

Einfahrverbot für auswärtige Autos.
Eine Modell-Simulation sagt die Abschwächung des Golfstroms voraus, was jedoch im Widerspruch zu einer Langzeitstudie steht.
Im Gegensatz zu den Frauen landen nun auch Österreichs fettleibige Männer auf Platz 6, Fettleibigkeit wird zur häufigsten Todesursache erklärt, nach den Zahlen des statistischen Bundesamtes wird jeder zweite Tod durch eine Erkrankung des Herz-Kreislaufsystems ausgelöst.
Eisbär Knut ist beliebter als der Osterhase, er empfängt den 125000. Besucher, seine Audienzzeit wird auf sieben Minuten begrenzt und er wird nach Morddrohungen auch im Internet zum Abschuss frei gegeben.

Meldungen April 2008

Dienstag, 1.4.08
• Ab heute schärferes Waffenrecht und leichtere Vaterschaftstests
• Neue Streikwelle: Postzusteller legen Arbeit nieder
• Finanzlöcher: Sieben Milliarden bei der UBS, über zwei Milliarden bei der Deutschen Bank
• Islamische Partei Malaysias ruft zum weltweiten Boykott niederländischer Waren auf
• „Wir lassen uns nicht unter Druck setzen!“: Videoportal Liveleak stellt Fitna wieder online
• Kohlekraftwerke: Briten wollen bauen, Deutschland probt den Ausstieg
• Backnang – Brandanschlag vermutlich ohne fremdenfeindlichen Hintergrund
• Mecklenburg – 19-Jährige verbrüht aus Eifersucht 3-jährigen Sohn ihres Freundes
• München – Wirte kleiner Wiesn-Zelte bestehen auf dem Rauchverbot
• Gemütlichkeit geht vor: Nürnberg qualmt auf dem Frühlingsfest munter weiter
• Zwei Jahre verhandeln: Beratungen über Kyoto-Nachfolge haben in Bangkok begonnen
• 14 der 32 Kirchen in Algerien geschlossen – fünf weitere folgen
She. 15.3.08

• Jede Woche 27 englische Pubs vor dem Aus: Prinz Charles will Dorfkneipen retten
• Tibets Mönche: Religionsfreiheit ja, aber nicht für Christen
• Nigerias Mädchenhandel liegt in den Händen der Frauen
• Frau, Mann, Gender: Die metaphysische Dreieinigkeit des Geschlechts

Wie Gott Vater, Sohn und Heiliger Geist als heilige Dreifaltigkeit?

• Überraschte Wirte: Statistisches Amt in Kopenhagen meldet kräftigen Umsatzanstieg in Dänemarks Kneipen seit dem Rauchverbot
• Nur jeder dritte Nichtraucher legt Wert auf rauchfreie Kneipen und Bars
• 85 Prozent aller britischen Unternehmen überwachen den Online-Verkehr ihrer Mitarbeiter

Eine derartige Überwachung wäre auch in Deutschland legitim.

• Nicole Richies Schoßhündchen pinkelt in Boutique an zwei Designerkleider

Mittwoch, 2.4.08

• Umweltverbände fordern Ende der Raserei auf deutschen Autobahnen
• China verlangt vom Westen 650 Milliarden Dollar für Klimaabkommen
• West LB macht 1,6 Milliarden Verlust
• Gabriel will gesetzliche Biosprit-Beimischung ab einer Million betroffener Autos überdenken
• Islamische Länder fordern Schritte gegen Wilders-Film
• Holländische Juden verurteilen Wilders Film
• Holländische Atheisten kritisieren Fitna
• Ägypten verbietet Islam-Sonderheft des „Spiegel" wegen Beleidigung
• Bundesverband der Detektive wehrt sich gegen Schuldzuweisungen von Lidl
• Gegen Richtlinie 2007/78/EG: EU-Gerichtshof entscheidet für Witwenrente auch für Schwule
• Britische Forscher schufen Embryo aus Mensch und Kuh

Eine Mehrheit der Briten hat nichts dagegen einzuwenden.
• Kindersitze nur noch nach neuer Prüfnorm erlaubt – sonst drohen 30 Euro Bußgeld
• Einseitige Mädchen-Förderung: Dem Handwerk geht der geeignete Nachwuchs aus
• Immer skurriler: Doch Wiesn-Rauchverbot – aber nur bis 18 Uhr
• Nur noch Angst hält die CSU-Führung zusammen
• Zwillingsforschung: Es gibt keine angeborene Veranlagung zu Homosexualität
• Jammern bei Maischberger: Frauen jammern über das Jammern der Frauen
• Dänemark überlegt Verschärfung des Nichtraucherschutzes
• Im Vorfeld der Spiele: Angriffswelle gegen Christen in China – Druck auch auf Ausländer
• Psychologen einig: Guter Sex dauert zwischen drei und dreizehn Minuten
• Lady Bitch Ray: „Ich habe viel Wut in meiner Möse!"

Donnerstag, 3.4.08
• Kein NATO-Beitritt von Georgien und Ukraine: Merkel und Sarkozy stellen sich gegen Bush
• Skiorte in den Alpen versinken im Schnee
• Wilders-Film: Indonesien droht mit Blockade von Youtube
• Spitzelskandal: Schnüffeleien nach Lidl und Schlecker auch bei Edeka und Plus
• Bundesweites Messerverbot: Polizei kündigt intensive Kontrollen an
• 17 000 Telekom-Aktionäre wollen nach dem dritten Börsengang ihr Geld zurück
• BBC-Umfrage in 22 Ländern: Deutschland hat weltweit das beste Image – außer in der Türkei
• Rot-Rot-Grün, Schwarz-Gelb-Grün: Werden Parteiprogramme überflüssig?
• US-Wahlkampf: Obama bietet Al Gore Kabinettsposten an
• Chinesen öffnen Tibet ab Mai wieder für Touristen
• Dreieinhalb Jahre: Pekings „heitere Spiele" beginnen für Bürgerrechtler Hu Jia mit Gefängnis

Was verschwiegen wird: Hu Jia stellte sich nicht nur gegen Umweltzerstörung, sondern auch gegen Zwangsabtreibungen bis zum 8. Monat und Christenverfolgung.

• Chimäre Kuh-Mensch nach drei Tagen getötet

Eine Lebensdauer von sechs Tagen soll nun angestrebt werden.

• „Ethisch nicht mehr nachvollziehbar“: Forscher kritisieren Mensch-Kuh-Experiment

• 63 Prozent der Grünen und die Hälfte der Linkspartei machen keine Angaben zu ihrer Religion

Bei der Union sind es 3 Prozent, bei der SPD 42 Prozent und der FDP ein Drittel.

• Italienische Pfarrei spendet Osterkollekte für Moscheebau

• Britische Muslime erzwingen Verbannung von Homosex-Bilderbüchern an Grundschulen

• Gender-Programme ermöglichen Einblicke in Betriebe: Frauen bleiben lieber an der Uni

• Der Weg zur Gleichberechtigung führt nur über die Emanzipation der Männer

• Check: Bist du schon reif für Petting?

• Edel-Stripperin Dita von Teese im Lesben-Porno

Die angeblich neue Meldung ist allerdings schon ein paar Jahre alt.

Freitag, 4.4.08

• Öko-Chaos: Gabriel stoppt den Bio-Sprit E 10

• Autoindustrie muss Klimaziele ohne Biosprit schaffen

• Masern-Epidemie rollt aus der Schweiz auf Deutschland zu

• Rentenerhöhung um 1,1 Prozent belastet Haushalt 2011 mit zwei Milliarden Euro

Nur ein Bruchteil dessen, was das Bankendesaster den Steuerzahler kosten wird.

• Hamburger Links-Politikerin vergleicht Dalai Lama mit Ajatollah Chomeni

• Mögliche PIN-Nummern-Ausspähung: Bei Lidl nicht mit EC-Karte zahlen

• Berliner Nazi-Punks hetzen Hund auf jüdische Schüler
• 38 000 Schachteln Schmuggelzigaretten in bulgarischem Lastzug sicher gestellt
• Schwule, Linke, Grüne, Gewerkschaften und Pro Famila formieren sich gegen „Christival“
• Proteste gegen evangelikalem Jugendkongress in Bremen wegen Ablehnung von Homosexualität und Abtreibung

She. 10.1., 15.2., 17.2.08

• Rezession in USA: Vier von fünf Bürgern sind frustriert
• Münchner Anwohner klagen gegen Lärm von Kinderkrippen
• Die neuen Computerspiele: So grausam wie nie zuvor
• Fehlinformationen durch TV, Gespräche, Kiga: Eltern sollen ihre Kinder früh aufklären
• Experten schlagen Alarm: Die Überalterung der Gesellschaft lässt unsere Städte veröden
• Vom Staat inspiriert: Immer mehr Bürger spähen ihre Nachbarn aus
• Blackpool - Englische Tierschützer setzen Esel-Reitverbot für dicke Kinder durch
• Neue Langzeit-Studie: Amalgam-Risiko bleibt weiter unklar
• Forscher werfen dem Weltklimarat massive Unterschätzung der tatsächlichen Lage vor
• Festgenommen: Naomi Cambell bespuckte Londoner Polizisten

Samstag, 5.4.08

• Wohin mit dem überschüssigen Bio-Sprit?
• Holz und Stroh: Gabriel setzt auf die nächste Generation von Bio-Kraftstoffen
• UN-Genealsekretät bezeichnet Biosprit als ein „Verbrechen gegen die Menschheit“
• Lidl baut die Kameras ab
• Kirchen verurteilen Herstellung von Mensch-Kuh-Mischwesen
• Viel Aufregung um 999 Teile Mensch und einem Teil Kuh

Eine Meldung, die mit wenigen Ausnahmen verschämt verschwiegen wurde:

• Juristischer Sieg für Eva Herman wegen falsch wiedergegebenem Zitat

• Raucherlärm und Vandalismus: Bayerns Innenminister will die alte Sperrstunde zurück
• Nichtraucher-Initiative München (NIM) will Raucherclubs den Garaus machen
• Stuttgart will Rauchverbot verschärfen
• SPÖ-Gesundheitsprecherin entfacht neuen Streit um Rauchverbot – aber auch 57 Prozent der österreichischen Nichtraucher sind dagegen
• Muslim-Sprecher Kizilkaya spricht sich für Kreuze in Klassenzimmern aus
• Bergneustadt: Moslems laden Christen zu türkischem Freitagsgebet ein
• Frauen an Hochschulen: Ohne gesetzliche Quoten wird sich nichts ändern
• Gender Mainstreaming: Bekommt der Zölibat eine eigene Geschlechter-Zuordnung?

She. 25.3.08

• Schwangerer Mann: Thomas Beaties Familie sieht seine ungeborene Tochter als „Monster"
• Spiel „Die Siedler" nun auch in Version für Vegetarier
• Porn-Chic, blutende Babys, Galgen-Motive: In der Werbung gibt es keine Tabus mehr
• Töchter ante portas: Mädchen entdecken neue Berufe
• Neuseeländische Schulleiterin verbietet Geburtstagskuchen für Grundschüler
• Selbstbefriedigung: Tipps von Dr. Sommer!

Sonntag, 6.4.08

• Rußfilterpleite und Biosprit-Flop: Die teuren Ausritte des Ministers Voreilig

Von den 40.000wirkungslosen Rußfiltern wurden lt. „Umwelthilfe" seit Ende vergangenen Jahres erst 1.150 kostenlos ausgetauscht. She. 15.10.07, 23.10.07, 27.11.07, 28.11.07

• Geert Wilders, der Hassprediger des Westens
• Todesdrohung gegen Geert Wilders: 500 Euro Strafe für niederländischen Türken

• Nach „Satanische Verse“ und Wilders Film: Schäuble sieht Fortschritte bei Integration
• Panscherskandal: Düngemittel und Salzsäure in italienischem Wein
• Energiepflanzen: Katastrophale Verteuerung der Grundnahrungsmittel in den armen Ländern
• Klimaexperten prognostizieren Rekord-Temperaturen für die nächsten fünf Jahre
• Finnischer Außenminister Kanerva wegen Sex-SMS gefeuert – Homo-Aktivist Stubb wird Nachfolger
• Der Staat als Mann- und Vaterersatz: Politikerinnen sind staatsgläubiger als Politiker

Schweizer Studie: Frauen in der Politik sehen den Staat eher als Versorger und Beschützer und plädieren eher für mehr für Abgaben, Reglementierungen, Verbote und Überwachungen.

• Ötztal-Tourismus entdeckt skibegeisterte Schwule und Lesben als Doppelverdiener
• Kirchen kritisieren Fitnesskult als neue „Gesundheitsreligion“
• Sozialphilosoph Rohrmoser: „Gender Mainstreaming-Ideologie gefährdet die Familien“
• Professor Rohrmoser sieht Deutschland in der „biologischen Selbstabschaffung“
• 8,1 Millionen für EU-Projekt: Forscher entdecken Rauchergen
• Lady Bitch Ray: „Ich stehe für vaginale Selbstbestimmung!“

Montag, 7.4.08

• Milliardengewinne für Energiekonzerne durch Gratis-CO2-Zerifikate
• Auch staatliche Bankengruppe KfW meldet 2,6 Milliarden Euro Verlust
• Generationskonflikt: Alt und Jung streiten über höhere Renten
• Europol-Report: Terror-Gefahr so hoch wie noch nie
• Olympischer Fackellauf in Paris nach Tumulten abgebrochen
• EU macht Weg frei für Handy-Telefonieren im Flugzeug
• Britische Großbank HSBC verliert CD mit Daten von 370 000 Kunden

2007 gingen Daten des Finanzamtes und der Armee verloren.

• Fitna: Gericht in Den Haag weist Klage Islamischer Vereinigung wegen Volksverhetzung ab
• Jugendschutz: Pofalla gegen Verbot von Bierwerbung
• Ärzte warnen vor einer neuen „Selbsttötungsindustrie“
• Schimmelpilzsporen: Lungenärzte warnen vor der Biotonne
• Gentech-Pflanzen nicht beherrschbar: Rapssamen bis zu zehn Jahren keimfähig im Boden
• Fast jedes Problemkind entstammt einer zerrütteten Familie
• Gender-Schulausflüge: Mädchen sehen Wälder anders als Jungen
• Volkswirtschaftler sehen in häuslicher Kinderbetreuung „Verschwendung von Humankapital“
• Asien geht der Reis aus – Preise klettern in ungeahnte Höhen
• Amerikanische Schulen planen Verbot von Parfüms und Deos
• Kinderpsychologe Bergmann: „Kuschel-Pädagogik geht Jungs gewaltig auf die Nerven“
• Primatenforschung: Affenjungs spielen lieber mit Autos als mit Puppen
• Neue Nacktfotos von Madame Sarkozy
• Besucher protestieren: Eisbär Knut tötet sadistisch zehn Karpfen und lässt sie liegen
• Heidi Klum schneidet ihre Haarspitzen regelmäßig

Dienstag, 8.4.07
• NPD-Verbotsverfahren: SPD drängt Union, Grüne sind dagegen
• Acht Euro mehr: Kabinett beschließt Rentenerhöhung
• Nach London und Paris Anti-China-Proteste auch in San Francisco: IOC-Chef droht mit Stopp des Olympischen Fackellaufs
• Nach Fast-Spielabbruch in Frankfurt auch Randale bei Köln gegen Gladbach
• Abschiedsbrief an Politik: Balinger Wirt erhängt sich wegen Rauchverbot
• Toter Säugling in Wald bei Vechta – 24-jährige Mutter festgenommen
• Vier betrunkene Skinheads verprügeln in Münchner U-Bahn marrokanisches Pärchen
• Jeder 2. Rekrut ist untauglich für die Bundeswehr
• Schwarz-Grüne Energiepolitik in Hamburg: Der Abschied von der Industriegesellschaft?

• Neue Studie: Akademikerinnen bekommen mehr Kinder als andere Frauen

Ein Trend angeblich schon seit Mitte der 90er, der anhalten soll – durch den Ausbau der staatlichen Betreuungsplätze. She. 6.3.07, 4.12.07, 19.12.07

• Lidl war nur die Spitze: Jeder dritte Chef bespitzelt seine Mitarbeiter im Büro

• Computersimulation: Atomkrieg zwischen Indien und Pakistan führt zu riesigem Ozonloch

• Die neuen US-TV-Serienheldinnen: Stadtneurotikerinnen, coole Kämpferinnen und kühne New Girls

• Bloggen Frauen anders als Männer?

• Klimawandel: Hitzewelle 2003 führte in Westeuropa zu über 40 000 Toten

• Betrugsfalle Internet: Männer sind doofer

• Eigener Manager: Hunderte Firmen wollen mit Flocke Millionen machen

• Überbewertetste Prominente: Paris Hilton vor Britney Spears und Lindsay Lohan

Mittwoch, 9.4.08

• Bankenkrise kostet den Staat 10 Milliarden Euro

• Polizei befreit 463 Kinder aus Polygamistensekte auf Ranch in Texas

• BND unter Druck: Erster Polizist gesteht Schulungseinsatz in Libyen

• Augsburg will gesetzliche Grundlage für autofreien Sonntag

• Nur noch 18 Prozent der Deutschen haben Vertrauen in die wirtschaftliche Zukunft

• Jeder zweite Betrieb betrachtet unbezahlte Überstunden als selbstverständlich

• Westerhausener Ehepaar vergiftet sich - vier Kinder in der Klinik

• Im Kampf gegen Rechts: Außenminister Steinmeier stellt neue Sampler-CD vor

• Telefonseelsorge kritisiert Vorratsdatenspeicherung

• Journalisten in Tibet: Mönche überrumpeln chinesische Aufpasser

• Seit 18 Monaten kein Regen: Spanien leidet unter schwerster Dürre seit 40 Jahren

• Alterskranheit Parkinson in sechs Jahren fast verdoppelt
• „Letztes Abendmahl Christi" als Homo-Orgie im Wiener Dommuseum
• Charlotte Roches Schleim-, Kot- und Kotzbuch seit Wochen Nr. 1 in den Bestsellerlisten
• Dr. Sommer - Tierisch geil: Das animalische Sex-Quiz!
• RTL-Werbung für TV-Krimi „Das jüngste Gericht": „Übertrifft an Brutalität alles bisher da gewesene"
• Pluderhosen werden zum Trend des Sommers
• Männer suchen ständig irgendwas – Fürs Finden sind die Frauen zuständig
• 47 Prozent der Deutschen trauen Heidi Klum ein Ministeramt zu
• Flockes erster Tag vor zahlendem Publikum: Das Ansturm blieb aus

Donnerstag, 10.4.08
• Börsenguru Soros: „Finanzkrise wird noch viel schlimmer!"
• Explodierende Lebensmittelpreise auf Haiti: Polizei gegen hungernde Demonstranten
• Nach Holzklotz-Wurf und Nachahmern: 60 Prozent haben ein mulmiges Gefühl bei Autobahnbrücken
• Arbeitgeber fürchten Denunziantentum
Ein Anzeigenrecht soll künftig Mitarbeiter zu Anzeigen ihrer Arbeitgeber bei Rechtsverstößen ermuntern.
• Zur Vermeidung internationaler Konflikte: Hymnen- und Fahnenverbot im Münchner Hofbräuhaus
• Teurer als Milch: Bereits 80 Euro für 100 Liter Heizöl
• Mit Sprühsahne gegen Unfreiheit: Brüssel will Zahl der Überwachungskameras verdoppeln
• Ausländische Filme nur noch mit Untertiteln: EU will Synchronisation verbieten
Die Originalversion soll zum Lernen von Fremdsprachen beitragen und Schwerhörigen und Tauben das Verstehen erleichtern.
• Russischer Zuhälterring verscharrte 14 ermordete Frauen im Massengrab
• Polen wollen das Herz von Johannes Paul II. als Reliquie
• Deutsche Atheisten schreiben „Kunstpreis Blasphemie" aus

• Österreichische Frauenministerin wirbt mit Wirtschaftsargumenten für Kinderbetreuung
• Österreichische Samenbank auf dem Schlauch: Kärntner Feuerwehrmänner sollen spenden
• Klatsch auf den Po: Sechsjähriger „Triebtäter“ wurde von US-Schule verwiesen
• Zwei Drittel der Jugendlichen: „Man muss immer die Wahrheit sagen!“
• Nase voll: Schweizer Schüler streiken gegen alltägliche Migrantengewalt
• Ehemann von Katie Price: „Sie ist ein schlechtgelauntes Miststück!“

Freitag, 11.4.08
• Bald neue olympische Disziplin?: Fackellauf als Hindernisrennen
• Bankenkrise könnte weltweit eine Billion Dollar kosten
• Antwort auf Wilders „Fitna“: Saudischer Blogger stellt Anti-Christen-Film „Schism“ ins Netz
• Stammzellenforschung mit menschlichen Embryonen: Politiker in Gewissensnöten
Der Klonpionier Wilmut (Dolly) beendete seine Forschungen, nachdem aus 304 Embryonen lediglich zwei Zellreihen gewonnen wurden, von denen eine genetische Defekte aufwies. She. 26.11.07
• Stammzellengesetz: Scharfe katholische Kritik an EKD-Vorsitzendem Huber
• Stimmung in Hessen kippt: Koch könnte bei Neuwahlen mit einem Sieg rechnen
• Dramatischer Appell: Weltwirtschaftsfond warnt vor weiter steigenden Lebensmittelpreisen
• Unklarer künftiger Emissionshandel: BASF stoppt Milliardenprojekt Kohlevergasung
• Zu Tode subventioniert: Biosprit ohne Saft und Zukunft
• Bio-Sprit bald als Heizöl?
Bis zu 10 000 Euro, wenn’s die Polizei in der Tasche oder im Auto findet:

• Discounter als Waffendealer: Aldi-Süd verkauft ab 1. April 2008 verbotene Taschenmesser
• Filme nur im Original mit Untertiteln könnten die Lesefähigkeit fördern
• Glaube und Demografie: Je frömmer, desto mehr Kinder
• Bundesjustizministerin Zypries kündigt Eingriffe in Familienstruktur an

Eltern sollen gezwungen werden können, Kinder auch aus nicht zerrütteten Familien in staatliche Betreuungsstätten abzugeben.

• Wie sich wohlfühlen? Frauen in einer diskriminierenden Gesellschaft
• Gender Shopping gegen eingefahrene Geschlechterrollen: Wie mache ich's mir heute?
• Gegen Prostitution: Indonesische Stadt Batu verordnet Masseurinnen Keuschheitsgürtel
• 6 heiße Tipps zum Turbo-Orgasmus!

Samstag, 12.4.08

• Getreidepreise explodieren – Weizen um 120 Prozent teurer als noch vor einem Jahr
• Regierung von Haiti nach gewaltsamen Hungerrevolten gestürzt
• Bremen als Vorreiter: Rot-Grün erlässt erstes generelles Tempolimit in Deutschland
• Berliner Grüne fordern Ende der Bevorzugung der Ehe und neues Adoptionsrecht
• Barroso in Ankara: Neuer Schwung für Beitrittsgespräche zwischen Türkei und EU?
• Österreichs Nationalratspräsidentin sieht in Gender Budgeting ein „unglaublich wertvolles Instrument" zur Frauenförderung

She. z. B. 28.3.08

• Elektrosmog – die Gefahr der Zukunft?
• US-Studie beweist: Homo-Eltern sind besser für Schulkinder
• China: Homo-Säuberungen vor Olympia
• Schokolade, Käse, Rotwein und Bier führen zu Migräne-Attacken
• Eine weitere Männerdomäne fällt: Frauen lernen den Umgang mit Motorsägen und spalten Kaminholz

• Platz für vorerst 45 Urnen: Erster schwuler Friedhof in Kopenhagen
• Was Frauen (auch nicht) besser können: Wissenschaftler räumen mit Mythos „Multitasking“ auf
• 58 000 Euro für Nacktfoto von Carla Bruni
• Wie kriege ich einen Orgasmus?

Sonntag, 13.4.08
• Agrosprit und steigender Wohlstand in den Schwellenländern lässt die Lebenmittelpreise weltweit explodieren
• Hunger-Unruhen in Mexiko, Argentinien, Burkina Faso, Mali und Indonesien
• Reform-Baustelle: Gesundheitsfonds auf der Kippe
• Bundesarbeitsminister fordert Deutschkenntnisse für Hartz-IV-Empfänger oder Sprachkurs
• Irak: Christentum nach 2000 Jahren am Ende – und die Welt guckt weg!
• Österreichische Feministinnen bezeichnen Rechtsansprüche von Vätern auf ihre Kinder als „revanchistisch“
Progressive Väter sollen das Bild der „bürgerlich-heterosexuellen Familie als Normvorstellung überwinden“ und den Weg zu einer neuen „Diskussion über unterschiedliche Familienformen“ frei geben.
• Kaiserschnitt-Babys leiden später öfter unter Lungenproblemen
• Zu saubere Luft heizt Europa ein
Immer weniger Schmutzpartikel in der Luft lassen mehr Sonnenlicht durch.
• Künftig weniger anstatt mehr Hurricans durch Klima-Erwärmung: Führender Hurrican-Forscher Kerry Emanuel überdenkt seine Position
She. 14.2.07, 18.4.07, 6.6.07, 10.6.07, 1.11.07, 31.12.07
• US-Biologe Avery: Bio-Wahn noch verrückter als Klimawandel?
• Sitcom-Star Rosanne Barr ließ ihre Vagina operativ verjüngen
• Ansturm in Nürnberg: Kinder wollen Flocke sehen

Montag, 14.4.08
• Siemens bezahlte künstliche Befruchtung einer nigerianischen Minister-Gattin

• Neues Schulgesetz in Berlin: Sitzenbleiben nur noch auf Wunsch der Eltern oder des Schülers

Endlich: Alle gleich behandelt, alle gleich glücklich und alle gleich doof.

• Brot Mangelware: Hunger-Aufstand in Ägypten

• Wirtschaftspolitiker warnen vor hunderttausenden Hungertoten und Revolutionen

• 30 bis 70 Prozent der Preissteigerungen bei Lebensmitteln gehen auf das Konto von Biosprit

• Faule Kredite: Citigroup muss weitere elf Milliarden Dollar abschreiben

• Spaniens Ministerpräsident Zapatero setzt auf Frauenpower

...und treibt damit den Keil weiter in die bereits tief gespaltene Gesellschaft des Landes, das in fast allen Bereichen zunehmend den Anschluss verliert.

• Spaniens neue Verteidigungsministerin geht bald in den Mutterschaftsurlaub

• Papst will vor der UNO der Welt ins Gewissen reden

• 90 Prozent der Frauen wollen Kinder UND Karriere

Der aktuelle österreichische Arbeitsklima-Index sieht den Karrierewunsch im Gesamtdurchschnitt allerdings bei nur 13 Prozent. She. auch 24.9.07.

• Kinder von Karriere-Frauen haben intensivere Beziehungen zu ihren Müttern

• Grönlands Eisschmelze lässt den Meeresspiegel um sieben Meter steigen

• Meeresspiegel steigt bis zur Jahrhundertwende bis zu 60 Zentimeter

• Drei neue FCKWs in der Atmosphäre nachgewiesen – Wirkung noch unklar

• Keine Abtreibung: Nach Schwedens Stopp droht auch Finnland Nicaragua mit Streichung der Entwicklungshilfe

She. 8.10.07

• Bundesligaprofi Mohamed Zidan beteiligte sich in Ghana an der Schächtung einer Kuh

• Ächtung der Robbenjagd entzieht kanadischen Inuit zunehmend die Existenzgrundlage

In der arktischen Umwelt sind Robben Nahrung und Lebensgrundlage. Das EU-Verbot für Robbenfelle führte zu einem drastischen Anstieg der Selbstmordrate.

• Mit Zigaretten und Bier: 101-jähriger Buster Martin läuft Londoner Marathon in zehn Stunden

Buster Martin ist das älteste Mitglied der Rentner-Rockband „The Zimmers". She 4.6.07

Dienstag, 15.4.08

• Vermutlich drittgrößtes Erdölfeld der Welt in Brasilien entdeckt

• Atomunfall in Spanien: 800 Mitarbeiter zur Strahlenmessung

• Monokulturen, Gentechnik, Biosprit: 54 Staaten wollen radikale Agrarreform

• Energiemärkte in Angst und Schrecken: Russland geht das Gas aus

• Jede dritte Hinrichtung weltweit in China

• Kehrtwende bei den Linken: Gysi geißelt linken Anti-Zionismus

• Bischof Mixa zum Stammzellengesetz: „Wir sind damit der Barbarei näher als wir denken!"

• Wieder der alte Stiefel: Berlusconi zum dritten Mal italienischer Staatschef

• Erstmals: Kein einziger spanischer Minister leistet den Amtseid auf die Bibel

• EU-Klimaschutz in Immobilien: Es droht eine Invasion von Vorschriften

• Klimawandel: Erschreckende Prognosen für Deutschland

Verdoppelung der Hitzetage, verregnete Winter, Hitzetote, Hochwasser, Stürme...

• IPCC: Neues Klimaabkommen wird immer unwahrscheinlicher

• Wildhüter erschießen Brunos Bärenbruder in den Schweizer Bergen

• 700 Raucherclubs in München: Kreisverwaltung bemängelt zu wenig Verstoß-Meldungen

• Warnhinweise auf Bier- und Weinflaschen wie bei Tabakprodukten werden angedacht

Zugleich soll die Promillegrenze mittelfristig auf 0,2 und später auf Null abgesenkt werden. Wer es nicht geglaubt hat – hier nochmals die Meldung vom 7.1.07: „Die WHO-Anti-Rau-

cher-Kampagne als bisher weltweit größter Test". Vom Erfolg sollen weitere geplante Projekte abhängen.

• Neue Maßnahmen gegen Alkoholmissbrauch geplant: Nach Verbot von Alcopops stieg der Pro-Kopf-Konsum auf Rekord-Hoch von 50,7 Gramm Alkohol pro Woche

• Keine 3900 Euro Monatsrente ab 50: Gabriele Pauli entgehen 570 000 Euro

• Altersarmut nach drei Kindern: Leben mit fünf Euro am Tag

• Relativ aussichtslos: Achtjährige Jemenitin fordert Scheidung von brutalem Ehemann

• Hardcore Marilyn Monroe: Oral-Sexfilm für 1,5 Millionen Dollar verkauft

Mittwoch, 16.4.08

• Heute Internationaler Tag gegen Lärm

• UN-Generalsekretär Ban bittet den Papst um spirituelle Unterstützung

• USA-Besuch: Papst erklärt Werte-Relativismus zur schlimmsten Todsünde unserer Zeit

• Tibet-Debatte: BASF-Chef warnt vor dem Zorn der Chinesen

• PKW-Absatz in Westeuropa um über 10 Prozent eingebrochen

• Rauchverbot: „Verein zum Erhalt der Bayerischen Wirtshauskultur" ist mit bereits 60.000 Mitgliedern der schnellstwachsende Verein Europas

• Jeder Dritte fühlt sich in seinen eigenen vier Wänden durch Lärm gestört

• Fluglärm erhöht Blutdruck bei Schlafenden

• Schwangeren-Staus vor Münchner Kinderkrippen

Die Geburtenrate soll von 1,33 auf 1,4 gestiegen sein. Genaue Zahlen gibt es nicht.

• Soziologin Allmendinger: „Die Gesellschaft wird einfordern, dass Frauen arbeiten!"

• Buße für die Sünden des Patriachats: Luci van Org lässt ihren Gitarristen auf der Bühne kreuzigen

• Richterspruch: Achtjährige Jemenitin trennt sich vor ihrem Ehemann und fürchtet nun um ihr Leben

• Klimaschocker in ARD und ZDF: Fakten in Paniksoße

Köln säuft ab, Sturm, Flut und Seuche in New York, Strohhütten in Fluten in Bangladesh und die dummen Eskimos sehen in der Eisschmelze Grönlands nur einen natürlichen Vorgang.

• Charlotte Roche mit Darmproblemen: Im Berliner Ensemble las Roger Willemsen über Rosette, Hämorrhoiden und Kackprobleme

• Besondere Menschenrechte für Piraten

Kein Witz: Die britische Kriegsmarine darf gefangenen somalischen Piraten Asyl gewähren, darf sie wegen möglicherweise verfeindeter Clans nicht an Land bringen und mit Rücksicht auf Menschenrechte auch nicht einsperren.

• Lady Bitch Ray kommt zur Filmpremiere im Queen-Klitoris-Kleid

Donnerstag, 17.4.08

• Für Arbeitgeber tabu: Kabinett setzt hohe Hürden für Gen-Tests

• Heimliche Vaterschaftstests werden verboten

• 10 000 feiern Benedikts Geburtstag im Weißen Haus

• Oberster US-Gerichtshof bestätigt Todesspritze

• „Tiefe Scham“: Papst redet vor 350 Bischöfen Klarttext wegen der Pädophilen-Skandale

• Tibeter beginnen Protest vor Fackellauf in Neu Delhi

• Münchner Wirt gewinnt vor Gericht: Raucherclub bleibt erlaubt

• Studie: Deutsche Jugendliche sind ausländerkritisch - insbesondere gegen Muslime

• Lidl überall: Mitarbeiter-Bespitzelung ist ein Massenphänomen

Die Spionage-Software „Orvell Monitoring“ soll bereits über 100 000 mal verkauft worden sein.

• Mutter erst ab Mitte dreißig: Wenn der Klapperstorch nicht mehr recht klappern will

• Europarat stimmt für „Recht auf Abtreibung“ und freien Zugang zu allen Verhütungsmitteln

• Auftauendes Methan-Eis: Sibiriens Klimakiller-Tresor öffnet sich

• Meeresspiegel steigt um einen Meter

Die Vorhersagen liegen zwischen 0,0 und zehn Metern.

• Bauboom in Jakarta senkt den Untergrund: Weltbank-Studie berechnet den Untergang für den 6.Dezember 2025

• Seit Inkrafttreten des Kyoto-Protokolls am 16.2.2005 kostete dies bis heute etwa 475.250.000.000 US-Dollar, um bis 2050 eine potenzielle Verminderung des Temperaturanstiegs um 0,004928439 Grad Celsius zu erreichen

Man beachte die Temperatur-Änderung im Milliardstelbereich. She. 1.4.07, 31.8.07, 17.10.07, 18.2.08.

• Vibratoren-Serie „Mae B.“ erstmals mit TÜV-Gütesiegel

Freitag, 18.4.08

• Papst in USA: „Kinder haben ein Recht auf Erziehung zu moralischen Werten!“

• Papst betet mit den Opfern pädophiler Priester

• „Taufe von Allam war eine Beleidigung“: Kein Treffen der US-Muslime mit dem Papst

• Rot-Grün in Hamburg steht: SPD erwartet teuerste Koaliation aller Zeiten

• Nicht nur Mikrofone: Wohnungen sollen auch mit Kameras überwacht werden dürfen

• Auch bei Aldi: Versteckte Kameras in Feuerlöschern

• EU will lückenlose Überwachung von Fluggästen

• Anarchie in Bayern: Raucherverein hat nach ADAC und FC Bayern die meisten Mitglieder

• Alphafrauen und Weicheier: Lesbe bangt um Unterhaltszahlungen von ihrem Ex

Hier kommt die Lösung:

• Politikberater Ritzmann: Früher Islamunterricht schützt vor Terrorismus

• Lohndumping in Deutschland: Soviel Billigarbeit war noch nie

• Neue EU-Richtlinie: Jetzt geht es den gefährlichen Kleinststaubpartikeln an den Kragen

• Absatzrückgang bei Tamiflu drückt auf Roche-Zahlen

Warten auf die nächste Vogelgrippe-Warnung? She. 27.6.07, 9.7.07, 4.8.07, 4.2.08.

• Globaler Lebensstil der Amerikaner bräuchte drei Erdbälle

• She Stole My Voice: Eindringliche Dokumentation über Gewalt in lesbischen Beziehungen

• Besoffen in die Schule: Promille-Kontrollen nach amerikanischem Vorbild?

Alkohol erst ab 21 – trotzdem trinken 43,6 Prozent der US-Schüler regelmäßig.

• Politisch korrekt: ArschlöcherInnen!

• Erst von seiner Frau bemerkt: Russe schlief seinen Rausch aus – mit Messer im Rücken

• Zickenkrieg zwischen Lady Bitch Ray und Charlotte Roche: Wer war zuerst da?

Samstag, 19.4.08

• Bis zehn Jahre Haft für Terror-Planer: Regierung plant schärfere Sicherheitsgesetze

• Wechsel Schwarz-Grün in Hamburg: 56-jähriger Innensenator Nagel geht mit 5000 Euro in Sofortrente

• Milchkrieg in Deutschland: Aldi senkt die Preise drastisch – Bauern fürchten um Existenz

• Tot: 1-jähriges Baby in Minden die Treppe hinunter geworfen

• Balsam für das schlechte Gewissen: Bürger sollen Klimaabgabe für Politikerrreisen zahlen

• Der Tod als Kunst: Deutscher Installationskünstler will Sterbenden ausstellen

• Klimaerwärmung: Italo-Zecken bringen neue Krankheiten

• Papst in USA: Die Amerikaner – ein Volk der Hoffnung

• Edeka, Rewe, Aldi, Lidl und Metro teilen sich 70 Prozent des Lebensmittelmarktes

...und sorgen durch ihr Preisdiktat mit für unmenschliche Arbeitsbedingungen auf Tropen-Plantagen: Marktanteile können nur noch durch Verdrängung gewonnen werden.

• Charlotte Roche und die Lust auf Schleim: Der Feminismus bekommt ein neues Gesicht

• Gerüchte um Putin-Geliebte: Russische Zeitung stellt ihr Erscheinen ein

• Sex-Koffer, Gratiskondome, Love-Talks: Immer mehr Teenager-Schwangerschaften in Österreich – Experten verlangen andere Aufklärung

• Solo-Sex: Wir beantworten euere Selbstbefriedigungs-Fragen
• Wer richtig Zähne putzt, lebt fünf Jahre länger
• Lübecker überlebt mit sechs Promille

Sonntag, 20.4.08
• 117 Dollar: Ölpreis auf neuem Rekord
• Papst betet am „Ground Zero“ auch für die Attentätter
• Juso-Chefin kritisiert Antisemitismus und fehlende Distanz zum Islamismus
• Keine Kritik an China: Deutsche Konzerne zittern um Aufträge
China vor den Spielen: Strategische Kampagnen gegen Christen
• 2007 wurden weltweit 658 Selbstmordanschläge verübt
• Wachsende Armut: Jede vierte Familie fällt in Deutschland bereits unter die Armutsgrenze
• Zahl der Punktesammler in Flensburg um 2,7 Prozent gestiegen
Allein die Zahl der stationären Radarfallen wurde in den letzten fünf Jahren mehr als verdoppelt.
• Wirtschaftsphilosoph Habermann übt scharfe Kritik an Krippen für Kleinstkinder
• Professor Habermann: „Je mehr Staat, desto weniger Kinder“
• Algen statt Raps: Algen könnten im Vergleich zu Landpflanzen ein Vielfaches an Energie liefern
• Bewiesen: Vegetarier und Veganer leben länger
...jedoch nicht durch Fleischverzicht, sondern allgemein gesündere Lebensweise.
• 80 Prozent der Österreicher sind gegen Fingerabdrücke im Reisepass
• Wiener Integrationsstadträtin sieht in Kopftuchverbot Beeinträchtigung eines „selbstbestimmten Lebens“
Könnte eine völlig abschottende Burka die Lebensqualität noch steigern?
• Beleidigung des Propheten: Türkischer Friseur soll in Saudi-Arabien enthauptet werden
• Britney Spears will abspecken
• Bungee-Sprung mit einem Seil aus 18.500 Kondomen in Südafrika

Montag, 21.4.08

• Papst: Ja zur säkularen Gesellschaft – Nein zur Ideologie des Relativismus

• Abschiedsmesse nach Reise der Superlative: Benedikt mit scharfen Worten gegen Abtreibung

• 100 000 bereits angesteckt: Was tun gegen das Noro-Virus?

Händewaschen!

• „Freiheit für Öcalan!“: Steine, Holzlatten und Flaschen bei Schlägereien zwischen Kurden und Türken in Berlin

• Nach Aldi senkt auch Lidl die Milchpreise: Molkereien rechnen mit gewaltigem Preisrutsch

• Auch 7 Prozent sind zuviel: TÜV warnt vor Erhöung des Bio-Diesel-Anteils

• Hardechsen/Asche – 17-jährige Schülerin liegt erschlagen mitten im Ort

• „Ups, vermailt“: Im Firmenalltag sprechen Mitarbeiter nicht mehr miteinander

• Künstliche Befruchtungen für Abtreibungs-Video?: Kunststudentin schockt Yale

• Rätselhafte Sonnenaktivität: Überspringt die Sonne einen Zyklus?

Damit könnte eine neue Diskussion über die Temperaturentwicklung der Erde eingeleitet werden: Abkühlungsszenarien gegen Erderwärmung. She. z. B.: 6.12.07, 19.1.08, 25.1.08, 13.3.08

• Klimatologe Hansen: Eisfreier Planet könnte den Meeresspiegel bis um 75 Meter heben

Das toppt natürlich alles: She. z. B. 6.2.07, 16.2.07, 22.5.07, 22.7.07, 11.8.07, 7.11.07, 24.11.07, 14.4.08, 17.4.08

• Streit um Homosexualität: „The Times“ sieht anglikanische Kirche weltweit vor Spaltung

• China startet Umerziehungskampagne in Tibet

• Dicke und Raucher sind auf lange Sicht für die Gesellschaft billiger

• Mit 122 Dezibel zu laut: Schottische Dudelsäcke geraten ins Visier der EU

Auch Klassik mit Ohrstöpseln? In Wagners „Ring der Nibe-

lungen“ werden 85 Dezibel dauernd überschritten.
• Memme statt Macho: Daniel Craig macht am Set auf metrosexuell
• Umfrage: Männer sind schmutziger als Frauen
• Charlotte Roche will Frauen-Recht auf Furzen, Schmuddeln und wilden Haarwuchs
• Ehemann von Amy Winehouse tauscht im Knast ihre Nackfotos gegen Drogen

Dienstag, 22.4.08
• Tag des Klimas: Heute ist in 150 Ländern Earth Day
• UN-Klimarat: Treibhaus-Effekt muss bis 2020 gestoppt werden, sonst ist die Erde verloren
• Jede 2. Pflanzen- und Tierart ist vom Aussterben bedroht
• Forscher sehen gebrochenen Trend: Kälterekord in der Antarktis lässt die Eisdecke wachsen
• Trendumkehr: WDCGG und NOA melden verzögerten Anstieg von CO2 und Methan-Stopp
• 1,504 Euro für einen Liter Normal-Benzin
• Milchpreis-Absturz: Bauern-Präsident ruft zum Boykott von Aldi auf
• BKA übermittelt an Japan Daten von Globalisierungsgegnern beim G-8-Gipfel
• Zu wenig Notrufeinrichtungen und Brandmelder: Jede dritte Tunnel fällt durch den Test
• Bistum Maniz dementiert Berichte über pädophilen Diözesanpriester
Der Betroffene – damals Lehrer - wurde vor 30 Jahren freigesprochen, die Beschuldiger wegen Verleumdung zu Geldsstrafen und Schadenersatz verurteilt.
• Schock auf dem Dachboden: Münchner Ehepaar entdeckt toten Säugling der Tochter
• Ein neuer Trend: Schülerinnen verprügeln Gleichaltrige und stellen Video online
• Horror Arbeitsplatz: Immer weniger Krankmeldungen trotz dramatischer Psycho-Belastung
Ein Viertel aller Beschäftigten bangt ständig um den Job.
• Positive Signale: Französischer Historiker Todd bezeichnet Europa als „faktisch entchristlicht“

...und sieht in der moslemischen Welt Anzeichen für eine Ent-Islamisierung.

• Gift in Paprika, Tafeltrauben und Rucola
• Hohe Krebsgefahr durch tropfendes Fett beim Grillen
• Kind bekam nach falschem Gebrauch Hustenanfall: Verbot für Scherz-Zigaretten
• BILD-Leser basteln sich ihre Traumfrau
• Paris Hilton: Doppel-Hochzeit mit Nicole Richie?

Mittwoch, 23.4.08

• Dalai Lama Ehrenbürger von Paris: Empörung in Peking
• Nahrungskrise lässt 100 Millionen Menschen hungern
• Bundesbank fordert Rente erst mit 68,5 Jahren
• Heute Tag des Bieres: 23 Gründe, wieder mal ein Glas zu heben
• Hopfen und Malz werden knapp: Rohstoffkrise erreicht die Brauereien
• In Sortieranlage für Recyclingabfälle: Wieder Babyleiche in Sachsen entdeckt
• Motorradfahrer totgefahren: Iraker ohne Führerschein erhält 9 Monate auf Bewährung

Der Schauspieler Martin Semmelrogge bekam ohne Unfall 17 Monate Gefängnis.

• Kinderärzte fordern Verbot von Tätowierungen und Piercings für Minderjährige
• Südkoreanischer Zoll lässt Drogenhund siebenmal klonen
• Ein Meilenstein der Emanzipation: Frau rast beim Indy-Car-Rennen schneller als ein Mann
• Alfred-Wegener-Institut: Die Tiefsee der Antarktis wird wieder kälter

Was wird aus den Klimamodellen mit CO2 und Methan? Welches Horror-Szenario folgt? Vielleicht: „Weltklima außer Rand und Band?"

• „Heuchler": Lesben- und Schwulenverband bezeichnet Kardinal Lehmann als „Großmeister der Diskriminierung"
• Jeder zweite Häftling in Österreich ist kein Bürger des Landes
• 80 Prozent aller weltweit Verfolgten sind Christen
• Weniger Gift in Erdbeeren

• Zuviel Gift in Erdbeeren
• Geschlechtsbestimmung: Wer üppig isst, bekommt eher einen Sohn
• Gender-Forschung: WissenschaftlerInnen diskutieren über die vaterlose Gesellschaft ab der Französischen Revolution
• Mekka das Zentrum der Welt? Islamische Gelehrte fordern Abschaffung der Greenwich-Zeit
• „That's Hot!": Paris Hilton lässt ihren Lieblingsspruch als Markenzeichen eintragen

Donnerstag, 24.4.08
• Milliarden-Bestechungsskandal: Siemens verliert weiteren Top-Manager
• Lebensmittelkrise erreicht USA: Supermärkte rationieren Reis
• Girls Day: Mädchen testen Männerberufe
• Heute Boys-Day im Südwesten: Jungen sollen Berufe als Kindergärtner, Krankenpfleger und Sprechstundenhelfer kennen lernen
• Merkel ermuntert Mädchen zu Männerberufen
• E-Mail und Telefon: BND bespitzelte Afghanistan-Journalisten
• Kommt eine CO2-Steuer für ältere Autos? Minister streiten über Dreckschleudern
• Experten erwischt es kalt: Konjunkturbarometer im April überraschend stark gesunken
• Fristlose Kündigung nach einem Schluck Cola ist rechtens
Der Kassier einer Supermarktkette öffnete die Flasche, ohne vorher zu bezahlen.
• Aufatmen im Qualm: Schleswig-Holstein erlaubt wieder das Rauchen in Eckkneipen
• EU-Kommission erhöht Dioxinwerte für Fischleber von 8 auf 25 Pikogramm pro Gramm
She. 2.6.07, 10.8.07
• Mütter denken anders als Frauenreferentinnen: 75 Prozent sind gegen eine externe Betreuung ihrer Kinder unter drei Jahren
...wenn sie könnten, wie sie wollten.
• Norbert Bolz: „Political Correctness ist die aktuelle Rhetorik des Antichristen!"
• Ku-Klux-Klan: „Obama wird nicht lange Präsident sein!"

• München – Burschenverein klaut schwul-lesbischen Maibaum
• 700 Flash-Mobber bestellten bei Berliner McDonalds-Filiale 10 000 Burger
Die Verabredung erfolgt per Internet und Handy, die Aktion startet auf ein vereinbartes Zeichen.
• Amy Winehouse verhaut auf nächtlicher Sauftour zwei Männer

Freitag, 25.4.08
• Peking will nun doch Vertreter des Dalai Lama treffen
• Nach heftigen Protesten: Regierung nimmt CO2-Steuer für Alt-Pkw's zurück
• Preissprung in einem Jahr: Energieimporte 36 Prozent, Getreidepreise 60 Prozent
• Rauchverbot als erster Indikator für verlorene Volksnähe: CSU bei nur noch 44 Prozent
• Kaum verwest: Leichnam Padre Pios († 1968) in Glassarg öffentlich aufgebahrt
• Vor Gericht: Erfurter Mutter warf ihr Baby in die Mülltonne
• Lesben, Masturbation, Gruppen- und Oralsex mit der Schwiegermutter: 14- und 15-jährige Schüler führen Theaterstück von Sarah Kane an oberösterreichischer Schule auf
Einer der Zuschauer stellte Video-Mitschnitte ins Netz, was die Lehrer empörte.
• Juden und Homosexuelle: Grüne Sara Dahnken vergleicht Evangelikale mit Nazis
• Mit Schwefel gegen Klimawandel: Forscher warnen vor Eingriffen in die Atmosphäre
Der Ausbruch des Pinatubo 1991 mit 10 Millionen Tonnen Sulfaten führte zu einer deutlichen Abkühlung. She. 12.1.07, 1.2.07, 1.9.07.
• Rapide schmelzendes Arktiseis: Forscher befürchten unumkehrbare Veränderung des gesamten Ökosystems der Erde
• Die Magazinin
• Nur noch 2000 Menschen: Extremklima vor 70.000 Jahren löschte fast die Menschheit aus
• Neue Jeans mit bereits eingebauter Unterhose kommt aus Brasilien

• Schmidt & Pocher: Lady Bitch Ray überreicht Pocher ein Döschen Fotzensekret
• Pamela Anderson, Katie Price und Courtney Love lassen ihre Brustimplantate entfernen
• 62 Prozent der studierten Frauen haben Orgasmusschwierigkeiten
• Charlotte Roche kann einpacken: Das neue „literarische" Superluder heißt Mia Ming

Samstag, 26.4.08
• Deutschland, Frankreich und EU begrüßen Chinas Gesprächswilligkeit mit dem Dalai Lama
• Verletzte beim Fackellauf in Japan
• Nur noch 24 Prozent: Ein Drittel der SPD-Parlamentarier bangt um die Sessel
• Abhöraffäre bei VW und Porsche: Wiedekind im Hotel mit Babyphon belauscht
• Hamburg – Drei jugendliche Kosovo-Albaner verbrannten Kirk M. (17) wegen ein paar Euro
• Hans im Rentnerglück: 13 000 Euro monatliche Renten für Ex-Minister Eichel
• „ Kinder werden von Männern und Frauen gezeugt ": Erzbischof Zollitsch gegen Adoptionsrecht für homosexuelle Paare
• Londoner Selbstmordattentäter: Abschiedsvideo mit Baby auf dem Arm
• Kinderarzt zum Tschernobyl-Jahrestag: AKW's werden verharmlost
Todesursache bei 201 von 300 Tschernobyl-Arbeitern: Zigarettenrauch. She. 22.11.07, 22.11.07.
• Mit Millionen Tonnen Schwefel gegen den Klimawandel: Forscher warnen vor Zerstörung der Ozonschicht
• 100 Milliarden Dollar: Riesenspiegel im All könnte Sonnenstrahlung um ein Prozent senken
Während der Diskussion um eine „Neue Eiszeit" vor ein paar Jahrzehnten wurde die gezielte Zündung von Atombomben an den Polen zur Verschiebung der Erdachse erwogen.
• 800.000 Pilger wollen zu Padre Pio
• Ermittlung gegen spanische Klinik: Versehentlich 4000 Abtreibungs-

berichte im Netz

• Führungspositionen: Frauen könnten, wollen aber nicht

• Österreichische Frauenministerin: „Fußball muss stärker Frauensache werden!“

• Putzen im Haushalt bringt Männern besseren Sex

• Nach Schlägerei: Amy Winehouse verhaftet

Sonntag, 27.4.08

• Streit um Abriss des Flughafens Tempelhof entzweit Berlin

• Bald drei Millionen Pflegefälle

• Sachsen – 18-Jährige setzt Baby in Plastiktüte aus

• Müllkatastrophe in Neapel: Mediziner sprechen bereits von „Todesdreieck“

• Brandanschlag auf von Türken bewohntes Haus in Backnang: Feuerteufel war ein Bewohner

She. 30.3.08, 1.4.08.

• Entsetzen in Nordelbischer Kirche: Bekommen Lutheraner den ersten schwulen Bischof?

• Kölner Frauenfilmfestival wieder mit Schwerpunkt auf Lesben- und Transgenderfilmen

• E.on will flächendeckend in 4000 Kindergärten sein Image aufpolieren

• Künstliche Wolken gegen den Klimawandel: Spezialschiffe sollen Meerwasser versprühen

• 100 bis 170 Billionen Dollar: Mit Abscheidern CO2 wieder aus der Luft holen

• „Fantastische Idee“: Dunkle Wolken aus Holzverbrennung könnten Sonnenstrahlung bremsen

Ist unsere Luft zu sauber? She. 13.4.08

• Zahl der vemutlich durch AKW's verursachten Leukämiefäller zehnmal höher als bisher angenommen

• Trennungsstress bei Babys: Erhöhter Cortisolspiegel lässt sich im Speichel nachweisen

Cortisol ist das wichtigste Stresshormon. Ein ständiger Cortisol-Überschuss führt neben körperlichen Problemen auch zu psychischen Fehlsteuerungen.

• Verbilligte Lebensmittel aus der EU zerstören bäuerliche Existenzen in der Dritten Welt
• Hinter der Wursttheke: Handschuhe sind nicht unbedingt hygienischer
• Österreichs Nichtraucherschutz auf dem allerletzten Platz in Europa
• US-Umfrage: Sechs von zehn Homosexuellen wollen eigene Kinder, vier von zehn wollen adoptieren

Montag, 28.4.08
• Volksabstimmung Pro-Tempelhof gescheitert
• Manager-Haftpflicht soll für Siemens-Affäre aufkommen
• Vorstände und Fußballer? SPD will gegen Millionengehälter vorgehen
• Junge Union BW will Kinder schon mit fünf Jahren in die Schule schicken
Im Griff des Staates: Mit 1 in die Krippe, mit 3 in den Kiga, mit 5 in die Schule...
• Europarat brütet über Adoptionsrecht für eingetragene Partnerschaften
• ICE rast bei Fulda mit 200 km/h in Schafherde – zahlreiche Verletzte
• Andrea Nahles fordert Recht auf Hauptschulabschluss für alle
• Wien/Amstetten – Rentner (73) hielt Tochter (42) 24 Jahre im Keller und zeugte sieben Kinder
• Kippenteppiche vor Schwabings Lokalen: Stadtreinigung kapituliert
• Jedes fünfte Grundschulkind erhält Nachhilfeunterricht
• Die Migranten wandern aus: Bildungswillige türkische Familien verlassen das Berliner Brunnenviertel
• Holländische Muslime wollen Christbaumverbot in der Öffentlichkeit
• Risse im Pisa-Paradies: Finnische Lehrer beklagen große Verhaltensprobleme bei 7- bis 12-jährigen Schülern
• Benimm-Expertin Gräfin Schönfeldt: „Grundlage für Anstand ist der christliche Glaube!"
• Walfleisch ist klimafreundlicher als Rindersteaks: Nur 1,9 Kilo CO2 statt 15,8 per Kilo
• Außer im Iran: Steinigungen weltweit geächtet
Leider nicht ganz: Gesteinigt wird außerdem in Afghanistan, Irak, Jemen, Nigeria, Pakistan, Saudi-Arabien, Somalia, Sudan und den Vereinigten Emiraten.

• Als Frau diskriminiert, als Lesbe kein Geschlecht: Sexismus und Homophobie im „männlichen“ Fußball
• Femininere Züge bei Männern suggerieren Treue und Bindungsfähigkeit
• Umoperierter Ex-Superstar Lorenzo („Lory Glory“) zeigt seinen Expander-Busen

Dienstag, 29.4.08
• Amstettner Inzest-Fall in Österreich löst heilloses Entsetzen aus
• Wenn Blutsverwandte Kinder zeugen: Hohes Risiko für Erbkrankheiten
• Inzest – das letzte Tabu unserer Gesellschaft
Wirklich? She. 20.2.07, 21.2.07, 22.2.07, 23.2.07, 26.2.07, 28.2.07, 1.3.07, 20.5.07, 1.7.07, 1.12.07, 10.3.08, 13.3.08, 14.3.08, 15.3.08, 16.3.08, 17.3.08.
• ICE-Unfall im Tunnel: Schäfer im Visier der Ermittler
• Wieder Zwischenfall in einem Tunnel: Fahrgäste aus defektem Zug befreit
• Koalition einigt sich: Ein Viertel der Bahn wird verkauft
• Verunglückter Regionalzug in Thüringen: Kühe marschierten im Gänsemarsch über die Gleise
• Ratifizierung des EU-Reformvertrags: Der Putsch von oben
Der Staat setzt wesentliche Teile der demokratischen Kompetenzen und des Grundgesetzes ohne Zweidrittelmehrheit außer Kraft.
• Lebensmittelkontrolleure entdecken 22 Prozent mehr Verstöße als im Vorjahr
• Auch Ikea und Burger King überwachten Mitarbeiter
• Drei gewaltige Tornados wüten über Virginia
• Zehn-Jahres-Studie: Hunde schützen Kinder deutlich vor Allergien
• Nach Papstbesuch Rekordansturm auf New Yorker Priesterseminar
• Iran will Barbie-Puppen aus dem Land verbannen
• Kongress „frauen bauen“ plant Konzeption eines frauengerechten Hotels
Angeschraubte Klobrillen?

• Studie über Frauenanteil in Medien: Zu viele Winzerköniginnen im Lokalteil

Mittwoch, 30.4.08

• Nach Schmiergeld-Skandal: Massiver Gewinneinbruch bei Siemens
• Das perverse Inzest-Monster: Sonnenbad am Thai-Strand – und die Kinder litten im Verlies
• Österreich – das Land der Verliese? Inzest-Fall füllt weltweit die Schlagzeilen
• Mehr Sicherheit in Tunnels der Bahn gefordert
• Anschnallpflicht in Zügen?
• Seehofer warnt vor Nahrungskrise auch in Deutschland
• Streit wegen Kündigung: Eva Herman verliert gegen NDR
• Deutscher Islamist ruft zum „Heiligen Krieg" auf – BKA sieht große Bedrohung
• Menschenjagd in Neukölln: Sieben Bewaffnete jagen 37-Jährigen und strecken ihn nieder

Mitglieder des Schützenvereins?

• Hamburg – Strenges Grillverbot an der Elbe – scharfe Kontrollen angekündigt
• Chemnitz genehmigt 14 Feuer zur Walpurgisnacht

Im letzten Jahr sorgte gerade die Feinstaubdebatte für Verbote. She. 1.5.07

• Märzregen spülten Feinstaub weg – Strengere Regeln ab 2010
• Holz als Klimaretter: Pflanzen von Bäumen zur CO2-Bindung und Einlagern in Bergwerken

Verbrennen setzt ebensoviel CO2 frei, wie vorher aufgenommen wurde. Das Holz soll nach Erreichen des Sättigungsgrades unter Sauerstoffabschluss unterirdisch deponiert werden. Auch mit verfaulendem Holz soll so verfahren werden.

• Streit in England: Haben Gehörlose ein Recht auf gehörlose Designerbabys?
• 31der 53 Mädchen zwischen 13 und 17 aus US-Polygamistensekte sind schwanger

She. 9.4.08

• Zu wenig Frauen in der Industrieforschung: Daniela Düsentrieb gesucht
• Frauen wollen im Sommer echte Kerle – aber ohne Brustbehaarung
• Hip-Hop spricht: Rapper feiern Schwanzvergleich als Ausdruck einer liberalen Gesellschaft

Monats-Rückblick April 2008

Immer mehr Finanzlöcher bei den Banken tun sich auf, es gelten nun ein schärferes Waffenrecht und leichtere Vaterschaftstests. Das Rauchverbot in England zwingt jede Woche 27 Pubs zur Aufgabe, worauf Prinz Charles zur Rettung der Dorfkneipen aufruft, während das Statistische Amt in Kopenhagen den verblüfften Wirten einen kräftigen Umsatzanstieg in Dänemarks Kneipen seit dem Rauchverbot bescheinigt. Nach Schnüffeleien bei Lidl und Schlecker werden auch Bespitzelungen bei Edeka und Plus bekannt.
Schwule, Linke, Grüne, Gewerkschaften und Pro Famila formieren sich gegen den evangelikalen Jugendkongress „Christival" in Bremen wegen der Ablehnung von Homosexualität und Abtreibung, Eltern sollen gegen spätere Fehlinformationen durch TV ihre Kinder möglichst früh schon im Kindergartenalter aufklären . Biosprit aus Energiepflanzen sorgt für katastrophale Verteuerung der Grundnahrungsmittel in den armen Ländern - Asien geht der Reis aus, auf Haiti stürzt die Regierung nach gewaltsamen Hungerrevolten , auch in Mexiko, Argentinien, Burkina Faso, Mali und Indonesien treibt der Hunger die Menschen auf die Straßen. Die Vorhersagen für den Anstieg des Meeresspiegels liegen zwischen 0,0 und 75 Metern, nach der Feinstaub-Verordnung will die EU nun auch gegen Feinststäube vorgehen, die Verdoppelung der stationären Radarfallen in den letzten fünf Jahren bringt einen Anstieg der Punkte um 2,7 Prozent in Deutschland, gleichzeitig wird um eine Absenkung der Promille-Grenze auf 0,2 nachgedacht und schottische Dudelsäcke geraten wegen zu hoher Lautstärke ins Visier der EU. Rauchen ist weitaus gefährlicher als selbst höchste radioaktive Strahlen-Dosen: Zu diesem Schluss kommt eine Tschernobyl-Studie, nach welcher von 300 Toten 201 durch Zigarettenrauch ums leben kamen.
Eine Anschnall-Pflicht in Zügen wird diskutiert, Hamburg verhängt ein strenges Grillverbot an der Elbe und kündigt scharfe Kontrollen an, Chemnitz genehmigt 14 Feuer zur Walpurgisnacht und ab 2010 sollen bundesweit die Regeln für Feinstaub verschärft werden.

MAI 2008

Rückblick auf Mai 2007

Feuerverbote – Übergewicht – Atomkraft – Raucher – Homosexualität – G8-Gipfel – Rekrutenmangel – Herdprämie - Auswanderung

Nach den Verboten von Osterfeuern sorgen nun Hexentänze ohne Feuer in der Walpurgisnacht für schale Stimmung.
Eine Studie erklärt nun Übergewicht bei Kindern zur Familiensache, die Regierung verneint Sondersteuern und Verbote und die Krankenkassen errechnen Milliarden-Einsparungen durch richtige Ernährung.
An der Klimafront gibt es leichte Entwarnung, die aber durch den dritten Teil des Klimareports einen Dämpfer erfährt, indem der Menschheit nur noch acht Jahre zu ihrer Rettung eingeräumt werden – allerdings mit zugleich globaler Beschleunigung der Weltwirtschaft. Die ersten schweren Katastropheneffekte werden von der UN schon für die nächsten acht Monate prophezeit, der UN-Klimarat empfiehlt zur Rettung des Klimas den Ausbau der Atomkraft.
Nun will auch die Bahn das Rauchen in Zügen und Bahnhöfen vollständig verbieten, Ärzte fordern regelmäßige Lungenkontrollen bei Rauchern, die EU plant Horror-Fotos auf Zigarettenpackungen und der Drogenbericht meldet weniger Raucher, dafür mehr Kiffer und Alkoholexzesse. Studien zeigen die Gefährlichkeit des Passivrauchens im Freien, die Überfettung auch der Bulgaren und die Schädlichkeit von Feinstaub für Kinder im Mutterleib.
Nach Polen rüffelt die EU nun Kroatien wegen fehlender Behandlung der Homosexualität im Schullehrplan, der Lesben- und Schwulenverband Deutschlands will die sexuelle Orientierung im Grundgesetz verankert wissen, der Eurovisions Song Contest in Helsinki wird vielfach als homoerotische Zumutung empfunden, Litauens Busfahrer streiken wegen provokativer Homo-Plakate, die Warschauer schwul-lesbische Parade findet unter starkem Polizeischutz statt, Moskaus Bürgermeister verbietet die Gay-Parade als „satanisches Treiben" und Wowereit startet eine Akzeptanzkampagne für Schwule und Lesben.
Nach den andauernden Sicherheitsdebatten stuft die australische Regierung Deutschland als gefährliches Land ein, Schäuble sieht neu aufkeimenden Terrorismus im Vorfeld des G8-Gipfels, die Polizei kontrolliert Post von G8-Kritikern, Amnesty International warnt vor einem Klima der Angst und die Justizministerin hält die

Aufregung über Geruchsproben für übertrieben.
Die Krankenkassen fordern mehr Geld zum Kampf gegen Übergewicht, der Ausbau der Kinderbetreuung soll bei noch unklarer Finanzierung zwölf Milliarden Euro kosten und Koalitionspolitiker fordern höhere Mehrwertsteuer auf Schokolade und Chips.
Der Bundeswehr gehen die musterungsfähigen 18-Jährigen aus, im Osten halbieren sie sich auf nur noch 50 000 und hinzu kommen immer mehr durch Übergewicht untaugliche Rekruten.
Auf Mixas „Gebärmaschinen" kontern die Gegner nun mit dem ebenfalls abwertenden Begriff „Herdprämie", der Bundestag beschließt ein absolutes Alkoholverbot für Fahranfänger und verbietet Jugendlichen das Rauchen in der Öffentlichkeit.
Glühbirnen erhalten noch eine Schonfrist von drei Jahren, die G8-Staaten wollen mehr Internet-Überwachung, Bundeswehrsoldaten verlegen kilometerweise Nato-Draht, Schäuble verlangt Einreiseverbote, Demonstrationsverbote, Vorbeugehaft und Anti-G-8-Randalierern sollen die Führerscheine abgenommen werden.
Im zweiten Jahr in Folge zogen so viele Deutsche ins Ausland wie noch nie seit der Wiedervereinigung.

Meldungen April 2008

Donnerstag, 1.5.08

• Was feiern wir heute: Tag der Arbeit, Vatertag oder Christi Himmelfahrt?
• Managergehälter und Konzerngewinne um 20 Prozent rauf: Kurt Beck prangert gleichzeitig gesunkene Löhne um 0,4 Prozent an
• „Masturbieren statt Missionieren!": 500 Homosexuelle und Linke gegen „Christival"
• Trotz massiver Störaktionen: Jugendtreffen „Christival" in Bremen fröhlich eröffnet

She. 10.1.08, 15.2.08, 19.2.08, 4.4.08.

• Die Angst geht um: Gewerkschaften melden vermehrten Zulauf
• Von der Leyen möchte aus Vatertag Familientag machen
• Neues Verbraucherinformationsgesetz: Löchrig wie ein Schweizer Käse

• Verliese und Nazi-Vergangenheit: Intellektuelle begründen die dunkle Seite Österreichs
• Düstere Abgründe: Österreich nach dem Drama von Amstetten
• Tu felix Austria: Österreichs Wirte können beim Rauchverbot selbst bestimmen
Größere Gastwirtschaften müssen einen Nichtraucherraum anbieten.
• Energiemarkt zwischen sozialistischer Planwirtschaft und Ökodiktatur
• Europas Stahlindustrie macht sich Sorgen um die Klimapolitik
• Jeder dritte Deutsche will die D-Mark zurück
• Schon wieder: Watschn für ermahnenden Nichtraucher in Münchner U-Bahn
• Ein Fall für das AGG: Bundespresseamt feuert transsexuelle Reiseführerin Mandy G.
• Wasser vor den Küsten Sibiriens ist erheblich mit Methangas übersättigt
• Wachsende Meereswüsten: Klimawandel entzieht den Meeren den Sauerstoff
• Lady Bitch Ray: „Bin keine Öko-Tussi wie Charlotte Roche!"

Freitag, 2.5.08
• Straßenschlacht in Hamburg: 250 Festnahmen, 26 verletzte Polizisten und 25 Kubikmeter Glasscherben
• Hamburg, Nürnberg, Leipzig: Chaos und Gewalt nach Nazi-Demos
Die Ausschreitungen gingen entgegen vieler anderslautender Meldungen mehrheitlich von autonomen Gruppen aus.
• Rentenpolitik: Volker Kauder hält Altersarmut für eine Mär
• Hamburger Grillverbot nicht durchsetzbar: Am Elbstrand wird weiter gebrutzelt
• Von der Leyen sieht Krippenziele erreicht: „Die Wartelisten sprechen Bände!"
• Bischof Mixa bezeichnet Zwang zu staatlicher Fremdbetreuung von Babys als Skandal
„Wenn eine Mutter monatlich netto 1.500 Erziehungsgeld erhalten würde - das entspricht den Kosten eines Krippenplatzes

- dann könnte sie wirklich frei zwischen Erwerbsarbeit und Familienarbeit wählen. Viele würden sich dann entscheiden, ihrem Kind den Vorrang zu geben". She. Umfrage14.9.07.

• Aufstieg von Frauen in Spitzenpositionen stagniert

• Umfrage: 71 Prozent Zustimmung für von der Leyen – nur 27 Prozent dagegen

• Berlin – Baby überlebt Wurf aus dem dritten Stockwerk

• Hacker legen „Christival"-Internet-Auftritt lahm

• „Jungen als Opfer sexuellen Missbrauchs": Christival-Seminar aus Sicherheitsgründen verlegt

• „Ich habe ihn gehasst!": Angehörige des Inzest-Monsters brechen das Schweigen

• Inzest-Fall Amstetten: Die Scheinheiligkeit einer sexbesessenen Gesellschaft

• Charlotte Roches „Feuchtgebiete": Der Befreiungsschlag gegen eine aufgezwungene Hygiene

Samstag, 3.5.08

• Lebensmittelpreise: Umsatz im Einzelhandel bricht dramatisch ein

• Union will weniger Solarförderung: Subventionen liegen bis 2015 bei über 100 Milliarden

• Stau, Lärm, Umweltschäden: EU plant neue Abgaben externer Kosten für Brummis

• Über 160 000: Zahl der Auswanderer auf Rekordniveau

• Christival: Kritik an Abtreibungs-Seminar zurück gewiesen

• Grillgut-Geruch ist keine Belästigung: Elektrogrill auf dem Balkon ist erlaubt

• Tuning-Messe in Friedrichshafen: Und täglich grüßt die Polizei

Anstatt Verkehrsregelung sorgen massive Fahrzeug-, Alkohol- und Drogenkontrollen für lange Staus und Unmut.

• Strafakte des Inzest-Rentner Josef F. mit schweren Delikten aufgetaucht

• Inzest-Vater drohte seinen eingekerkerten Opfern mit Gas

• Inzest-Monster war schockiert über den Fall „Kampusch"

• Leibnitz-Institut: Verfeinerte Klimavorhersagen lassen geringere Erderwärmung erwarten

• Experten besorgt über starke Zunahme von sexuellen Identifikationsstörungen bei Kindern und Jugendlichen
• Immer mehr Jugendliche wollen ihr Geburtsgeschlecht ändern
Die Gender-Forschung unterscheidet inzwischen 15 verschiedene Geschlechter. She. z. B. 25.3.08
• 70 Prozent der französischen Gefängnisinsassen sind Muslime
• 2 Prozent Frauenanteil in Österreich: Die Zukunft des Fußballs ist weiblich
• Auch Schweden will nun Ampelfrauen
Weiter gedacht: Wann kommt das nach Geschlechtern getrennte Überqueren einer Straße?

Sonntag, 4.5.08
• Chinas Medien wettern gegen den Dalai Lama
• Nach 1. Mai-Krawallen: Beckstein will Gewalttätern das Handwerk legen
• Hamas: Juden inszenierten den Holocaust zur Entsorgung ihrer Behinderten
• Josef Fritzls Untermieter: „Er brachte Lebensmittel mit dem Schubkarren in den Keller!“
• Inzest-Täter Fritzl schon vor 40 Jahren wegen Vergewaltigung verurteilt
• Hohe Rechnungen: Ließ Fritzl seine Mieter den Strom im Verlies bezahlen?
• Christival-Gegner protestieren mit homosexuellen Zärtlichkeiten in Martinikirche
• Papst und islamische Gelehrte suchen nach Gemeinsamkeiten
• 25 Tornados in vier US-Bundesstaaten
• Italo-Wein unter Glycerinverdacht
• Wenn Naturschützer Bauern spielen: 16 Heckrinder in Nabu-Projekt bei Leer verhungert
• Jedes fünfte Kind zwischen 9 und 14 wünscht sich eine kosmetische Korrektur
• Internationaler Kongress in Peking: Gender holt Komponistinnen aus dem Vergessen

• Die Dekonstruktion der Zweigeschlechtlichkeit als neues Prinzip der universitären Lehre

She. 1.1.07

• Macht der Klimawandel eine Pause? Australische Studie sieht Abkühlung der Nordhalbkugel

• Grausames Ritual für Glück: Indische Moslems werfen reihenweise Babys von den Dächern

Tradition seit 500 Jahren: Bisher soll es dabei noch keine Toten gegeben haben.

• Nur 3,5 Prozent der Schwulen und Bisexuellen in USA sind älter als 65

Die Studie nennt Aids als Hauptursache.

• Gestraft fürs Leben: Britney Schwester Jamie Lynn will ihr Baby „Tear“ (Träne) nennen

• Whitney Houston von ihrer 15-jähriger Tochter mit dem Messer attackiert

Montag, 5.5.08

• Wahlkampf in Bayern: CSU verspricht 28 Milliarden Steuererleichterung

• Beim Barte des Proleten: Kurt Beck bietet seinen Bart für einen guten Zweck feil

• Drei Babyleichen bei Olpe in Tiefkühltruhe entdeckt

• Totes Baby in Sachsen im Straßengraben gefunden

• Schärfste Bußgelder aller Zeiten: Verdoppelung der Regelsätze trotz sinkender Unfallzahlen

She. 23.4.07, 29.9.07, 6.10.07, 1.1.08

• Sinkende Einkommen: In Deutschland bricht die Mittelschicht weg

• Die goldenen Zeiten sind vorbei: Gesundheitsbranche löst Autoindustrie als Jobmotor ab

• Strenge Regeln und Bußgelder: Münchner Grill-Sheriffs sind im Einsatz

• Neue Sicherheitspläne der Union: Von Empörung bis zum blanken Entsetzen

Ein nationaler Sicherheitsrat nach US-Vorbild soll Ausland-

seinsätze der Bundeswehr ohne Bundestagsbeschluss ermöglichen.

• Linkspartei fordert legale Opiumproduktion in Afganistan
• Britische Wahlen: Konservative Revolte gegen grüne Steuern und staatliche Bevormundung
• Trotz steter Störaktionen: Christival ging fröhlich zu Ende
• Schwuler Maibaum in München besudelt
• Inzest-Monster leinte Tochter monatelang wie einen Hund an
• Hetzjagd der Medien auf die Opfer des Josef Fritzl
• Sensationelle Berechnungen: Macht die Erderwärmung eine Pause?
• Die Sonne machts: Die Erde tritt vorübergehend in eine natürliche Kaltphase

Genau vor einem Jahr: „Nur noch acht Monate Schonfrist" – she. 4.5.07, 5.5.07.

Derzeitiger Stand: Eine genaue Vorhersage der Entwicklung sei nicht möglich, da unvorhersehbare natürliche Effekte nicht berücksichtigt werden können.

• Vulkanausbruch in Chile: Rauchwolke bis in 20 Kilometer Höhe
• Muss „Drecksack" Mark Medlock bald Dieter Bohlens schwule Seite mit Fady Maalouf teilen?

Dienstag, 6.5.08

• Birma: Mehr als 15.000 Tote durch Zyklon „Nargis"
• Nach nur sechs Monaten 6 Prozent mehr: Abgeordnete genehmigen sich nochmals 15 Prozent
• McKinsey schlägt Alarm: Bis 2020 fehlen sechs Millionen qualifizierte Arbeitskräfte
• Eltern mit drei Kindern sind zu 37 Prozent armutsgefährdet, mit vier zu 60 Prozent

Trotz Anstiegs der Müttererwerbstätigkeit auf 60 Prozent seit 1965 hat hat sich mit gleichzeitiger jährlicher Halbierung der Geburtenzahl die Armut um das 16-fache erhöht. Mit der Doppelerwerbstätigkeit werden die Familien zur Finanzierung der staatlichen Ganztagsbetreuung ihrer Kinder gezwungen. She. z. B. 2.5.08.

• Potsdam – Mutter springt mit dreijähriger Tochter vom Hochhaus in den Tod
• Kindergartenlärm in München-Bogenhausen: Anwohner klagen auf Wertminderung
• Inzest-Monster: Sogar die leichten Mädchen im Bordell ekelten sich vor ihm
• Drogenbericht 2008: Immer mehr saufende Jugendliche und mehr Drogentote
She. 29.3.07: „Saufen ist unser letztes Abenteuer!“
• „Time“-Liste der 100 wichtigsten Persönlichkeiten: Der Papst ist nicht dabei
• Eva Herman: Die Glucke der Nation gackert wieder
• Einmal Eva, immer Eva: Eva Herman stellte ihr neues Buch vor
Wie gehabt: Häme und Schelte in vielen Medien – mehrheitliche Zustimmung aus dem Volk im Internet.
• Mojib Latif: Kein Klimawandel in den nächsten zehn Jahren
• Klimaproblem wird erst in der 2. Hälfte des Jahrhunderts gelöst werden
• 2008 wird das kälteste Jahr des Jahrzehnts
2007 sollte das Jahr der Hitzerekorde werden, wurde aber nur das siebtwärmste seit Beginn der Aufzeichnungen. She. auch 10.8.07, 29.9.07, 6.11.07, 15.4.07.
• EU will über den Klimawandel den Dialog zwischen den Religionen vertiefen
• Prayer at the Pump: US-Autofahrer beten an Tankstellen für billigeres Benzin
• Biosprit: Eine Tankfüllung könnte einen Afrikaner ein Jahr ernähren
• Amy Winehouse bekommt eine Glatze

Mittwoch, 7.5.08
• 22.000 Zyklon-Tote in Birma – Militärregierung lässt Helfer nicht ins Land
• Irak – Liste mit 6000 potenziellen Selbstmordattentätern aufgetaucht
• CSU als Trendsetter: Alle Parteien versprechen nun Steuererleichterungen
• Von der Leyen: „Das Elterngeld ist ein Renner!“

• Plan der Landesregierung: Bayern mit Versammlungsgesetz bald demofreie Zone

• Jährlich 3300 Tote in Deutschland durch Passivrauchen

Bezug auf eine längst als unhaltbar widerlegte Studie mit 85-Jährigen, die aber immer wieder angeführt wird: She. 31.5.07, 30.10.07, 15.1.08.

• Inzest-Fall Amstetten: Auf der Suche nach der Psyche des Josef F.

• Überlastete Gerichte: Nachbarschafts-Anzeigen sind Volkssport

Nicht nur der Staat – auch der kleine Bürger möchte etwas verbieten dürfen.

• Klimawandel-Symposium in Wien: Was können die Religionen tun?

• Erderwärmung auf Eis: Experten rechnen für 20 Jahre mit gleich bleibendem Klima

• Erderwärmung begünstigt die Entstehung von Zyklonen

• Die UNO schlägt Alarm: Es wird heiß

• Kühlere Erde: Strömungen des Tiefenwassers mit stärkerer Wirkung als angenommen

• Eva Herman sieht Zwangsveränderung der Gesellschaft durch den Staat

Erklärtes Ziel von „Gender" als staatliches Leitprinzip ist der vollständige Umbau der Gesellschaft durch die Relativierung der Geschlechter. She. 1.1.07

• Nur noch Zertifikat: Harte Zeiten für Gender – und Queer-Studies an Hamburger Hochschulen

Inzwischen gibt es 100 Lehrstühle für Gender-Studies. She. 29.7.07, 11.11.07

• Nun amtlich: Europol führt „Öko-Terrorismus" als eigenständige Form des Terrorismus an

„Öko" als neue Religion mit zunehmend militanten Zügen: She. 19.3.07, 28.5.07, 27.7.07, 29.8.07, 31.12.07

• Nach Tabak-Werbeverbot: EU plant drastische Einschränkungen für Autos und Alkohol

• Einfach nur lebensmüde? „Exit" propagiert Suizid auch für Gesunde

• Bizarrer Tiersex: Seebär versucht Vergewaltigung eines Königspinguin

• Züngeln auf der Bühne: Madonna lesbelt wieder

Donnerstag, 8.5.08

• Olympisches Feuer: Tibeterin trug Fackel auf den Mount Everest

• Birmas Junta lässt US-Hilftrupps ins Land – andere Organisationen müssen warten

• Nach dem Bundestag: Bayerische Landtagsabgeordnete genehmigen sich höhere Diäten

• Geballte Wut: Bayerische Rentner gründen eigene Partei

• Lebensmittelkennzeichnung: Verbraucher wollen klare Farb-Ampel

Grün = teuer, Rot = billig. She. 21.2.07, 14.10.07.

• Sprit bald über zwei Euro?

• Von der Leyen will „Oma- und-Opa-Tag"

• Inzest-Fall Amstetten: Ermittler finden weiteren Hohlraum

• Immer weniger Imker: Die Biene verschwindet

• Vulkanausbruch in Chile: Riesige Aschewolke bis nach Argentinien

• Schwächelnder Golfstrom: Erde erwärmt sich langsamer als erwartet

• Sonnenfleckenzyklus kommt nicht richtig in Schwung

Zeiten ohne Sonnenflecken fielen immer mit kalten Zeiten zusammen. She. 30.4.07.

• Ozeane schalten von einer wärmeren auf eine kältere Phase um

• Projekt „Mädchen am Ball" will Bewusstsein bei jungen Fußballerinnen schaffen

• SC Sternschanze gegen Vatan Gügü: Hamburger Fußballer krankenhausreif geprügelt

• Multikulti in Berliner Bus: „Scheißdeutsche, wir werden euch alle vergasen!"

• Prof. Beyerhaus wirft Kirchen „kaum fassbare Naivität" gegenüber dem Islam vor

• Forschung: Kindergehirne konstituieren sich in den ersten drei Lebensjahren

• Psychiater im ORF: Außerirdische könnten Kirchen als Sado-Maso-Kultstätten begreifen

• Freche Schaum-Girls waschen halbnackt bei Media-Markt ein Auto

She. 12.9.07, 5.12.07.

• Cora Schumacher will 80 000 Euro für geklaute Bananen – von ihrer Putzfrau

• Drogen: Amy Winehouse schon wieder verhaftet

Freitag, 9.5.08

• Elend in Burma: Junta verteilt Fernseher statt Hilfspakete
• Deutschlands glückliche Beamte: Bis zu 673 Euro mehr im Monat und üppige Nachzahlungen
• Arbeitnehmer verlieren seit Jahren an Kaufkraft
• Größere Darstellung der Altersbeschränkung: Bundestag verschärft Killerspiele-Gesetz

Resultat einer hilf- und endlosen Debatte: She. 16.1.07, 27.1.07, 15.2.07, 28.3.07, 4.4.07, 16.4.07, 20.4.07, 15.5.07, 3.6.07, 29.6.07, 30.6.07, 29.11.07.

• Neues Aktionsprogramm: Bundesregierung bereitet Verbot aller Zigarettenautomaten vor
• Rauchverbot und Alk-Kontrollen: Gastronomie-Immobilienmarkt auf dem Land bricht ein
• Berlusconi ernennt Ex-Showgirl zur Frauenministerin
• Köpenick - Zuhälter wirft totes Huren-Baby in den Wald
• Der Inzest-Vater von Amstetten: „Ich wusste, was ich tat!"
• Zahl der Neu-Diagnosen mit HIV bei Schwulen in Deutschland um 12 Prozent gestiegen

Als Grund wird eine Erhöhung der Infektionsgefahr durch die Verdreifachung von Syphilis in den letzten 15 Jahren vermutet. She. 24.7.07, 28.7.07, 22.12.07, 23.12.07.

• Bis 5000 Euro Strafe: Sex-Verbot im Gonsenheimer Wald
• Mehr Empörung über Eva Herman als über Charlotte Roche und Lady Bitch Ray
• Nordirische Bildungsministerin will Schülern das Tragen von Kruzifixen verbieten
• Großbritannien: Christentum wird zur Minderheitenreligion
• Evangelischer Pastor entgeht in der Türkei einem Mordanschlag
• Totenschädel als Haschischpfeife: Drei US-Jugendliche gruben Leiche aus
• Zürich – Vier junge Frauen prügeln 21-Jährige grundlos spitalreif
• Neuer Slip mit integriertem Handyfach: Bei Anruf Orgasmus
• Die neue Sprache der Alpha-Mädchen: Unverblümt, roh und pornografisch

Samstag, 10.5.08

• Birmas Junta beschlagnahmt alle Hilfslieferungen

• Ungleichheit der Geschlechter: Von der Leyen fordert von Firmen Offenlegung der Gehälter

• Bundesregierung plant drastische Anhebung der Tabaksteuer und Schockfotos

• Künast fordert Öko-Autos als Dienstwagen

• Steinbrück will mehr Einnahmen aus Erbschaftssteuer

• Wut über Diätencoup

• Rekord-Spritpreise: Benzin über 1,50

• Rheine - Passanten gingen dazwischen: Zwei Mädchen traten Zwölfjährigen fast zu Tode

• Geschwisterliebe in Sachsen: Inzest-Vater muss nun doch ins Gefängnis

Ein Jahr lang wurde heftig um die völlige Abschaffung des Inzest-Paragrafen in Deutschland gestritten: She. 20.2.07, 21.2.07, 22.2.07, 23.2.07, 26.2.07, 28.2.07, 1.3.07, 20.5.07, 1.7.07, 1.12.07, 10.3.08, 13.3.08. Der Anwalt des Paares vermutet einen Zusammenhang mit dem Fall in Amstetten.

• Neue Rattenplage in Deutschland

• NABU ruft zur Vogelzählung auf

Zum Verzehr ungeeignet:

• Schadstoffe in Kinder-Fahrradsitzen

• Fußball-EM: Österreichs Frauenministerin rechnet mit Anstieg häuslicher Gewalt

• Frauenministerin Bures pocht erneut auf „Papamonat“ direkt nach der Geburt

Doris Bures – eine österreichische Karriere: Nach der Ausbildung zur Zahnarzthelferin über die Parteischiene als Quotenfrau zur Bundesministerin.

• Herzstörungen und Nierenversagen: Bundesbehörde warnt vor Energydrinks

• Pfingsten am Baggersee: So liegen sie richtig in der Sonne

• Wilson Gonzales Ochsenknecht (18): „Ich kam schon böse auf die Welt!“

Pfingstsonntag, 11.5.08

• Burmas Diktator Than Shwe bleibt abgetaucht

• Muttertag: Darf man im Park Blumen pflücken?

• Gut ein Drittel der Muttertagsrosen kommt aus Kenia

• Zum Muttertag: Die Familie als Karrierebremse

• Diskriminierung: Bund zahlt 5000 Euro an transsexuelle Fremdenführerin Mandy G.

She. 1.5.08

• Wetten dass? Klimaforscher bieten 2500-Euro-Wette auf Klimaerwärmung an

Wette gilt nicht bei größerem Vulkanausbruch: Der Chaitén in Chile brach am 1. Mai, also VOR dem Wettangebot aus. She. 3.5.08.

• Saufen, Rauchen, Drogen, Sex: Europa-Studie zeigt finsteres Bild der „Generation Zügellos“

Die Studie wurden nach dem Schneeballsystem durchgeführt. Deutsche Jugendforscher ordnen nur 2 – 3 Prozent der Jugendlichen dieser Kategorie zu.

• EU bald mit 500 Millionen Einwohnern – 84 Prozent der Steigerung beruht auf Einwanderung

• CIA-Geburtenstatistik: Deutschland liegt weltweit vor Japan und Hongkong auf dem drittletzten Platz

• Zwei von drei der europäischen Haushalte haben keine Kinder

• Nur jeder Achte ist unter 14: Deutschland und Bulgarien haben die ältesten Bürger

• Gewalt wird weiblich: Über 20 Prozent der Gewalttaten werden von Mädchen begangen

• Bis zu drei Monaten Gefängnis bei Verstößen gegen das Rauchverbot in Griechenland

Da dies kaum jemanden kümmert, soll nun ein absolutes Verbot kommen.

Pfingstmontag, 12.5.08

• Burma: Junta räumt 38 000 Tote ein

• Diesel schon teurer als Super

• Grüne wollen norwegische Quotenregelung auch für Deutschland

Das norwegische Gleichstellungsgesetz sieht auch für börsennotierte Privatfirmen bei Androhung einer Zwangsschließung eine Frauenquote von 40 Prozent in der Vorstandschaft vor. She. 30.1.08.

• Jede zweite Kommune will Gebühren erhöhen

• „Pfingsfestival der Vielfalt“: Öko-Demo in den Rheinauen für globale biologische Vielfalt

• LAG Frieden: Grüne diskutieren über „Konzept der Ein-Staaten-Lösung“ für Palästina

...und die badischen Modelleisenbahner wollen im Tibet-Konflikt vermitteln?

• Durchschnittsalter der erstgebärenden Mütter in der EU liegt bei 29,7 Jahren

• Familien finanzieren das Kindergeld selbst

Die Steuerabgaben einer mit der Zahl der Familienmitglieder steigendem Bedarf an Wohnraum, Mehrwertsteuer, Steuern aus Lebensmitteln, Energie sowie indirekten Steuern liegen höher als das bezogene Kindergeld.

• Neue Studie: Kindergarten kann Bildungsdefizite des Elternhauses ausgleichen

• Umfrage: Mehrheit wäre für „Ficken für den Weltfrieden“

• Baby-Obduktion: Auch der „Tatort“ wird immer härter

• Evangelische Kirche Thüringen verteilt Brillenputztücher gegen Rechtsextremismus

• Skurrile Diskussion in Österreich: Sind zur Fußball-EM Flaggen am Auto erlaubt?

• „Ich glaube“: Christen kritisieren Motto zum Stuttgarter Christopher Street Day

• „Sexueller Exhibitionismus“: Roms neuer Bürgermeister fordert Verbot für CSD

• Radikal-Kontrollen: US-Zöllner filzen Notebooks-Speicher auf Flughäfen

• Zoff bei den Royals: Camilla plant die Scheidung

Dienstag, 13.5.08

• Mitten im Zyklon-Desaster: Burmas Junta jubelt über „Wahlsieg“

• 10 000 Tote nach Erdbeben in China
• Al Gore sieht den Burma-Zyklon als Folge der globalen Erwärmung
• Dalai Lama in Deutschland – Merkel weg nach Südamerika
• EU-Kommissar Verheugen warnt vor „Ökodiktatur„ und wachsender Bevormundung der Bürger

Willkommen in der Realität!

• Frankreich baut neue Behörde zum Export von Atomenergie auf
• Ölmultis zockten zu Pfingsten ab
• Kinderförderungsgesetz: Das Recht auf Bildung schon ab der Geburt

Das neu verabschiedete Gesetz regelt die Betreuung von Kleinstkindern durch den Staat und unterläuft die Aufgaben der Familie.

• Erstmals seit sieben Jahren mehr Lehrstellen als Bewerber

Viele Jugendliche sind jedoch auf Grund ihrer schulischen Leistungen ungeeignet.

• Jugendsexualstrafrecht: Doch keine Strafen für küssende Kids

Der Gesetzesentwurf sah bis zu fünf Jahre Haft bei sexueller Annäherung unter Jugendlichen vor. She. 9.9.07, 11.12.07.

• Eklat auf deutsch-türkischem Kinderfest in Oberbayern: „Heldentod"-Aufführung türkischer Buben sorgt für Empörung
• Safari mit Steuergeldern: Riesiger Ansturm auf „Weltwärts"-Projekt der Bundesregierung

18-Jährige schützen Lebensräume von Giraffen, „unterstützen" vertriebene Slumbewohner und planen mit Analphabeten den Aufbau eines Tourismus-Dorfes.

• CDU-nahes Magazin „European News" wirbt für Scharia in Europa
• „Die erfreuliche Entmannung der Gesellschaft": Wiener Feministinnen feiern Ermordung der Männer in Guerilla-Theaterstück
• Rauchverbot bizarr: Hasch-Konsum in holländischen Coffeshops nur ohne Tabak erlaubt

...aber nur jeder fünfte ist dieser Methode gewachsen.

Mittwoch, 14.5.08

• Helmut Kohl heiratet seine Lebensgefährtin Maike Richter
• Mindestens 20 000 Tote in China befürchtet
• Burma droht ein neuer Zyklon

• Spekulanten treiben weltweit die Lebensmittelpreise
• München – Zwölfjähriger vergewaltigte in Tagesstätte mindestens neun Kinder
• Mysteriöses Bienensterben im Rheintal bedroht die Landwirtschaft
• Verfassungsschutz sieht in Linkspartei „offen extremistische Strukturen“
• Sexuelle Fortpflanzung war gestern: Im Gruselkabinett der Sandra Maischberger
Designerbabys, In-Vitro-Befruchtung, Fremdei, Samen aus Dänemark, Eizellen auf Eis, Leihmutter, Mütter als eigene Großmütter, Lesben als Mutter und Vater...
• Nach Mensch-Kuh-Chimäre: US-Forscher verändern erstmals gentechnisch menschlichen Embryo
She. 6.9.07, 2.4.08, 3.4.08, 5.4.08, 30.4.08.
• Berlin - Vier maskierte 16-Jährige gehen mit Äxten auf Raubtour
• Stuttgart – Verwirrte Mutter: Polizei findet verweste Kinderleiche auf dem Fußboden
• 44 Prozent der Hamburger nehmen bereits die Folgen des Klimawandels wahr
• Die tradidionelle Familie als Hindernis zur geschlechtergerechten Erwerbsteilung
• Neue Erkenntis: Dopingtests schlagen bei den meisten Asiaten nicht an
Bei 90 Prozent der Asiaten fehlt z. B. ein Enzym, das an der Ausscheidung von Testosteron beteiligt ist.
• Wiener Grüne fordern Sexualkunde schon ab dem Kindergarten und Streichung des Themas aus dem Religionsunterricht
• Frauenfußball: Offene Agression ist immer noch ein Privileg der Männer

Donnerstag, 15.5.08
• Raketen auf Israel – Olmert droht mit beispielloser Militärgewalt im Gazastreifen
• 60 Jahre Israel: Ahmahinedschad prophezeit Vernichtung
• Rotes Kreuz schätzt 128 000 Tote in Burma – Junta jubelt über ihr Referendum

• Staudämme in China drohen zu brechen
• Trier – Vater missbrauchte jahrelang acht seiner vierzehn Kinder
• 5 Tote: Österreichischer Akademiker erschlug seine ganze Familie mit der Axt
• 54 Prozent der nichtdeutschen und 11 Prozent der deutschen Kinder in Ulm brauchen bereits Sprachförderung

Was Hänschen Klein und Lisa Müller schon lange ahnten:

• Neue Studien: Brutale PC-Spiele fördern die Jugendgewalt
• Regierung plant höhere Steuern auf Wein und Bier, Warnhinweise und 0,2 Promille

She. 29.6.07, 16.4.08.

• Bund überlegt sukzessive Anhebung der Tabaksteuer und weniger Verkaufstellen
• Verfassungsschutz beziffert die Anzahl der deutschen Neonazis mit 4400
• Frankreich: Zahl der Katholiken in fünf Jahren von 63 auf 51 Prozent gesunken
• Klimawandel: Urologen warnen vor Zunahme von Nierensteinen durch höhere Temperaturen
• Klimawandel: Treibhausgase auf historischem Höchstpunkt
• Künstliche Befruchtung: Neuer Gen-Check zur Embryonen-Selektion
• Ecuador diskutiert Verfassungsrecht auf sexuelle Befriedigung von Frauen
• 1,2 Millionen Abtreibungen in der EU pro Jahr
• Genderforschung: Frontfrauen in der Rockszene
• Gender Studies: Bescheuertheit als Uni-Lehrfach

She. z. B. 25.2.07, 29.3.07, 29.7.07, 27.2.08, 27.3.08.

• Mächtige Mädelz: Mädchen-Impulstage mit Workshop „Wutraum" und Schreistation
• Britney Spears baute Auffahrunfall

Freitag, 16.5.08

• Zahl der Toten in China könnte auf über 50 000 steigen
• Burma: Junta treibt Flüchtlinge in hoffnungslos überfüllten Lagern zusammen

• China warnt: Deutschland-Besuch des Dalai Lama wird zum Spaltpilz
• Immer mehr Deutsche kehren dem Land den Rücken: Schäuble will mehr Einbürgerungen
• Jährlich 17 Millionen Krankenhauspatienten: Pflegerat warnt vor Pflegekatastrophe
• BW verbietet nach Kopftuch nun auch christliche Ordenstrachten an Schulen

Kommt der staatlich verordnete Nihilismus?

• Mehr Effizienz: Bahn-Lokführer sollen Abteile aufräumen
• Denn sie wissen nicht, was sie tun: „Panorama“ befragte Abgeordnete zur EU-Verfassung
• Erneut Babyleiche in Brandenburg gefunden
• Hamburg – Stich mit (verbotenem) Butterflymesser bei Streit um brennende Zigarette
• Hamburg – 17-jährige Afghanin vom eigenen Bruder erstochen
• Amstettener Inzest-Opfer danken in Botschaft für die Anteilnahme
• Al Kaida droht zur EM: „Wir verwandeln Österreich und die Schweiz in eine Hölle!“

Wenn's zur Religionsstiftung nicht ganz reicht:

• Auftaktevent zur „Woche der Sonne“ in Berlin
• 2007 um sechs Prozent weniger Straftaten in Deutschland
• Indien – New Delhi führt Rauchverbot am Steuer ein

1500 Slums – und die Schaumbrühe des Yamuna-Flusses ist sogar auf Satellitenbildern erkennbar.

• Toyota Prius: Bereits eine Million Hybridautos verkauft
• England erleichtert künstliche Befruchtung für Lesben

Ein neues Gesetz streicht die Notwendigkeit eines biologischen Vaters.

• Gleichstellung in Spanien: Männliche Gewalttaten dürfen härter bestraft werden als weibliche

Begründung: Männliche Gewalt sei verwerflicher.

• Gender in der Medizin: Frauen werden von Ärzten nicht so ernst genommen
• Jodie Foster trennt sich von ihrer Lesben-Freundin

Samstag, 17.5.08

• Über 40 Prozent Sozialabgaben: Die Familien werden immer abhängiger vom Staat

• Bienensterben nun auch am Bodensee

• Rauchfreie Gastronomie: Rekordumsätze und neue Arbeitsplätze bei McDonalds

• Nach den Rauchern auch die Nichtraucher: „Pro Rauchfrei" will zu den Landtagswahlen zum Boykott der CSU aufrufen

Bier, Wein und Zigaretten aus Beamtenhand?:

• Saar-Jusos wollen staatliche Abgabestellen für Tabak und Alkoholgetränke mit über 6%

• Holländer bauen mit EU-Subventionen Mega-Schweinefabriken in Deutschland

• Höchste Konzentration von Treibhausgasen seit 800 000 Jahren

• 90 Prozent der Verbraucher wollen klimaneutrale Produkte

• Kölner Professorin plant europaweites Gütesiegel für frauenfreundliche Hotels

Kriterien: Frischer Geruch, helle Flure, Ablageflächen, Rockbügel, schöner Kosmetikspiegel, Obst, Mineralwasser, große Handtücher, Haarföhne...She. 20.4.08

• Klimafreundlich: Solar-BH zum Betrieb von iPod und MP3-Player vorgestellt

• Gordon Browns Klimawahn: CO2-Emissionen steigen – Realeinkommen im Sinkflug

• Schweizer Frauen haben ein unverkrampfteres Verhältnis zum Fahrrad als Männer

• Männer als Besucher willkommen: Wien baut erste Stadt nur für Frauen

Ausschließlich mit Bauarbeiterinnen?

• Britney Spears in der Cellulite-Falle

Sonntag, 18.5.08

• Bienensterben in Baden: Imker fordern Schadensersatz wegen Spritzmittel Clothianidin

• Acht Prozent der deutschen Soldaten sind bereits Frauen

• UNO-Menschenrechtsrat wirft der Schweiz Rassismus, Gewalt und Diskriminierung vor

Kafkaesk und grotesk: Slowenien rügt Frauendiskriminierung, Frankreich, Holland und Großbritannien kritisieren die Diskriminierung von Schwulen, Lesben und Transsexuellen, Maurentaniens verschleierte Vertreterin billigt Fortschritte im „Gender-Bereich" zu, Kuba fordert mehr Entwicklungshilfe, Haiti moniert den hohen Bestand an Feuerwaffen, Indien bemängelt das Fehlen eines gesetzlichen Verbots der Sklaverei, vier andere Delegierte fordern ein Gesetz gegen Folter, islamische Staaten wie Ägypten, Katar und Marokko beklagen menschenrechtswidrige Diskriminierung ihrer Religion, Russland wundert sich über die Zulassung von Parteien mit unverhohlener rassistischer Gesinnung, Nigeria bestätigt Fremdenfeindlichkeit, Kanada weiß von exzessiver Polizeigewalt gegen Ausländer, lobt aber die „geschlechtsneutrale Sprache" in den offiziellen Papieren, Iran drückt seine grundsätzliche Befriedigung über die gesetzliche „Gleichstellung aller Menschen" aus, zeigt sich jedoch gleichzeitig besorgt über „rassistische Intoleranz" und sexuelle Ausbeutung von Migrantinnen. Deutschland, Mexiko, Algerien, Malaysia und Saudi-Arabien machen Vorschläge zur schnellstmöglichen Schaffung einer landesweiten „unabhängigen Menschenrechtsinstitution", der Schweizer Föderalismus wird grundsätzlich als mit den Menschenrechten unvereinbar in Frage gestellt...und die Schweizer Außenministerin Calmy-Rey bedankt sich abschließend für den „konstruktiven und offenen Dialog".

• Heute Tag der Homophobie: Schwule gelten seit 18 Jahren nicht mehr als krank

• LifeBall in Wien: Mit Lack und nackten Hintern gegen AIDS

• Drogen-Oma (72) bessert mit Hasch-Anbau ihre Rente auf

• Freedom House: 2000 Kinder sitzen lebenslänglich in US-Gefängnissen

• Filmfestival in Cannes: Das Comeback der Leichenberge

• Klimawandel: Neue Studie prophezeit weniger Wirbelstürme bis 2100
• Zu sexy: Moslems in Niederlanden fordern Hemden und lange Hosen für Bauarbeiter
• LoveSchool - Das erste Mal: Die Missionarsstellung und ihre Varianten
• 1,6 Promille in Österreich: Jagdhund fraß ein halbes Kilo Hefeteig
• Lindsay Lohan sucht Sponsoren zur Fete ihres 22. Geburtstags

Montag, 18.5.08
• Neuer Preis-Schock: Gas 10 Prozent rauf!
• Bemessung nach CO2: Millionen müssen mit höherer Kfz-Steuer rechnen
• Bundesarbeitsminister mit erschreckenden Zahlen: Tatsächlich müssten 26 Prozent der Menschen als arm gelten
13 Prozent leben mit weniger als 781 Euro, 13 Prozent erhalten Transferleistungen.
• Armutsbericht: Alleinerziehende trifft es besonders hart
• Nachbeben in China – Burmas Junta lässt asiatische Helfer ins Land
• Rheinland-Pfalz verbietet als erstes Bundesland Poker-Turniere – andere Länder überlegen
Kommt auch das Kartenspielverbot am Stammtisch?
• „Jeder Kuss ist schützenswert!“: 200 Lesben und Schwule beim Berliner Kussmarathon
• Sex mit Zwangsprostituierten: Regierung will bis zehn Jahre Haft für Freier
• Hamburg – Massenschlägerei mit 70 Beteiligten nach Beschneidungszeremonie
• Tod im Krankenhaus: Massenschlägerei mit 40 Personen auf Intensivstation in Iserlohn
• Wowereit will Steuerschlupflöcher stopfen – kennt aber keine
• Schweizer Regierung zeigt sich betroffen an UNO-Kritik
Die Regierung folgt der Empfehlung des Iran und will Gewalt mit rassistischem Hintergrund polizeilich vorbeugen, gleichzeitig den Kampf gegen Fremdenfeindlichkeit verstärken und die kuriose Idee einer nationalen Institution gegen Folter verwirklichen.

• Britannien legalisiert Mensch-Tier-Embryonen
• Auch Türkei führt Rauchverbot ein – Ausnahmeregelungen für Touristen
• Auswanderung 2007: 151.000 Westdeutsche und 14.000 Ostdeutsche verließen das Land

Dienstag, 20.5.08
• 40 000 Tote in China bestätigt
• Südafrikanische Slum-Bewohner jagen Flüchtlinge aus Simbabwe
• Struck sucht die Notbremse: SPD will Diätenerhöhung stoppen
• Nach Rheinland-Pfalz: Auch Hessen überlegt Pokerverbot
• Armutsbericht: Die Mitte beginnt prekär zu werden
• Die öffentliche Selbstzerfleischung der SPD: Wiecorek-Zeul trifft Dalai Lama

Kein Bundespolitiker will sich aus Rücksicht auf China mit dem Dalai Lama treffen.

• Armutsbericht und Dalai Lama – Das Erbe Schröders: Profit kommt vor Moral
• Krankenversicherung: Schmidt denkt über „mehr Steuern" nach
• Merkel schließt Koalition mit den Grünen nicht mehr aus
• 18-jähriger Pfullendorfer Vater schlägt Baby den Schädel ein
• Eisenkette von Berliner Autobahn gehängt: Haftbefehl gegen drei Männer
• Wenn's im Handy knackt: Staat hört mit

Die Zahl der abgehörten Handys stieg 2007 um neun Prozent auf 39.200.

• Al Gore erhält den Dan-David-Preis für seine Bemühungen um den Klimaschutz

Gore erhielt den mit 640 000 Dollar dotierten israelischen Preis für seinen Hinweis auf den „übermäßigen Gebrauch fossiler Brennstoffe".

• UN-Weltnaturschutzkonferenz in Bonn: „Es geht ums blanke Überleben!"
• Vatikan nennt Experimente mit Mensch-Tier-Embryonen „monströs"
• Jugendstudie: Religion erhöht die Gewaltbereitschaft

Katholische Schlägertrupps, evangelische Straßengangs?

• Londoner Brutalo-Girls prügeln Mädchen zum Todessprung aus dem Fenster
• Wie einst James Dean: Jeans werden wieder gekrempelt

Mittwoch, 21.5.08
• Burma verweigert weiter ausländische Hilfe
• Koalition beugt sich massiver Kritik: Diätenerhöhung gestoppt
• 1500 noch nicht genug: Kabinett beschließt bis zu 3000 Euro Strafen für Verkehrssünder
She. 5.5.08
• Armutsbericht schockt Deutschland – und der Politik fällt nichts ein
• 1,4 Prozent Erwerbstätige mehr: Die Konjunktur brummt
• Gläserne Patienten: Ärzte streiken gegen elektronische Gesundheitskarte
She. 8.1.07, 31.1.07, 9.2.07, 4.6.07, 2.10.07, 23.10.07.
• Strom, Sprit, Heizöl, Lebensmittel: Energiepreise werden zur sozialen Frage
• Transrapid vor Münchner Flughafen für 1 Euro verkauft
• Kommando Spezialkräfte: Frauen sollen auch letzte Bastion der Bundeswehr stürmen
• Braunschweig – Stark verweste Frauenleiche ohne Kopf und Beine in Koffer entdeckt
• Die Maria-Werdung der Eva Herman
Am Schluss des Artikels wird selbst noch Hermans Mutter im Sterbebett durch den Kakao gezogen.
• Von wegen Musterschüler: Deutschland verfehlt seine eigenen Klimaziele
• Eiszeit im „Heute-Journal“: Es wird wärmer, auch wenn es plötzlich kälter wird
• Frauenhotel in Lübeck: Selbst Jungen über zehn Jahren müssen draußen bleiben
• Europas Autoindustrie im Klimaschock: Neuwagen könnten deutlich teurer werden
• Norwegen erhebt 50 000 Euro CO2-Steuer auf Porsche Cayenne S
• EU will ab 2012 elektronischen Schleuderschutz für Autos vorschreiben

• Inzest-Vater Fritzl heult jede Nacht in seiner Zelle
• Gewalttätig und sexbesessen: Computerspiel GTV IV sprengt alle Verkaufsrekorde
• LoveSchool: Anna und Max zeigen dir ihre Lieblingsstellungen

Donnerstag (Fronleichnam), 22.5.08
• Russland erwägt Einstieg bei der Deutschen Bahn
• Ölpreis knackt erstmals die 130-Dollar-Marke
• Anschlag auf AKW in Südschweden vereitelt
• 80 000 auf dem Katholikentag in Osnabrück
• Vatikan bezeichnet embryonale Stammzellenforschung als „medienwirksame Lüge ohne wissenschaftliche Fundierung“
• EKD-Bischof Huber: Schüler kommen vor dem Christentum mit dem Islam in Berührung
Der Staat als neue Pseudo-Religion?:
• Französischer Parlamentarier will Religions-Bezugsverbot für Parteien
• Studie: Deutsche sind im europäischen Vergleich überdurchschnittlich werteorientiert
• Elke Heidenreich ist einflussreichste deutschsprachige Intellektuelle
Heidenreichs Kommentar: „Wie krank sind wir dann eigentlich?“
• Hape Kerkeling und die Folgen: Deutsche strömen auf den Jakobsweg
• Biodiversitätskonferenz: Mit neuen Milliarden zum Schutz der Artenvielfalt
• Biodiversität als Chance zu einem neuen Markt
• Die Wut der Allianz-Vertreter: Druck und wuchernde Bürokratie aus der Zentrale
• Niederlande: Nur mit „Credo“-Karte ins Krankenhaus
Seit Bekanntwerden, dass rund ein Viertel der schwerstkranken Patienten ohne deren ausdrücklichen Wunsch ins Jenseits befördert werden, wächst die Nachfrage nach der Karte mit dem eingestanzten Lebenswunsch rapide. She. 24.4.07, 21.6.07, 12.10.07, 25.11.07, 26.11.07, 30.11.07, 1.12.07, 28.3.08.

• Sexismus und Frauenfussball: Dresdner Wissenschaftlerin begibt sich auf Ursachenforschung
• US-Skispringerinnen klagen auf Anerkennung von Frauenspringen als olympische Disziplin

Freitag, 23.5.08
• Nach drei Wochen: Burma lässt ausländische Helfer ins Land
• Fremdenfeindliche Gewalt in Südafrika erreicht Kapstadt
• Kenia: Acht Frauen und drei Männer als Hexen lebendig verbrannt
• Ade deutsches Grundgesetz: Bundesrat winkt EU-Vertrag mit Zwei-Drittel-Mehrheit durch
Europas Bürger dürften sich noch wundern. She. 16.5.08.
• Mittelstandsvereinigung moniert Abzocke: Diesel ist mindestens 18,5 Cent zu teuer
• ADAC warnt: 2008 wird das teuerste Jahr aller Zeiten
• CO2-Ausstoß: Höhere Steuer vorerst gestoppt
• Holzklotzwurf aus Frust: 30-jähriger drogenabhängiger Kasache gesteht
Verdächtigt wurde eine Gruppe Jugendlicher. She. 24.3.08, 25.3.08, 27.3.08, 10.4.08
• Gewaltkriminalität junger Mädchen 2007 um 4,9 Prozent gestiegen
Die Zahl der Gewalttaten wuchs insgesamt um 1,1 Prozent.
• Minus 33 Prozent: 250 Hamburger Wirte laufen Sturm gegen das Rauchverbot
• Marburg verordnet Solardachpflicht
She. 4.2.08. Eines der Ziele ist die Beeinflussung des lokalen Wetters und der durch die Tallage verbundenen Luftbelastung bei bestimmten Wetterlagen.
• Treibt Solarstrom den Staat in die Pleite?
Nach dem bisherigen EEG müssen bis 2015 Stromkunden 120 Milliarden Euro aufbringen. She. 19.3.08, 3.5.08.
• Ampelkennzeichnung: Verbraucherschützer enttarnen Kalorienbomben
• Gegen den Klimawandel: Italien will neue Atomkraftwerke
• Dicke beschleunigen den Anstieg der Lebensmittelpreise

• Österreichs Bildungsministerin will Muttersprache von Migranten in Schulen fördern
• Nackte Frauen: Holländische Muslime erzwingen Abbruch einer Kunstausstellung
• Potenzmittel als Doping: Gerolsteiner sperrt Radprofi Moletta wegen 82 Päckchen Viagra
• 100 blaue Menschen auf Formentera: Internationale Initative warnt vor Gefahren beim Baden
• Sex mit Liebe ist intensiver

Samstag, 24.5.08
• China rechnet mit 80 000 Erdbebentoten
• Auch Amerika ächzt unter Ölpreis-Schock
• Müllkrise in Neapel: Polizei geht mit Tränengas gegen Demonstranten vor
• „Zu laut“: Allgäuer Paar bietet Baby bei Ebay zum Verkauf an
• Auch Burger-King ließ Mitarbeiter überwachen
• Schäuble will Abhörzentrale für Polizei und Geheimdienste in Köln
• Merkels Klimapaket steht offenbar komplett vor dem Aus
• Katholische und evangelische Kirchen starten gemeinsames Projekt gegen den Klimawandel
• Thüringens Grüne fordern Verbot des Braugold-Bieres 1888
18 könne als AH (Adolf Hitler) und 88 für HH (Heil Hitler) interpretiert werden.
• Homosexualtität im Fußball: Kölner Trainer Daum diffarmiert Schwule
• EU-Reformvertrag: Die sanfte Diktatur aus Brüssel
Ein Staat mit der Organisationsform des EU-Reformvertrags hätte keine Chance, in die Union aufgenommen zu werden.
• EU-Vertrag: Selbstherrlich über die Köpfe der Bürger hinweg
Eine Volksabstimmung in Frankreich und den Niederlanden vor drei Jahren fiel jämmerlich durch. Nur Irland will noch seine Bürger abstimmen lassen.
• Heimliche Exorzismen in Bayern: Immer mehr Menschen fühlen sich vom Teufel besessen
• Afghanistan, China, Kanada, Rumänien, Sibirien, Südamerika: Härteste

Winter in den letzten drei Jahren seit Menschengedenken
• Science: Kleine Eiszeit (1350 – 1880) wurde durch Schwankungen der Sonnenstrahlung verursacht
• Barack Hussein Obama: „Ich war niemals ein Muslim!"
• Hillary Clinton beklagt Diffarmierungen, weil sie eine Frau ist
• Hass, Wut & Neid: Mit dem Lamborghini vor den Bio-Markt

Sonntag, 25.5.08
• Riesiger Spitzelskandal bei der Telekom bestätigt
• E.on plant Erhöhung der Gaspreise um 25 Prozent
• Eurovision Song Contest in Belgrad: Das Fest der Peinlichkeit
Politisch korrekt:
• Fußballfans und Jugendliche prügeln sich in Belgien
Dieselbe Meldung, politisch nicht ganz so korrekt:
• Schwere Fußballkrawalle in Belgien zwischen Fans und Immigranten
• „Wir müssen Kinder schützen!": Welle der Empörung gegen Köln-Trainer Daum
• Volker Beck: „Daum rückt Schwule in die Nähe von Kinderschändern!"
• Waldzustandsbericht: Zwei Drittel der deutschen Wälder sind geschädigt – mehr als ein Viertel schwer
Was stimmt nun? She. 15.3.07, 18.3.07, 15.11.07, 27.11.07, 30.1.08, 31.1.08, 12.3.08.
• Forscher fordern leistungsstärkere Rechner zur exakteren Berechnung des Klimawandels
• Brüssel schreibt Reifendruck-Überwachungssysteme bei Neuwagen ab 2012 vor
• Wiener Studien über Gefahren der Handystrahlung waren manipuliert
• Muslime verhindern in Österreich Vortrag evangelischer Islamwissenschaftlerin
• Täglich 20 Stunden Arbeit bis zum Tod: 50 000 bis 70 000 Christen in Nordkoreas Lagern
Vor etwa einem Jahr lag die Schätzung noch bei 100 000. She. 16.7.08.
• Genderforschung hält Alphamädchen für Werkzeuge neoliberaler Kräfte

• Besorgnis über europaweiten Anstieg von Mädchengewalt

Die staatliche Egalisierung der Geschlechter trägt Früchte: She. 1.1.07.

• Amy Winehouse macht Entzug in Israel

Montag, 26.5.08

• Kommunalwahl in Schleswig-Holstein: Schwere Schlappen für CDU und SPD

• Streit um Präsidentschaftskandidatin Schwan: Union warnt vor Ende der Koalition

• Linkspartei für „emanzipatorische Familienpolitik" und staatliche Kindererziehung

• Parteitag der Linken: Buhrufe für Christa Müllers konservative Familienpolitik

• Acht Wochen alte Zwillinge in Brandenburg ausgesetzt

• Bienensterben schockt Obstbauern

• EU plant Millionen-Kürzungen für Bauern

• 3. Heiligenrother Klimagespräch: „Der Klimawahn führt in die Armut!"

• Nichtraucherschutz in NRW bedroht politische Karriere von Jürgen Rüttgers

• Verordnetes Abspecken: Schmidt und Seehofer legen Diätplan für Dicke vor

Kritiker bemängeln nicht ausreichende Strenge.

• Polizei geht zu lasch gegen brutale Radfahrer vor

• OECD-Studie: Ausbau der Krippenbetreuung hat Null-Auswirkung auf die Geburtenrate

Länder wie Dänemark, Finnland und Norwegen melden nach Wiedereinführung des Betreuungsgeldes („Herdprämie") höhere Geburtenzahlen. She. 21.3.07.

• Millionen tanzen: Brasilien feiert weltgrößte Schwulenparade

• Ein Video, das kein Sender ausstrahlen und kein Politiker kommentieren will: Electroband „Justice" zeigt tägliche Gewalt in Pariser Trabantenstädten

Kinderaugen voller Hass: Schwarze, maghrebinische

und weiße Jugendbanden gehen aufeinander los – und Erwachsene sehen vom Balkon aus zu.

• „Ich kauf mir manchmal ne Leberkässemmel“: Öko-Jahresbeichte bei utopia.de
• „1:1 Gleichberechtigung“: SPÖ-Frauen wollen mit T-Shirts Frauenfußball fördern
• Sex-Comic „Lost Girls“: Aus Porno wird Kunst
• Ganz aus dem Häuschen: Mister Schweiz trifft Paris Hilton

Dienstag, 27.5.08

• Milch-Boykott: Bauern stellen Lieferungen an Molkereien ein
• Benzinpreisschock sorgt für drastischen Konsumeinbruch
• Nach Erdbeben: China erlaubt 1200 Ehepaaren Zeugung eines zweiten Kindes
• Angst um Arbeitsplätze bei Airbus in Toulouse: Franzosen prügeln sich mit Deutschen
• Küssende Männer: Wowereit weiht Homo-Holocaust-Denkmal in Berlin ein

Lesben bemängeln das Fehlen von Frauen, obwohl es keine systematische Lesbenverfolgung gab. Trotzdem sollen sich ab 2010 auch zwei Frauen küssen.

• Wildwest im Schwabenland: 80 bis 100 Türken jagen 20 russische Spätaussiedler durch Schömberg
• Vier Prozent der Eltern gelten als mit der Kindereziehung überfordert

Diese vier Prozent dienen als Argument, Eltern grundsätzlich als erziehungsunfähig zu verdächtigen („Schnapsprämie“, Gutscheine anstatt Geld etc.). She. 2.6.07, 6.6.07, 18.6.07.

• Die späte Rache: Krippenkinder zeigen mit 12 Jahren erheblich mehr Verhaltensstörungen als Familienkinder
• Mit Gender Mainstreaming gegen die patriachalische Zwangsheterosexualität

Gender als staatlich verordnete Identitätskrise: Woran soll sich ein Mensch später orientieren, dem schon von Kleinauf eingetrichtert wird, es gebe keinen Unterschied zwischen Mann und Frau? She. 1.1.07.

• Frauen kaufen falsches Bier: Wiener Brauerei muss Werbespot absetzen
• Aufregung in der Türkei: Österreichs Bundespräsident berührt Präsidentengattin Gül
• Grillen gefährlich für Asthmatiker
• Eizelle von anonymer Spenderin mit vermischten Samen befruchtet: Amerikanische Leihmutter trägt Baby für zwei norwegische Schwule aus
• Beschädigungsgefahr: Kondome haben in der Geldbörse nichts zu suchen
• Heiratet Lindsay Lohan ihre Lesben-Freundin?

Mittwoch, 28.5.08
• Sonde „Phönix" erfolgreich auf dem Mars gelandet
• Bundesregierung verordnet Kindern gesunden Lebenswandel
• Deutscher Milchstreik: Bauern aus ganz Europa schließen sich an
• Klimapaket, Haushalt, Mindestlohn: Bombenstimmung in der Koalition
• BW-Liberale wollen Verbotswut der CDU einschränken
• Panne der Uni Magdeburg: Daten von 44 000 Studenten im Internet
• Ahmahinedschad bittet um Audienz beim Papst
• „Verzweifelt fremd im eigenen Körper": 26-jährige Hamburgerin will Namen ihres Samenspenden-Vaters erzwingen
Seit 1970 wurden in Deutschland etwa 100 000 Menschen durch anonyme Samenspende gezeugt. Über 90 Prozent erfahren nichts von ihrer Herkunft.
• Sterbetourismus: „Dignitas" verhalf 171 Menschen in den Tod – davon nur 4 Schweizern
She. 16.2.07, 17.6.07, 7.11.07, 12.11.07, 14.11.07, 1.12.07, 18.3.08.
• Nach kaltem Wonnemonat: Sahara-Sturm bringt Hitze und Dreckstaub
• In Männeruniform gezwungen: 310 000 Euro für transsexuelle britische Fallschirmjägerin
Dank Antidiskriminierungsgesetz: Jan Hamilton erhält damit eine höhere Entschädigung als Soldaten, die im Kampf Arme oder Beine verloren haben.

• Gekreuzigter Frosch: Südtiroler gehen gegen „antichristliche Kunst“ auf die Barrikaden
• Veganer protestieren: Raucher töten auch Katzen, Hunde, Vögel, Nager und Fische
• Passivrauchen fördert Infekte bei Kindern
• Niedersachse bei sado-masochistischem Sexspiel erstickt
• Deutscher „Mr. Leather“ bei autoerotischer Selbstbefriedigung ums Leben gekommen
• Cadillac CTS ist das schwulste Auto 2008
• Neuer Modetrend? Amy Winehouse trägt jetzt Windeln

Donnerstag, 29.5.08
• Telekom-Spitzelaffäre mit gigantischeren Ausmaßen als erwartet
• Zahl der Arbeitlosen sinkt weiter
• Arbeitslosenzahlen gehen nicht zurück
She. 29.3.07.
• Besetzte Häuser, brennende Autos: Linksextreme Gewaltwelle überrollt Berlin
• Spekulanten treiben Getreidepreise auf Rekordniveau
• Horb/BW – Toter Säugling von Angehörigen im Gefrierschrank gefunden
• Lübecker Mutter ertränkt achtjährigen Sohn in der Badewanne
• Kölner Richter schickt Koma-Schläger Erdinc H. (18) auf Bewährung nach Hause
Sein Opfer Waldemar W. wird lebenslang ein Krüppel bleiben.
• Aus Protest gegen 25 Euro Bußgeld: Oberbayer reitet auf Kamel ins Gefängnis
• Angst und Druck: Jede fünfte deutsche Führungskraft sucht aktiv einen Job im Ausland
• Berlins schwule beamtete Partner werden wie Verheiratete besoldet
• Erster Weltkrieg: Letzter Veteran Franz Künstler (107) gestorben
• Sarah Connors Mutter (50) bringt Zwillinge zur Welt
• Angeblich gefälschte Wiener Studie über Handystrahlung: Stuttgarter Forscher bestätigen Richtigkeit der publizierten Daten
She. 25.5.08

• Russische Wissenschaftler warnen vor elektromagnetischen Strahlen durch Mobilfunk
• Studie: Dicke sind an Hunger, Armut und Klimawandel schuld
• Medien-Analyse: Zwei von drei Zeichentrickmädchen sind zu dünn
• Klimawandel in der Arktis: Jagd auf die Verteilung der Rohstoffe
Geschätzt werden Vorkommen von 25 Prozent der Öl- und Gasreserven der Erde, aber auch große Mengen an Gold, Diamanten, Uran und Nickel. In Konkurrenz stehen Russland, USA, Kanada, Norwegen und Dänemark.
• Bayrischer Lehrer onanierte vor Schülern am Badesee
• Entnervter Vater bestätigt Lesben-Pläne von Lindsay Lohan

Freitag, 30.5.08
• G8-Staaten wollen CO2 bis 2050 halbieren – Experten fordern 80 Prozent
• Telekom: Auch Bankdaten, Aufenthaltsorte von Journalisten und Aufsichtsräten wurden ausgespäht
• Wie halbierte Geldscheine: Zweistellige Preissteigerungen in Schwellenländern
• Niederlande erlauben Selektion weiblicher Embryos mit möglichem Brustkrebs-Risiko
Das Wissen um die Gefährdung könnte später zu seelischen Belastungen führen.
• Totes Baby in sächsischer Müllsortieranlage – 17-Jährige festgenommen
• Spritpreise: Fahrradhändler melden Rekord-Umsätze
• Sittenwidrige Bezahlung: Discounter Kik verurteilt
• Pannenstatistik: Viele Fahrer sind oft nur mit der Technik ihres Autos überfordert
• CDU-Europa-Abgeordneter Elmar Brok: „Freiheit ist nicht alles!“
Die Antwort auf eine Rede des tschechischen Präsidenten Václav Klaus in Berlin, der Europas Umwandlung in ein „reguliertes System“ und in eine „Postdemokratie“ unter einer „dubiosen Doktrin des Ökologismus“ kritisierte. Klaus hielt den Vortrag noch vor der Unterzeichnung des EU-

Vertrages. Trotz weiterer prominenter Redner wurde über die Veranstaltung der Bertelsmann-Stiftung kaum berichtet. She. 19.3.07, 18.5.07, 14.6.07, 29.8.07, 9.2.08.

• ISS-Raumfähren-Toilette verstopft: Der Klempner kommt mit Space Shuttle

• 117 Suizide: Höchste Selbstmordrate von Soldaten in USA seit 20 Jahren

• Todesstrafe durch Kreuzigung für Vergewaltiger in Saudi-Arabien angeordnet

Lebt er nach drei Tagen noch, darf er weiterleben.

• Mit Pfeilen gegen Flugzeug: Unbekannter Indianerstamm in Brasilien entdeckt

• Sexualforscherin Brandenburg nennt Charlotte Roches Buch eine „wichtige Provokation"

• Homosexuelle im Fußball: Sport und Politik drücken sich um die Verantwortung

• 1200 Polizisten schützen in Bukarest CSD-Teilnehmer vor Homo-Gegnern

Samstag, 31.5.08

• Golfballgroße Hagelkörner: Tote und Verletzte nach bundesweiten Unwettern

• 2000 Maulwürfe bei der Telekom?

• Erfolgreicher Milchboykott: Edeka und Lidl wollen „faire" Milch verkaufen

• Heute Weltnichtrauchertag: Experten fordern schärfere Maßnahmen

• Statistisches Bundesamt meldet nur 1,4 Prozent Umsatzeinbußen in der Gastronomie seit dem Rauchverbot

• Münchner Glockenbachviertel: Riesige Qualmer-Gruppen werden zum Problem

• Dauerbesetzte Toiletten: Bahn führt in Bayern Raucher-Stopps ein

• Nigeria folgt der WHO: Rauchern droht Verhaftung und Eintrag als Vorstrafe

Rauchen tödlicher als Mord: Das Land verfügt über reiche Ölvorkommen, wird aber beherrscht von Korruption, Gewalt

und ethnischen Konflikten zwischen dem moslemischen Norden und dem christlich-animistischen Süden.

• Keine Papst-Audienz für Mahmud Ahmadinedschad
• Vorsicht: Tigermücke erreicht Deutschland!
• Eine Milchkuh schadet dem Klima soviel wie ein Kleinwagen
• Erderwärmung kommt ins Stocken
• Jeder zweite deutsche Jungmanager will weg
• Uni Berlin: Bildungsforscherin Ute Frevert erforscht die Bedeutung der Gefühle
• Nur Deutsche in griechischem Hotel: Brite erhält Abfindung wegen „verdorbener Ferien"
• Rom verbietet Homo-Protest während Konzert in Lateranbasilika
• Mit Alarm-Pfeiferl und Notrufnummern zur Fußball-EM: Wiener Frauenstadträtin präsentiert Sicherheitspaket für Frauen
• Wiener EM-Leitfaden für JournalistInnen: Tipps zur Berichterstattung über Gewalt an Frauen
• Nach Entzug: Enttäuschte Fans buhen Amy Winehouse aus

Monats-Rückblick Mai 2008

Trotz des Hamburger Grillverbot s wird am Elbstrand wird weiter gebrutzelt, mit über 160 000 steigt die Zahl der Auswanderer auf Rekordniveau. Die Gender-Forschung unterscheidet inzwischen 15 Geschlechter, immer mehr Jugendliche wollen ihr Geburtsgeschlecht ändern und Experten zeigen sich besorgt über eine starke Zunahme von sexuellen Identifikationsstörungen bei Kindern und Jugendlichen. Auch in München sind Grill-Sheriffs sind im Einsatz, trotz sinkender Unfallzahlen werden die Regelsätze für Bußgelder verdoppelt, das Rauchverbot und scharfe Alkohol-Kontrollen sorgen für einen Einbruch des Gastronomie-Immobilienmarkt auf dem Land, während das Statistische Bundesamt nur 1,4 Prozent Umsatzeinbußen in der Gastronomie seit Einführung des Rauchverbots sieht. In holländischen Coffeshops bleibt der Hasch-Konsum erlaubt – allerdings ohne Tabak. Deutsche Bauern fordern einen fairen Milchpreis und nach dem kältesten Mai seit 1993 bringt ein Sahara-Sturm Sand und Hitze. Fahrradhändler melden Dank der Spritpreis Rekord-Umsätze, Schäuble will der steigenden Abwanderung mehr Einbürgerungen entgegen setzen, England erleichtert künstliche Befruchtung für Lesben, Holland erlaubt die Selektion weiblicher Embryos bei möglichem Brustkrebs-Risiko, in Spanien sieht ein neues

Gesetz eine härtere Bestrafung bei männlichen Gewalttaten als weiblichen vor. Nach Rheinland-Pfalz überlegt auch Hessen ein Pokerverbot, aus Rücksicht auf China will sich kein Bundespolitiker mit dem Dalai Lama treffen, Marburg verordnet Solardachpflicht, Schäuble will eine Abhörzentrale für Polizei und Geheimdienste in Köln, Brüssel schreibt Reifendruck-Überwachungssysteme bei Neuwagen ab 2012 vor, eine OECD-Studie sieht Null-Auswirkung auf die Geburtenrate durch den Ausbau der Krippenbetreuung und China erlaubt nach dem schweren Erdbeben 1200 Ehepaaren die Zeugung eines zweiten Kindes.

JUNI 2008

Rückblick auf Juni 2007

Übergewicht – Rauchverbot – G8-Gipfel – Terrorwarnungen – Überwachung – Vogelgrippe – Klima und Atomstrom

Die Kassen plädieren für höhere Kassenbeiträge für Übergewichtige, Kinderärzte machen sich für eine Ampelkennung auf Lebensmitteln nach englischem Vorbild stark und Brüssel stellt der Lebensmittelindustrie ein Werbe-Ultimatum für Dickmacher.
Nach dem Rauchverbot folgen nun auch die ersten Verbote für Bier und Döner in Zügen.
Die Pläne zum Ausbau der Krippenplätze liegen nun bei 14,4 Milliarden Euro, von der Leyen will anstelle von Betreuungsgeld Gutscheine für Eltern, auch die FDP lehnt die „Herdprämie" als „Schnapsgeld" ab.
Brüssel will den Versandhandel mit Tabakwaren für Wasserpfeifen verbieten, Tabakprodukte sollen aus SB-Märkten und dem Einzelhandel verschwinden und Irland verbietet Schokolade-Zigaretten.
Der G8-Gipfel sorgt für die schlimmsten Krawalle seit 20 Jahren mit 1000 Verletzten in Rostock, Unions-Politiker fordern Einsatz der Anti-Terror-Einheit GSG 9, Hubschrauber zwingen einen Greenpeace-Ballon zur Landung, ein Schlauchboot wird von der Marine überfahren.
Putin droht Europa mit Atomwaffen, Ahmadinedschad mit der Vernichtung Israels, der iranische Botschafter beschwert sich bei der UNO wegen Drohungen aus Israel und die Bundesregierung plant die Einstimmung der Bevölkerung auf die Gefahr durch islamistische Terroristen.
Die SPD will nach dem Vorbild der Zigarettenautomaten Automatenspiele nur noch mit EC-Karte, Schäuble drängt auf ein Gesetz zu Online-Razzien, der Bundesrat fordert eine Ausweitung der Telekommunikations-Überwachung, die Polizei bekommt den Zugriff auf die Personendaten anderer EU-Länder, neue Lesegeräte für Kfz-Kennzeichen gleichen die Daten automatisch ab, die Speicherung der Fingerabdrücke im Pass wird beschlossen und ein Urteil erlaubt das Barfuß-Fahren mit dem Auto.
In Brasilien wird ein neuer Indianerstamm entdeckt, der Ritterschlag für Salman Rushdie empört die islamische Welt, eine Demonstration legt Kashmir lahm und auf Rushdies Kopf werden eine Million Dollar ausgesetzt.

Überraschend kommt die nur in der kalten Jahreszeit auftretende Vogelgrippe zurück und bringen die bisher geltende These von der Übertragung durch Zugvögel ins Wanken. Trotzdem wird weiterhin zu Vorsicht beim Fund toter Vögel gemahnt und die Testung der Haustiere empfohlen.
Beim Dialog der Religionen auf dem Kirchentag geraten Bischof Huber und Muslime aneinander, der Streit um den Moscheebau in Köln erhitzt die Gemüter.
Die OECD warnt vor Altersarmut in Deutschland, die Renten für Geringerverdienende liegen im Vergleich unter 30 Industrie-Ländern in Deutschland an letzter Stelle. Ein durchschnittlich verdienender Arbeiter kann eine mehrköpfige Familie nicht mehr allein ernähren.
Hitzetage sollen sich durch den Klimawandel vervierfachen, gleichzeitig werden Häufungen von Turboregen prognostiziert ebenso wie gewaltige Gewitterwolken und ein neue Klimaprognose sagt für Frankreich einen Temperaturanstieg um bis zu 8,5 Grad voraus. Mitten in die Werbekampagne für Atomstrom zur Rettung des Klimas platzt die Nachricht von den Abschaltungen der Meiler in Krümmel und Brunsbüttel.
Die Terrorgefahr steigt, die Sicherheitslage wird mit der vor den Anschlägen auf die Twin-Towers in New York 2001 verglichen. Gewarnt wird aber auch vor Asia-Pasten, deren Dichtungen in den Deckelgläsern krebserregende Weichmacher enthalten.

Meldungen Juni 2008

Sonntag, 1.6.08

• 55 Prozent der Deutschen dafür: Seehofer gibt grünes Licht für Lebensmittel-Ampel

Wie aus einer ursprünglich britischen Schnapsidee eine EU-Verordnung wird: She. 21.2.07, 27.5.07, 1.6.07, 7.6.07, 31.1.08, 16.3.08, 8.5.08, 23.5.08.

• Freiheit statt Bevormundung: Großdemo gegen Rauchverbot in München

• Jad-Waschem-Forscher empört über errichtetes Homo-Holocaust-Mahnmal in Berlin

Prof. Gutmann: Schwule waren „Opfer interner Kämpfe innerhalb der NSDAP"

• Reformvertrag: Werden Scharia-Urteile künftig auch in der EU gültig?

• Europäischer Gerichtshof: Nach über 30 schweren Straftaten von der Schweiz ausgewiesener Emrah E. darf wieder zurück und bekommt 3000 Euro Schmerzensgeld

Sein Anwalt forderte eine halbe Million: Der arbeitslose Emrah H. sei nun dermaßen traumatisiert, dass er auch in Zukunft kaum mehr arbeiten könne.

Schutz des Regenwalds: Brasilianer wehren sich gegen besserwisserische Gutmenschen aus den Industrieländern

• Fußball-EM: Fahnen am Auto erhöhen den Spritverbrauch

• Studie bemängelt zu wenig Mädchen-Power im Kinderfernsehen

• Trotz Rekord-Verkaufszahlen von Kondomen: HIV-Neudiagnosen um vier Prozent gestiegen

Auch mit Kondomen liegt die Ansteckungsgefahr bei etwa 22 Prozent bei Sex mit AIDS-infizierten Partnern. She. 3.10.07.

• Gegner tot – Umwelt geschont: Deutsche Forscher entwickeln ökologische Bombe

• 8 Stunden, 40 Minuten: Neuer Weltrekord beim Masturbationswettbewerb in San Francisco

• DFB untersützt schwul-lesbischen Fanclub-Wagen auf CSD in Köln

Montag, 2.6.08

• Image-Studie: Deutschland ist innovativster Standort Europas

• Trotz 20 000 Windmühlen und Solarstrom: Deutschland ist größter CO2-Emmitent aller 27 EU-Länder

• Telekom-Skandal: Schäuble nimmt Manager ins Gebet

• Milchstreik: Bauern und Molkereien beginnen Verhandlungen

• Teurer Sprit macht neue Autos billig

• Alice Schwarzer hat Verständnis für Burmas Diktatoren und kritisiert westliche Helfer

• Fahren bis zum Kotzen: Protestsaufen in Londoner U-Bahn gegen Alkoholverbot

• Weltweite Ernährungskrise: Stiftung Weltbevölkerung fordert mehr Verhütungsmittel

• Solar-Subventionen: RWI-Experte warnt vor Kosten-Tsunami für effektlose Förderungen

She. 19.3.08, 30.3.08, 3.5.08, 24.5.08.

• Klimawandel: Versicherer warnen vor gewaltigen Kosten für die Immobilienbranche

• Berliner Grüne reichen Verfassungsbeschwerde gegen Sprachtests für Immigranten ein

Viele Familien müssen geplante Hochzeiten absagen, da Braut oder Bräutigam den Deutschtest in der Türkei nicht bestanden haben.

• Brandlöcher im Gras: Einweggrills bereiten Probleme

• Wütende Russen sprengen illegale Homo-Parade in Moskau

• 2007 täglich 3200 Abtreibungen in Europa: Französisches Institut für Familienpolitik sieht europäische Geburtenraten im Fall ins Bodenlose

1, 17 Millionenentsprechen etwa den Bevölkerungszahlen von Zypern oder Slowenien.

• Mohammed mit Varianten häufigster Name in Mailand

In London auf Platz 2. She. 8.6.07.

• Immer mehr Branchen im Abwärtssog: Spaniens Wirtschaft bricht zusammen

She. 14.4.08

• Österreichs Grüne wollen Steuer-Halbierung für Frauen

Dienstag, 3.6.08

• UN-Klimagespräche in Bonn: 2400 Teilnehmer beraten über Nachfolge des Kyoto-Protokolls

• Hungerkrise: UN fordern in Rom Notfallplan

• Irans Außenminister fordert Muslime weltweit zur „Auslöschung" Israels auf

• Telekom-Spitzel-Affäre weitet sich aus: Auch die Bahn beschäftigte externe Spitzel

• Koalition einigt sich auf Pflicht für „intelligente" Stromzähler ab 2010

• Jung-Feministinnen fordern von Merkel mehr Schutz vor Diskriminierung in der EU

• UN-Artenschutzkonferenz: Merkel verspricht zusätzliche halbe Milliarde für den Regenwald

• Schwere Unwetter im Südwesten: Drei Frauen ertrunken

• EU bescheinigt deutschen Badeseen gute Qualität

• Bauernstreik: Den ersten Molkereien geht die Milch aus
• Kleine Wohnungen werden bundesweit knapp
• Ende eines Ehe-Martyriums: Frührentner Hasan T. (31) erschlägt seine Frau (24) mit Krücken
• Grüner EU-Abgeordneter fordert monatlich autofreien Sonntag als Gesetz
• Linkspartei gibt die Themen vor – und die anderen hecheln hinterher
• 1,179 Billionen Dollar: Rüstungskosten weltweit auf neuer Rekordhöhe

Das entspricht einem Anstieg um über 20 Prozent: 2007 lagen sie noch bei 975 Milliarden Dollar. She. 25.1.07.

• Schlechte Resultate von Frauen beim Medizin-Aufnahmetest in Österreich: Grüne sehen Diskriminierung und fordern Abschaffung
• Gender-Forschung: Höhere Gleichberechtigung macht Mädchen Jungen überlegen

Höhere Gleichberechtigung?

• Alice Schwarzer ekelt ihre Nachfolgerin bei „Emma“ raus
• TAZ-Chefin über Schwarzer: „frauenverachtend, bösartig und gemein“

Mittwoch, 4.6.08

• SPD nur noch bei 20 Prozent
• Deutschland geht die Milch aus
• Verschärfte Einreiseregeln in USA: Online-Registrierung erschwert Geschäftsreisen
• Erneuerbare-Energien-Gesetz: Öko-Strom kostet den Verbraucher wohl 40 Milliarden
• Mathe-Professor schlägt Alarm: Hamburgs Abiturienten zu doof zum Ingenieur
• Abi-Chaos in NRW: Aufgaben, für die es keine Lösung gibt
• Drei Nachwuchspolitiker der Grünen urinieren auf Deutschland-Flagge
• München - Circa 70-Jähriger schubst 13-jährige Schülerin gegen fahrende U-Bahn
• Kältester Mai seit 1993

Der proklamierte zweittrockenste, drittwärmste und drittsonnigste Mai fiel aus.

• Kinder von Vätern über 45 haben ein höheres Sterblichkeitsrisiko
• Tägliches Marihuana-Rauchen lässt das Gehirn schrumpfen
• Sturmprognosen: Forscher warnen vor turbulenter Hurrican-Saison
• Wegen öffentlichem Protest gegen Schächten: Brigitte Bardot wegen Aufruf zum Rassenhass zu 15 000 Euro verurteilt
• Nichtraucher-Initiative sammelt 2000 Unterschriften gegen Qualmclubs in ganz Bayern
• Jugendliche im Job: Geringer Qualifizierte mit null Chancen
• Fünf Todesfälle: Schlankmacherpille von Saonfi-Aventis unter Verdacht
• Ohne Kreuz zur EM: Schweizer Fußballer spielen ohne Nationalsymbol

Angeblich wegen Verwechslungsgefahr mit Polen.

• US-Armee-Forschungszentrum: Sonne hat größten Einfluss auf den Klimawandel
• Marianne & Michael: Bushido soll zum Psychiater

Donnerstag, 5.6.08

• Europaweiter Atom-Alarm: Kühlwasser-Leck in slowenischem Akw
• Obama erklärt sich zum Sieger – Hillary will Niederlage eingestehen
• Wanzen, Kameras, Spähprogramme, Rasterfahndung: BKA soll mehr Befugnisse erhalten
• Telekom wollte auch Staatsbehörde überwachen lassen
• Mieten in Großstädten gehen um bis zu 20 Prozent nach oben
• Babyleiche in Plastiktüte in Zeitz gefunden
• Kriminalität in S-Bahnen und Bahnhöfen mit deutlicher Zunahme
• Bundesverfassungsgericht: Kein Verheiratetenzuschlag für beamtete Homo-Paare
• „Es gibt auch linken und islamistischen Extremismus“: Katholische Kirche verweigert Kurt Becks „Erklärung gegen Rechtsextremismus“ wegen Einseitigkeit die Unterschrift
• Duz-Verbot für Sportjournalisten: WDR verabschiedet Leitlinie
• Polnische Zeitungen hetzen gegen deutsche National-Elf

• 2800 Verdächtige: 12 Millionen Klicks aus 170 Ländern auf Kinderpornoseite in 76 Stunden
• Hunderte Liebesbriefe für Inzesttäter Josef Fritzl in den Knast
• Iran: Stadt Qom zeigt Holocaust-Karikaturen
...und kein einziges westliches Land protestiert.
• China verbietet religiöse Slogans während der Olympischen Spiele
• „Die Kinder reden": Österreichische Bäuerin hängt Baumistallation „Muschis on Tour" ab
Botschaft der Künstlerin: „Liebe deine Muschi wie dich selbst!"
• Ägypten: Angriffe auf koptische Christen eskalieren
• Trister Tod: Berliner Malerin bringt Farbe auf graue Urnen
• Paris Hilton mit Wampe oder mit Mama-Bauch?

Freitag, 6.6.08
• Volksparteien in der Krise: Auch Union nur noch bei 34 Prozent
• Mehr Öko-Strom: Bundestag beschließt erstes Klimapaket
• Stromkunden müssen 2010 zwei Milliarden mehr bezahlen als 2007
• Warnstreik wegen Altersteilzeit bei Daimler: 10 000 Arbeiter legen die Arbeit nieder
• Milchbauern liefern wieder
• Ölmultis versprechen billigeres Benzin
• München: Schubsender U-Bahn-Renter gefasst
• Dresdener Bauarbeiter findet Behälter mit Babyleiche
• Die volle Milde des Gesetzes: Nach Bewährung für Kölner Koma-Schläger auch Bewährung für Kiez-Schlitzer
She. 29.5.08. Vier türkische Jugendliche verletzten zwei deutsche Jugendliche lebensgefährlich mit abgeschlagenen Bierflaschen und Messern. Eines der Opfer bleibt lebenslang entstellt.
• Dänische Journalistin entlarvt Kopenhagener Polizeichef als Pädophilen
• Brasiliens Gesundheitsminister kündigt kostenlose Geschlechtsumwandlungen an
• Gericht kippt politische Entscheidung: Wieder Kopftuchverbot an türkischen Universitäten

• Microsoft-Chef Ballmer: „In zehn Jahren gibt es keine Zeitungen mehr“

Auch die Spanier lernen nie aus:

• Muslim-Forum: Spanisches „Ole“ stammt von „Allah“ ab
• Studie: Ford-Fahrer lieben Hip-Hop, BMW-Fahrer Heavy Metal
• Paris Hilton dementiert Schwangerschaft

Samstag, 7.6.08

• Wird die EM ein Sommermärchen wie die WM 2006?
• Schäuble sieht hohe Terrorgefahr bei der EM
• Koalitionspoker in Hessen wieder voll entbrannt
• Gabriel sieht Deutschland beim Klimaschutz an der Weltspitze
• Leck in AKW Phillipsburg
• Siemens-Korruptionsskandal: Die Chefsekretärin packt aus
• Vor Preisanstieg: Deutsche kaufen die Milchregale leer
• Jobwunder Klimaschutz: Bald 500 000 neue Arbeitsplätze?
• Zeichen „gegen Misshandlung von Homosexuellen in Berlin“: Wowereit lässt die Regenbogenfahne an allen Rathäusern hissen
• Kopftuch-Krise in der Türkei: Erdogan kommt nicht zum EM-Eröffnungsspiel
• EU droht Debakel: Irland macht gegen Reformvertrag mobil
• Seit Januar: 2000 Raketen und Granaten aus Gaza auf Sderot
• Internationale Energieagentur berechnet 45 Billionen Dollar für den Klima-Kampf

Um den CO2-Ausstoß bis 2050 zu halbieren, sollen <u>jährlich</u> 55 mit fossilen Stoffen betriebene Großkraftwerke, 32 Atomkraftwerke, 17 500 Windanlagen errichtet und 215 Millionen Quadratmeter Solarpanels installiert werden. Gebäude-Emissionen sollen auf annähernd Null herutergefahren und etwa eine Milliarde Autos elektrisch oder mit Wasserstoff betrieben werden.

• Niederländischer Geologe: „Deiche bauen anstatt CO2 reduzieren!“
• Österreichs Bischöfe reden Klartext: „Alle Gesellschaften, die den Schutz der Ehe zugunsten aller möglichen Formen des Zusammenlebens ermöglichten, bezahlten dies mit ihrem Untergang!“

• Nach Brasilien auch Kuba: Staat übernimmt Kosten für Geschlechtsumwandlungen
• Schulwettbewerb: Tolle Preise für ein tolles Klima

Sonntag, 8.6.08
• Ölpreis auf 139 Dollar
• Neuer Schock: Nach 25 Prozent plus Gas ab Herbst nochmals 40 Prozent teurer
• Gesundheitsystem: 20 000 demonstrieren im Olympiastadion für ihre Hausärzte
• Nach 0:2-Niederlage gegen Portugal: 200 Türken randalieren in Frankfurt
• Rechtsextreme Websites erreichen Höchststand
• Weiter mit einer Fehlentwicklung: Teurer Solarstrom treibt den Strompreis nach oben
• Emnid-Umfrage zur Fußball-EM: 63 Prozent der Deutschen im nationalen Fieber
• Polizei: Fußballfans finden Grenzkontrollen zur EM gut
• Zwei Drittel der Polen sind homophob: Warschauer CSD wieder unter Polizeischutz
• Pro Obama: US-Homogruppen rufen zum Kampf gegen McCain auf
• „Ich habe diese Welt satt!“: 25-jähriger Amokläufer ersticht in japanischem Computerspiel-Zentrum sieben Menschen
• Mädchen werden immer früher schwanger: 6590 Abtreibungen bei Minderjährigen
• „Geschlechtssensible Pädagogik“ in Wien: Buben in Prinzessinenkleidern und mit lackierten Fingernägeln im Gender-Kindergarten
Gleichzeitig werden die Mädchen aufgefordert, sich möglichst rüpelhaft gegen die Jungen durchzusetzen. She. 1.1.07.
• Forscher machen sich Sorgen um 10 000 gefechtsbereite Atomsprengköpfe
• „Sausage of shit, hanging out of the ass“: Charlotte Roches Mega-Seller wird übersetzt
• Roche wird getoppt: In „2 Girls 1 Cup“ verdauen auf „YouTube“ zwei Frauen ihre Verdauungsprodukte nochmals zu Klaviermusik

Montag, 9.6.08

• Union will Atomausstieg rückgängig machen

• Kommt doch Kohlekraft? Explodierende Gaspreise stellen Hamburger Gaskraftwerk in Frage

• Gabriel fordert Energie-Sozialtarif für Arme

• Deutsche Frauen verdienen 22 Prozent weniger als Männer

Betroffen sind vor allem Frauen in Teilzeitarbeit.

• Spiel Deutschland - Polen: 150 deutsche Risikofans in Klagenfurt festgenommen

• SPD fordert für Schulabbrecher Anrecht auf Erwerb eines Schulabschlusses

...der von der Bundesagentur für Arbeit gefördert werden soll.

• Kommulanwahlen in Sachsen: NPD in allen Kreistagen

• Landtagswahl in Tirol: Dinkhausers Kleinpartei lehrt Schwarz-Rot das Fürchten

• Auch Lufthansa ließ Journalisten ausspionieren

• Bayerns Grüne wollen mehrheitlich Kruzifixe aus Klassenzimmern verbannen

• Lidl will 1000 neue Märkte in Deutschland

• Nicht mehr als Jungfrau in die Ehe: Französisches Gericht annuliert muslimische Ehe

• Neue Eiszeit in USA: 20 Prozent der Demokraten gegen Klimagesetz

• FPÖ-Politiker spricht von „Genderwahnsinn“: Drei Ordnungsrufe im Parlament

• Für einen langen Winter: US-Antarktik-Station erhält 16 488 Kondome für 125 Leute

• Drama in Großbritannien: Baby überlebt seine Abtreibung

Dienstag, 10.6.08

• Streit um Atomprogramm: Bush droht Iran mit Militärschlag

• Drohende feindliche Übernahme durch Microsoft: Yahoo startet Hilferuf an Aktionäre

• EU verbietet mehr als 48 Stunden pro Woche

• 26 Millionen fieberten mit bei Deutschland gegen Polen – Meinungsforscher: „Nach all dem Politfrust will das Volk ein Zusammengehörigkeitsgefühl“

She. 18.5.07

• Grenzwerte für neue Autos: Merkel und Sarkozy legen CO2-Streit bei
• Grüne kritisieren Merkel als Büttel der Autoindustrie
• Grünen-Forderung nach Kruzifix-Verbot schlägt in Bayern hohe Wellen
• NPD flächendeckend in sächsischen Kreistagen: Demokratische Parteien sind geschockt

Auf die Perspektive kommt es an:

• Frauenlöhne liegen in Deutschland am unteren Ende in der EU
• Lohngerechtigkeit: Deutsche Gehälter für Frauen gehören in der EU zur Spitze
• NPD in Sachsen: „Es gibt ein Grummeln gegen die da oben"
• Telekom will 11 000 Telefonzellen abbauen
• EM, Stadtgeburtstag, Tollfest, Filmfest: München im Partystress
• Türkei beschlagnahmt Karl May „Durchs wilde Kurdistan"
• Mitte Juni 1983 stellte Motorola das erste Handy vor – heute sind 3,5 Milliarden im Netz
• Drohende Demenz: Raucher haben ein schlechteres Gedächtnis
• Gefährliches Nervengift Permethrin in Wollteppichen
• Fußball und Prostitution: Wer weiß, wie Testosteron-gesteuerte Hirne ticken?

Die WM 2006 hat es gezeigt: Feiernde Fans und leere Bordelle.

• Charlotte Roche auf Platz 25 der 100 wichtigsten deutschen Denkerinnen
• Intimrasur für Mädchen und Jungs: Wir zeigen euch genau, wie's geht
• Krise in Lindsay Lohans Lesben-Liebe

Mittwoch, 11.6.08

• Mindestens zehn Tote bei Jahrhunderflut in USA
• Köhler warnt vor Verklärung der DDR
• Mittelständische Wirtschaft: Energiekosten übersteigen die Personalkosten
• Autoreparaturen werden teurer: Bis zu 40 000 Jobs stehen auf der Kippe
• Einbürgerung: Mit 17 Fragen zum deutschen Pass

• Jedes dritte SPD-Mitglied erwägt den Austritt
• Der blechende Patient: 3100 weitere Medikamente werden zuzahlungspflichtig
• Neuer Check für Dreijährige soll psychische Probleme und Misshandlungen aufdecken
• Verzehrstudie II: Deutsche Männer essen zuviel Fleisch
• Schweizer stellen Bauantrag für neues AKW
Der Trend ist international: Auch Italien, Frankreich, England, Finnland, USA, China und Brasilien wollen neue Atommeiler. Die Weichen wurden bereits im letzten Jahr gestellt: She. 12.1.07, 15.1., 19.1., 20.1., 1.2., 5.2., 6.2., 11.2., 23.2., 1.3., 7.3., 12.3., 16.4., 19.4., 27.4., 5.5., 22.5., 26.5., 8.6., 21.6., 29.6., 4.7., 8.7., 23.7., 5.9., 22.11., 24.11.07 -- 9.1.08., 12.1., 29.2., 1.3., 4.3., 23.3., 13.5., 23.5., 9.6.08
• Ukrainisches Atomkraftwerk nach Zwischenfall abgeschaltet
• Flucht vor EU-Klimaschutz: Polen plant Kohlekraftwerk in der Ukraine
• Nach zwei Toren für Deutschland: Polen wollen Podolski ausbürgern
• Holocaust-Überlebende danken dem Papst für ihre Rettung durch Pius XII.
She. 29.5.07
• Brasiliens Präsident Lula nennt Widerstand gegen Homo-Gleichstellung „perverse Krankheit“
• Kaum Sonnenflecken und Stürme: Schlappe Sonne macht Forscher ratlos
Die letzte derartige Inaktivität lag zwischen 1650 und 1700 während der „Kleinen Eiszeit“. She. 30.4.07, 20.5., 12.6., 11.7., 6.12.07 -- 10.1.08, 25.1., 13.3., 21.4., 5.5., 8.5., 24.5.08
• Udo Walz erklärt Schweinsteigers EM-Frisur

Donnerstag, 12.6.08
• Bildungsbericht: Hauptschüler sind die Verlierer
• Merkel ruft Deutschland zur „Bildungsrepublik“ aus
• Die letzte Instanz für Raucher: Wirte klagen in Karlsruhe
• Schäuble gibt nach: Fingerabdruck im Personalausweis nur freiwillig

• Kruzifix-Streit: Grüne relativieren Parteitagsbeschluss nach massiver Kritik
• Bush warnt auf Abschiedsbesuch die EU vor überzogener Klimapolitik
• Offener Brief von Hiltrud Schröter: Islamwissenschaftlerin kritisiert Unwissenheit deutscher Führungskreise und mangelnde Unterstützung gegen die Islamisierung
• Geldstrafen drohen: Wespennester dürfen nicht entfernt werden
• CO2-Exodus: VÖEST Alpine erwägt Bau eines neuen Stahlwerkes in Rumänien
• Jetzt geklärt: Napoleon starb an Brechmittel
...das möglicherweise Magenkrebs verursachte. She. 15.1.07
• Österreichs Frauenministerin Bures diskutiert mit Schiedsrichterinnen: „Pfeifen Frauen anders?
• Norwegische Homosexuelle gleichgestellt: Ehe statt Partnerschaft
• Zu Zaubertränken verarbeitet: 19 Albinos in Tansania umgebracht
• Wien – Trotz hochkarätiger Bewerbungen: Kulturministerin Schmied beruft Elfenbeinexpertin zur Leiterin des Kunsthistorischen Museums
• Blonde Haare kaschieren Falten
• Schule und Gender: Mädchen reduzieren die männerbündlischere Dominanz
• Boris Becker fordert Stöhnverbot für Tennisspielerinnen

Freitag, 13.6.08
• Irland hat abgestimmt: EU-Bürokraten bangen um ihre Jobs
• 1:2-Kroatastrophe: Beckenbauer ist fassungslos
• Trotz Niederlage gegen Kroatien: Das Sommermärchen geht weiter
• Österreichs Nationalelf: Gefährliche Deppen
• Bildungsbericht sieht starke Frauen
• Von der Leyen sieht „leise Revolution“: Immer mehr Männer in der Babypause
• BRD-Bilanz 1. Quartal 2008: 164 000 Geburten auf 230 000 Sterbefälle
• Auch Edeka filmte: Verkäufer trinkt unverkäuflichen Saft aus Bruchflasche – Kündigung
• Düsseldorf: 12-Jährige bekam Baby in Zwangsehe

• Berlin - „Wollte nur angeben“: 13-jähriger Orkun B. schubste 14-jährigen Tobias H. vor Zug
• 70 Prozent der deutschen Arbeitnehmer würden gerne ihre Stelle wechseln
• Yahoo will mit Google kooperieren
• China baut jährlich 5000 Kilometer Autobahn
• Eier und Steine: Rechtsextremisten greifen CSD-Parade in Athen an
• Nordirlands First Lady nennt Homosexualität „Abscheulichkeit“: Polizei ermittelt wegen Aufstachelung zum Hass

Das Gleichstellungsgesetz europaweit als Waffe gegen Nicht-Angepasste: Jede vom Mainstream abweichende Meinung kann damit gesetzlich geahndet werden.

• Soziologe Müller-Benedict plädiert für Schwächung des elterlichen Einflusses auf Kinder

Abschaffung der Individualität: Unter staatlicher Aufsicht von der Krippe bis zur Ganztagesschule soll mehr Bildung zwangsweise gefördert werden.

• Botanik-Sensation: 2000 Jahre alter Same einer Dattel ausgekeimt
• Neue CD: Carla Bruni besingt ihre 30 Liebhaber

Samstag, 14.6.08

• Entsetzen in Brüssel: 53,4 Prozent votierten in Irland gegen den EU-Vertrag
• Irland: Tiefes Misstrauen gegenüber der EU lässt für „Nein“ stimmen
• Irland-Pleite: EU-Staaten suchen nach Plan C

Berlin, Paris, London und Madrid plädieren dafür, das auf demokratischem Wege zustande gekommene Votum zu ignorieren und/oder nach Druck auf Irland nochmals neu wählen zu lassen.

• Schweres Erdbeben in Japan: Atomkraftwerk beschädigt – Radioaktives Wasser ausgetreten
• Die Österreicher eröffnen den Psycho-Krieg
• Was Sie wissen sollten: Warum Ösis oft Dösis sind
• Haben katholisch geprägte Länder die besseren Fußballer?
• Post will sich bis 2011 von allen Filialen trennen
• Über 50 Prozent Single-Haushalte in Berlin

• Kruzifixstreit: Bischof Mixa bezeichnet Grüne als „Gefahr für den religiösen Frieden"
• Grüne: „Wir wollen Gleichbehandlung aller Religionen"
• Von der Leyen: „Mehr Mädchen in die Chef-Etagen!"
• Türkische Religionsbehörde: Kein Parfüm für Frauen
• Gefährliche Matratzen-Mikroben im Kinderbett
• Neue Studie: Frauen denken pro Minute einmal an Shopping
• Rimming für Anfänger: Arschlecken muss nicht unhygienisch sein

Sonntag, 15.6.08
• Koalition: Riesenstreit um Altersteilzeit
• Steinmeier empfiehlt Irland Austritt aus der EU
• Irland soll isoliert werden: EU will Vertrag in den restlichen 26 Ländern durchpeitschen
• Drei Millionen Iren entscheiden über die Zukunft von 495 Millionen Europäern
Oder andersrum: Von den 495 Millionen wurde sonst erst gar keiner gefragt.
• Geheimpapiere der britischen Regierung in Londoner Zug gefunden
• USA: Mittlerer Westen unter Wasser
• Schwere Unwetter: Land unter in China?
• Aus Schande über lediges Kind: Italienerin 18 Jahre von Familie eingesperrt
• Nach Abi-Chaos in NRW: Schulministerin Sommer verteidigt Zentralabitur
• Worauf Mieter achten sollen: Lärm ist auch während der EM tabu
• Austria-Trainer Josef Hickersberger stammt aus demselben Ort wie Inzest-Vater Josef Fritzl
• Österreich schlägt Deutschland – beim Mähwettbewerb am Chiemsee
• Frauen-Fußball: Österreichs Frauenministerin Bures fordert mehr Unterstützung
So wird wenigstens die Statistik besser:
• „Alarmierende Abtreibungszahlen": Bures will rezeptfreie „Pille danach"

• Mister Schweiz wehrt sich gegen Wadenmassagen-Bild: „Ich bin nicht schwul!“
• Wie eine Vogelscheuche: Amy Winehouse mit neuer Frisur

Montag, 16.6.08
• Heute verputzen wir euch : Auf Wienersehen, ihr Ösi-Würstchen!
• Österreich : Deutschland: Wer wird heute narrisch?
• Fußball und Gender: Fußball ist Frauensport
• Nach dem Irland-Schock: EU bangt nun vor Tschechien
• Irland soll für Neuwahlen weich geklopft werden

Nach Ablehnung des Vertrags von Nizza (2000) bekam Irland Neutralität, Steuerhoheit und Abtreibungsverbot zugestanden.

• Schäuble kritisiert Brüssel als bürgerfern

Tatsächlich wissen selbst Politiker nicht, dass sie mit dem Vertrag von Lissabon die teilweise Abschaffung des Grundgesetzes akzeptieren.

• Nach Irland-Debakel: Politiker entdecken die „Grenzen der Bürgerrechte“
• Eine Million Euro: Komasaufen wird für Krankenkassen zum Problem
• Berliner SPD will kostenloses Mittagessen an allen Kitas und Schulen
• Zentralrat der Muslime begrüßt Einbürgerungstest
• Polizeipräsident warnt Porschefahrer vor Parken in Berlin-Kreuzberg
• Schwule Priester lassen sich kirchlich trauen: Church of England in der nächsten Krise
• Fred Singer: „Die Natur, nicht menschliche Aktivität, bestimmt das Klima!“

Singer berechnete 1971 den anthropogenen Beitrag zum Methangehalt in der Atmosphäre. Er stellte die Theorie auf, dass Methan, wenn es die Stratosphäre erreicht, sich in Kohlendioxid und Wasserdampf umwandelt und dadurch das Ozon in der Stratosphäre Ozon reduzieren könnte. Ein paar Jahre später stellte die Forschung ein Ansteigen des Methangehalts fest und 1995 wurde auch die Zunahme des Wasserdampfs in der Stratosphäre bestätigt. Singers neuer

NIPCC-Bericht kommt zum Schluss, dass anthropogene „Treibhausgase“ für das Klima ohne nennenswerte Auswirkungen sind. Weitere Infos zu Singer unter www.sepp.org

• Versinkende Inseln: Neben Tuvalu droht nun auch Kiribati der Untergang

She.4.2.07, 5.2.07, 7.2.07, 30.3.07, 8.7.07, 19.9.07, 23.10.07, 4.12.07

• Azorfarbstoffe: In Tierfutter verboten, in Konserven und Limonaden erlaubt

• Heidi Klums Model Gina-Lisa sucht den Super-Lover

Dienstag, 17.6.08

• 1 : 0 für Deutschland: Der GAU ist abgewendet

• Deutschland siegt über Österreich: Kanzlerin Merkel zeigt sich erleichtert

• Hupkonzerte, Feuerwerkskörper, Schlägereien: München feiert DFB-Elf

• Bundestag sagt ja zum Verbot von Killerspielen für Jugendliche
She. 9.5.07

• Irlands „Nein“: Eine Chance für Europa, neu nachzudenken

• „Alle Staatsgewalt geht vom Volke aus“: Nur Irland machte von seinem Grundrecht Gebrauch

• Europarat fordert barrierefreien Zugang zu Schwangerschafts-Abbrüchen

• „Homosexualität ist eine Kultur des Todes“: Grüne fordern Rücktritt von FPÖ-Abgeordneten Klement

• Seit Inkrafttreten des Kyoto-Protokolls am 16.2.2005 kostete dies bis heute etwa 500.300.000.000 US-Dollar, um bis 2050 eine Verminderung des Temperaturanstiegs um 0,005188579 Grad Celsius zu erreichen.

She. 1.4.07, 31.8.07, 17.10.07, 18.2.08, 17.4.08 .Man beachte die Temperatur-Änderung im Milliardstel-Bereich, die in einem weltweiten Maßstab gar nicht messbar ist.

• Handy-Verbot für Kinder?: Internationale Forscher veröffentlichen dramatischen Appell

• Neuseeland verbietet herkömmliche Glühbirnen

• Schwere Unwetter in China – bereits 169 Tote
• 1,5 Promille in Italien: Staat konfisziert Autos und lässt sie versteigern
• Italien: 3000 Soldaten sollen Polizei gegen Mikro-Kriminalität unterstützen
• Wut über teure Lebensmittel: Saudi nennt seine Tochter „Preissteigerung"
• Eisbär treibt auf Eisscholle von Grönland nach Island
• Amy Winehouse nach Ohnmachtsanfall im Krankenhaus

Mittwoch, 18.6.08
• Österreich weint und Deutschland bangt um Podolskis Wade
• Neues Klimapaket bürdet Bürgern weitere Kosten auf
• Horst Köhler fordert Steuersenkungen
• Gabriel lobt das Klimaschutzpaket „als das weltweit größte"
• Gabriel stellt neue Studie vor: Handystrahlung ist für Erwachsene ungefährlich
Inzwischen exisitieren etwa 40 000 Studien. Diese wurden weitgehend vom Bund und den Mobilfunkbetreibern gemeinsam finanziert.
• Neue Handy-Studie lässt viele Fragen offen
• Merkel nennt irisches „Nein" „eine Niederlage für die Demokratie"
• Umfrage in England: 54 Prozent würden den EU-Vertrag ablehnen
• Nach Australien und Neuseeland: EU will Glühlampenverbot ab 2009
• EU verhandelt mit Türkei über Beitritt
• Immer noch viel zu wenig Mädchen wollen Ingenieurinnen werden
• USA in Partystimmung: Erstes lesbisches Paar lässt sich in Kalifornien trauen
• Britische Armee und Luftwaffe marschiert erstmals beim Londoner CSD mit
• Schön, klug und erfolgreich: Warum so viele tolle Frauen keinen Mann finden
Fazit: Die kontinuierliche Selbstüberhöhung der Frau durch Frauen führt zu Narzissmus und dem Glauben, nur von schwachen und dummen Männern umgeben zu sein.

• Vatikan verweigert Dreharbeiten zu Dan Browns „Illuminati“ in Kirchen
• Auf der Eisscholle von Grönland in den Tod: Isländer erschießen Eisbären
• Hirnforschung: Gehirne von Schwulen und Frauen ähneln sich
• Britney Spears wollte sich schon zweimal umbringen

Donnerstag, 19.6.08
• UEFA bestätigt: Jogi Löw muss gegen Portugal auf die Tribüne
• Monsun überflutet Indien
• Grüne finden das Klimapaket zu lasch
• Energiepreise: Politiker loben Glühbirnenverbot als Entlastung der Verbraucher
• Sommerferien: Experten rechnen mit Benzinpreis von über 1,60 Euro
• Energiekrise in USA: McCain will 100 neue Atomkraftwerke und Obama Öko-Strom
• Schweden mit strengstem Tierschutzgesetz: Hunde müssen alle sechs Stunden Gassi geführt und Katzen gekrault werden
• Verheugen: EU-Krise darf Türkei-Beitritt nicht stoppen
• Merkel warnt vor einem Europa der „zwei Geschwindigkeiten“
• Trotz Rekord-Ölpreis: Iran vor dem ökonomischen Kollaps
Raffinierter Treibstoff muss importiert werden, 30 Prozent Arbeitslose, enorme Außenhandelsdefizite, riesige Kapitalabflüsse und Hyperinflation.
• China vor den Spielen: Dieses Gefühl, dauernd überwacht zu werden
• Norma McCorvey: „Abtreibung auf Wunsch war mein größter Fehler“
Norma McCorvey setzte 1973 unter dem Decknamen „Jane Roe“ die straffreie Abtreibung auf Wunsch durch. US-Lebensrechtler schätzen die Zahl der Abborte auf seither etwa 50 Millionen.
• WWF gibt wertvolle Tipps für ökologisches und klimafreundliches Grillen
• PI feiert 10 Mio. Besucher – taz fordert Zensur
PI ist der größte politische Web-Blog, der sich vor allem gegen die Islamisierung Europas einsetzt.

• FPÖ-Gender-Rebell Klement: „Wird Homosexualität sogar zur Pflicht?“
• Charlotte Roches „Feuchtgebiete“: In zwanzig Jahren als akzeptierter Lebensentwurf?
• Eltern und Pädagogen ratlos: Was finden Kids so faszinierend an Lady Bitch Ray?

Freitag, 20.6.08
• 3 :2 gegen Portugal: Deutschland ist im Halbfinale
• Notarzt auf der Tribüne: Lehmanns Frau kippte nach dem Sieg um
• Christoph Daum und Mario Basler: „Es gibt keine schwulen Fußballer!“
• Podolski, Gomez und Co.: Merkel lobt gelungene Integration im deutschen EM-Team
• Klausuren-Chaos auch in Berlin: 28 000 müssen Mathe-Arbeit nachschreiben
• Armut trifft besonders Migranten und Alleinerziehende – intakte Familien sind die Gewinner
• Verfassungsschutz: Steigende Gewalttaten von Linksextremen und Islamisten, rechtsextremistische sinken
• 200 Autobahn-Raser in nur eineinhalb Stunden: Baden-Württembergs Polizei rüstet mit neuen Digitalkameras auf
• Sarkozy sieht EU-Erweiterung vor dem Aus
• Klimaschutz-Paket: Hausbesitzer müssen sich warm anziehen
• Ärmere Bürger, reichere Konzerne: Freiburger Öko-Institut berechnet 35 Milliarden Mehreinnahmen durch Emissionshandel für Stromversorger
• Türkei in die EU?: CSU fordert Rücktritt von EU-Kommissar Verheugen
• Wenig Begeisterung bei Deutschlands Muslimen für christliche Pilgerstätte in Tarsus

She. 20.6.07, 15.3.08
• Aus Angst vor Klagen wegen Rassismus: Niederländische Firmen zahlen Ausländern höhere Gehälter als Einheimischen
• Verstörte Männer: Schwedens Frauen erobern den Bergbau

• Kaum Interesse: Zahl der Mädchen in IT-Lehrstellen seit 2002 von 14 auf 9,1 Prozent gesunken
• 41 Prozent der schwulen HIV-Positiven wissen nichts von ihrer Infektion
• Fast jede zweite Ehe: Scheidungsrate in Österreich steigt
• Charlotte Roche: „Mein Mann ist selbst 'ne Sau und liest dauernd Schweinkram"
• Amy Winehouse spuckt Blut: Verdacht auf Tuberkulose

Samstag, 21.6.08
• Nach Sieg über Kroaten: Türken im EM-Fieber
• Angela Merkel: Die Fußball-Kanzlerin
• Bundestrainer Jogi Löw öffentlich beim Rauchen ertappt
• Fußball-EM zeigt, was die Politik nicht schafft
Die Bürger wollen keinen europäischen Einheitsstaat, der sich in alles einmischt und reglementiert, sondern barrierefreies Reisen und freien Warenaustausch ohne Demontage ihres nationalen Verständnisses.
• Erste Stadt Deutschlands: Bohmte ganz ohne Verkehrsschilder
Die Testphase zeigte sinkende Unfallzahlen, da die Verkehrsteilnehmer sich nicht mehr auf ihr Recht berufen können und miteinander Blickkontakt halten müssen.
• Schweden wird Überwachungsstaat: Regierung drückt beispiellose IT-Kontrollen ohne Genehmigungen durch
• EU gegen Irland 26 : 1: Ein klarer Sieg für die Demokratie
• Strompreise: EU erwägt verordnetes Energiesparen
• Neue Nummer 1: VW macht erstmals mehr Umsatz als Daimler
• Überraschte Wissenschaftler: Nicht die Gene machen schwul
Die groß angelegte internationale Studie mit 7000 Zwillingen schreibt weder dem familiären Umfeld noch den Genen eine wesentliche Rolle bei der späteren sexuellen Orientierung zu, sondern nennt persönliche Erfahrungen, soziale und kulturelle Einflüsse, Traumata und psychische Erlebnisse als prägende Ursachen.
• Nur noch eine kleine Tafel erinnert: Vor 2000 Jahren wurde Paulus in Tarsus geboren

Sonntag, 22.6.08

• Rot-Gold-Schwarz: ARD zeigt in Tagesthemen falsche Deutschland-Flagge
• Ypsilanti warnt vor Dämonisierung der Linkspartei
• Schwan rät SPD zur Annäherung an die Linken
• Schäuble verteidigt Abhörschutz für christliche Geistliche

Anlass ist der SPD-Vorschlag, Imame mit christlichen Priestern gleichzustellen.

• Ifo-Index: Stimmung in der deutschen Wirtschaft wird mieser
• DFB wirbt mit „Integrationsspot" gegen Rassismus
• Bruce Darnell: „In Deutschland gibt es keinen Rassismus!"
• Aldi schwächelt: Erstmals Umsatzrückgang – Lidl holt auf
• Fähre mit 800 Menschen sinkt im Sturm von Philippinen
• Putsch-Pläne gegen Kurt Beck
• Jungen begehen zwölfmal häufiger Selbstmord als Mädchen
• „Kampf gegen die Kirche": Mixa wirft Grünen „demonstrativen Atheismus" vor
• Österreichs neue Frauenministerin Silhavy setzt Schwerpunkt aud Gender-Pay-Gap
• Cologne Pride: Mit Steckbriefen und Plakaten Jagd auf Homo-Kritiker
• Wenn Frauen zu Jägerinnen werden: Auf dem Heiratsmarkt fehlen männliche Spitzenkräfte
• Kommunikationswissenschaftler: „Verleugnung des Christentums ist geistiger Selbstmord"

Montag, 23.6.08

• Spanien schaltet Weltmeister Italien aus
• Amnesty-Bericht über Tibeter: Folter und Tod in Chinas Gefängnissen
• Öl-Krisen-Gipfel ohne spürbare Wirkung
• Prozessauftakt gegen U-Bahn-Schläger: Jammern, Zerknirschung, faule Ausreden

She. 22.12.07

• Klima in Baden-Württemberg ändert sich schneller als erwartet
• von der Leyens Familienpolitik: 100 Stunden Wochenarbeitszeit für

doppelverdienende Eltern mit Haushaltshilfen und Kinderfrauen als gesellschaftlicher Trend

• Trotz Jubelrufen aus dem Familienministerium: Zahl der Neugeborenen wieder leicht rückläufig

• Mit Schäferhund und Sowjetflagge: In Litauen den Alltag eines KGB-Gefängnisses nacherleben

Doch nicht jeder Besucher steht drei Stunden Psychoterror durch.

• WWF-Studie mit neuem Alarm: Klimawandel bedroht die Wale

• Vertauschte Rollen: Englische Schule verwarnt Bauarbeitern hinterher pfeifende Mädchen wegen Sexismus

• Alpha-Mädchen in Österreich: Vier 15-jährige Schülerinnen verprügeln Lehrer

Wie es weiter gehen könnte: She. 8.6.08

• 50 Jahre Emanzipation: Die Zivilisierung des männlichen Affen

• Gina-Lisa und Gülcan misten Kuhstall aus: „Unsere Doofheit ist echt"

Dienstag, 24.6.08

• Morgen Deutschland – Türkei: Polizei besorgt über betrunkene Deutsche und emotionale Türken

• Füßball-EM: Morgen gibt's ein Dönerwetter

• Eskalation in Simbabwe: Oppositionsführer flieht in niederländische Botschaft

• Simbabwe: UN-Sicherheitsrat verurteilt Mugawes Gewalt – ein wenig

• Inflations-Spirale: Arbeitnehmer im 5. Jahr in Folge mit Real-Minus

• Energiepass: Acht Millionen Altbauten ab Juli ausweispflichtig

• Temperaturen in Baden-Württemberg lagen im Mai 3,1 Grad über dem langjährigen Mittel

• Mit Passbild: Daten von 500.000 Bürgern aus 15 Gemeinden lagen offen im Netz

• Zu kalter April setzte badischen Spargelbauern zu

• Regierung will 1000 zusätzliche Soldaten nach Afghanistan schicken

Dummes Volk der Iren?:

• Irlands „No" zum Lissabon-Vertrag: Zu wenig Information führte zur Ablehnung

She. 16.6.08

• „Demokraten" am Werk: Sarkozy und Merkel wollen Iren neu abstimmen lassen

Aus Merkels Rede zum 60-jährigen Bestehen der CDU am 16.6.05: „Denn wir haben wahrlich keinen Rechtsanspruch auf Demokratie und soziale Marktwirtschaft auf alle Ewigkeit!"

• Die Welt setzt wieder auf Atomkraft – nur Deutschland nicht

She. z. B. 11.2.07, 12.3.07, 21.3.07, 21.6.07, 22.11.07, 24.11.07, 1.3.08, 7.6.08, 11.6.08

• Zwei Drittel der Briten sehen „Globale Erwärmung" als Vorwand zur Steuererhöhung

• Holländisches Abtreibungsschiff auf dem Weg nach Ecuador auf Grund gelaufen

• Lebensmittelhilfe im Sudan nur bei Übertritt zum Islam

• Kontroverse in der Union: Wie christlich sind die C-Parteien noch?

• „Schwule Sau": Abneigung gegen Homosexuelle nimmt bundesweit zu

Die allgegenwärtige Präsenz und die ständigen Forderungen einer Minderheit nach mehr Toleranz sorgen für wachsende Ablehnung.

Mittwoch, 25.6.08

• Ballacks Oma tippt auf Sieg für Deutschland

• Türkischer Trainer Terim: „Die ganze Welt wünscht einen Sieg der Türkei!"

• Österreicher und Schweizer zittern mit den Deutschen um Sieg gegen die Türkei

• Weniger Gewalt gegen Frauen während der EM als befürchtet

Trotz Mediengetöses im Vorfeld: Die Wiener Beratungsstelle meldet erst 2 Fälle.

• Wahrscheinlichkeit 1:37: Astrophysiker des Max-Planck-Instituts berechnen den Weltuntergang für den 13. April 2029 durch Einschlag des Asteroiden „Apophis"

• Deutschland soll dünner werden: Regierung verabschiedet Aktionsplan „In Form"

• Regierung will Gehalts-Chipkarte für Arbeitnehmer
• Prozess in München: Baby störte beim Sex – eiskalt erstickt
Ein Schritt weiter in eine Öko-Diktatur?:
• Drakonische Strafen angedroht: Briten befürchten Aufbau einer „Klima-Polizei“
• G8-Staaten zeigen Europas Klimapolitik die rote Karte
Die wegen der Klimaziele steigenden Energiepreise tragen damit nur die europäischen Steuerzahler.
• Französisches Parlament blockt Referendum zum EU-Beitritt der Türkei ab
Nach dem Irland-Debakel könnte auch das französische Volk „Nein“ sagen.
• Blöder Nazi-Witz über Viva-Moderatorin Gülcan: Komiker kollidiert mit Rassismusgesetz
• Aufklärung in Berlin: Wenn junge Mütter mit ihren Kindern schon am Morgen Porno schauen
• Christliche Familien sind weniger krank und leben länger
• Schottische Schulen schaffen Vatertag zugunsten alleinerziehender Mütter und Lesben ab
• Wut über schwule Küsse: Heinz stoppt Homo-Werbung in England
• Trotz Lungenemphysem: Amy Winehouse qualmt weiter

Donnerstag, 26.6.08
• FINALE! 3 : 2 gegen tapfere Türken – TV-Chaos mit minutenlangem Bildausfall
• Grüner Özdemir fordert Türken in die deutsche Nationalmannschaft
• Aufgeregte Ermahnungen waren überflüssig: Deutsche und Türken feiern friedlich
• Berlin - Homo-Flagge am Polizeipräsidium: ja, Schwarz-rot-gold am Polizeiauto: nein
• Empörung über Verweigerung eines Grußwortes der Landesregierung zum Stuttgarter CSD
• Einsparungen bei Siemens: 20 000 Stellen auf der Kippe
• CDU will mit Grünen auf Atomkraft setzten
• 14-Jähriger verprügelt Lehrerin im Klassenzimmer – Mitschüler filmte es

• 73-jähriger Rentner von zwei Homosexuellen in Münchner U-Bahn-Klo beinahe vergewaltigt
• Gast betrunken – bald bis 10 000 Euro Strafe für den Wirt?
Schritt für Schritt in die staatliche Bevormundung: Das Rauchverbot war der erste große Test (she. 7.1.07).
• Regierung will gesunde Ernährung und ausreichende Bewegung fest verankern
• Grüne fordern Werbeverbot für Süßigkeiten im Fernsehen
• Der gesetzlich geregelte Tod: Parlament diskutiert über Patientenverfügung
• Polizeidienst: Bewerber scheitern an Rechtschreibung und Purzelbaum
• Islamwissenschaftlerin Riffat Hassan: „Koran setzt auf Gleichberechtigung"
• Ex-Sex-Ikone Brigitte Nielsen (44) lässt sich vor laufenden Kameras operieren
• Der Zahn der Zeit: Superblondine Claudia Schiffer (37) wird grau

Freitag, 27.6.08
• Caramba, das wird hart: Deutschlands Gegner heißt Spanien
• TV-Quote beweist: Frauen sind die größeren Fußball-Fans
• „Keine Siegermentalität": Hannoveraner Schule verbietet Deutschland-Flaggen
• Sitzung zur Solar-Zwangsverpflichtung in Marburg: Grüne Stadträtin lässt Deutschland-Wimpel vom Tisch entfernen
• Obama fordert Todesstrafe für Pädophile
• EU stoppt Führerschein-Tourismus nach Tschechien und Polen
• TV à la Berlusconi: Sarkozy platziert regierungsfreundliche Journalisten
• Schäuble will zentrales Bundesmelderegister
• Hagel demoliert 30 000 Neuwagen im VW-Werk Emden
• Sonde „Phönix" liefert Sensation: Auf dem Mars ist Leben möglich!
• Mehr als die Hälfte einer Tankfüllung geht an den Staat
• Spaniens Parlament gesteht Affen teilweise Menschenrechte zu
Verboten werden Auftritte in Zirkus, Werbung und Spielfilmen. Unklar ist noch, ob Menschenaffen in Zoos das Recht auf einen Hausschlüssel

bekommen sollen. Weiters gibt es Pläne, sie – mit beratender Stimme – in die Zooleitung aufzunehmen.
• Stadt der Sünde und Dekadenz: Berliner Ausstellung zum Aufstieg und Fall Babylons eröffnet
• „Deine Chance“: ProSieben startet mit demütigendem Azubi-Casting
• Hurra, hurra!: Regenbogenfahne weht nun auch am Grazer Rathaus
• Keine knutschenden Männer: Kroatisches Fernsehen verbietet deutschen Toleranz-Spot
• CSD in Jerusalem gestern ohne Zwischenfälle
• Ließ sich Paris Hilton ihre Brust vergrößern?
• Lady Bitch Ray wünscht Madonna zum Geburtstag eine feuchte Möse

Samstag, 28.6.08
• Gabriel plant Atomstrom-Steuer
• Außer Kontrolle: Kostet der Sprit bald 3 Euro?
• Angst vor Atomwaffen: Israel droht mit Militärschlag gegen Iran
• EU-Studie: Zustimmung zur EU europaweit im Sinkflug
• Nach Nein in Irland: SPÖ will Volksabstimmung zu Lissabon-Vertrag und Türkei-Beitritt
• Zwei Stunden Live: Fernsehen überträgt Berliner Schwulenparade bundesweit
• Schwerin feiert zweites schwules Stadtfest
• Männerdominierter Berliner-CSD: Deutschland muss endlich auch lesbisch werden!
• Grüne Jugend Bayern will Verbot von allen Formen von Motorsport
• Ulfkotte mit seiner Frau auf der Flucht – Tausende Morddrohungen
Udo Ulfkotte ist christlicher Publizist und bekannter Islamkritiker. Grund ist ein gefakter Hetzfilm bei YouTube, der Ulfkottes Frau Doris unterstellt wurde. Eine große Zahl besonders türkischer Bürger stellt sich hinter die Ulfkottes, um den aufgebrachten Mob zu besänftigen und die Droher zu identifizieren. Die Ulfkottes werden nie mehr in ihre Wohnung zurückkehren können. Der Vorgang ist jedoch nur an einer Hand abzählbaren Medien eine Erwähnung wert.
• Oberster US-Gerichtshof spricht allen Bürgern ein Recht auf Waffen zu
• Kubanische Polizei verprügelt CSD-Teilnehmer

• Baden im Bad verboten: Lindauer Strandbad verbietet Schwimmen wegen zu wenig Bademeistern
• Klima-Schock: Schon diesen Sommer kein Eis mehr am Nordpol?
• Mädchen spielen im Fernsehen deutlich weniger Hauptrollen als Jungen

Sonntag, 29.6.08
• Bewiesen: Jubeln verlängert das Leben
• Tiefensee für schärferes Überholverbot für Lkw's
• Überraschung: Erster deutscher Landrat in Elternzeit kommt von der CSU
• Düsseldorfer CSD: Schwule und Lesben zeigen gemeinsam ihren Stolz
• FDP fordert volle Gleichstellung von Schwulen und Lesben
• CSU und Rauchverbot: 50 Prozent minus X
• Rechtsradikale attackieren Schwulenparaden in Tschechien und Polen
• Ex-Senator Kusch leistete Sterbehilfe
She. 27.3.08, 29.3.08, 30.3.08. Das von ihm entwickelte Suizid-Gerät soll aber nicht eingesetzt worden sein.
• Britische Ärzte pflanzen Frau selektiertes Embryo ohne Brustkrebs-Gen ein
Was kommt als nächstes - Haarausfall? She. 30.5.08
• Sexseuchen in England in zehn Jahren mehr als verdoppelt
• Großbritannien regelt physische Beziehungen zwischen Erwachsenen und Kindern
Von einem „Pädophilie-Test" Test sind ab nächstem Jahr etwa ein Viertel der Erwachsenen betroffen. Eltern brauchen damit die amtliche Erlaubnis, die eigenen Kinder zu küssen oder mit ihnen ins Schwimmbad zu gehen.
• Sozialisten, Grüne und Atheisten planen Demo in Australien gegen „Homophobe Religionen"
• Jemen – Sieben Christen wegen „Werbung für's Christentum" verhaftet
• Iran – Zum Christentum konvertiertes Ehepaar von Geheimpolizei tagelang gefoltert

• Schöner spritzen: Wie aus ein paar Sperma-Tröpfchen eine richtige Schwalldusche wird
• Amy Winehouse schlägt bei Konzert Fan nieder

Montag, 30.6.08
• Spanien Olé, Deutschland Auweh!
• Der Traum ist aus: Spanien wird Europameister
• Stahl: Preisanstieg um 60 Prozent bedrohen Existenz vieler Betriebe
• Münchner U-Bahn-Schläger: Psychologen attestieren Persönlichkeitsstörungen und niedrige Intelligenz
• Klimaschutz: Erster CO2-Bunker geht bei Potsdam in Betrieb
CO2 wir in 800 Meter Tiefe verpresst. She. 6.1.07
• BUND und Grüne kämpfen bundesweit gegen Kohlekraftwerke
• Nun schon 4 Prozent: Inflation in der Euro-Zone erreicht Rekordhoch
• Leipzig – 17-Jährige verprügelt Vater wegen Handy-Wegnahme und ruft die Polizei
• „Keine graumausigen Spaßbremsen": Das Lesbenbild in der Wahrnehmung soll sich ändern
• Österreichern geht die „Diktatur aus Brüssel" zunehmend auf den Wecker
• Österreich als Schlusslicht: Nur noch 28 Prozent sehen die EU positiv
• Zwei Drittel der weißen britischen Kinder beklagen Gewalt durch Migranten-Schüler
• Familie Ulfkotte auf der Flucht – die Medien schweigen weiter
She. 28.6.08. Hinweise deuten darauf, dass die friedliche Stimmung zwischen Deutschen und Türken im Rahmen der EM nicht getrübt werden soll(te).
• Mit 13 die erste Abtreibung, weitere im Jahrestakt: England will Pille schon für Elfjährige
• Weiblich, unerfahren, plötzlich Single: Wie befriedige ich mich selbst?

Monats-Rückblick Juni 2008

Trotz weiterer Steigerung der Verkaufszahlen von Kondomen steigt die HIV-Rate weiter, Forscher entwickeln eine zum Schutz der Umwelt eine ökologische Bombe, beim

Masturbationswettbewerb in San Francisco wird ein neuer Weltrekord aufgestellt, der spekulative Bauboom reißt auch Spaniens Wirtschaft in den Kollaps, Österreichs Grüne fordern eine Steuer-Halbierung für Frauen, die UN fordern einen Notfallplan gegen die Hungerkrise, in Bonn diskutieren 2500 Delegierte über die Nachfolge des Kyoto-Protokolls und die weltweiten Rüstungskosten steigen mit 1,179 Billionen Dollar auf neue Rekordhöhe. Schweizer Fußballspieler müssen ohne Nationalsymbol zur EM, der Westdeutsche Rundfunk verbietet Sportreportern das Duzen, in Berlin weht als Zeichen gegen Misshandlung von Homosexuellen die Regenbogenfahne an allen Rathäusern und nach Brasilien übernimmt auch der kubanische Staat die Kosten für Geschlechtsumwandlungen . Buben in Prinzessinenkleidern und mit lackierten Fingernägeln im Wiener Gender-Kindergarten üben geschlechtersensible Rollenspiele, ein Abgeordneter im österreichischen Parlament spricht von Gender-Wahnsinn und erhält drei Ordnungsrufe. Grüne fordern ein Kruzifix-Verbot in Bayern, die NPD zieht flächendeckend in allen sächsischen Kreistagen ein, Charlotte Roche kommt auf Platz 25 der 100 wichtigsten deutschen Denkerinnen und Merkel ruft Deutschland zur „Bildungsrepublik" aus. Ein deutscher Soziologe plädiert für eine Schwächung des elterlichen Einflusses auf die Kinder zugunsten des Staates, Österreichs Frauenministerin fordert mehr Unterstützung von Fußballerinnen und schlägt als Mittel gegen die alarmierenden Abtreibungszahlen die rezeptfreie „Pille danach" vor. Irlands „Nein" zu Eu-Vertrag sorgt für politische Ratlosigkeit in Europa, Umfragen in anderen Ländern zeigen ähnliche Ergebnisse – wenn die Bürger gefragt werden dürften. Dafür wird das Glühbirnenverbot als „Entlastung des Verbrauchers" gelobt und Merkel zeigt sich über den Fußballsieg Deutschlands über Österreich erleichtert. Die Zustimmung für Atomkraft steigt weltweit wie der Wasserspiegel um die Südseeinseln von Tuvalu, denen wieder einmal das endgültige Absaufen droht. In Schottland wird der Vatertag zugunsten alleinerziehender Mütter und Lesben abgeschafft, das kroatische Fernsehen verbietet knutschende Männer, der Islamkritiker Ulfkotte ist nach tausenden Morddrohungen mit seiner Frau auf der Flucht, Großbritanniens Eltern brauchen eine amtliche Erlaubnis zum Küssen ihrer Kinder in der Öffentlichkeit und Spaniens Parlament räumt Affen Menschenrechte ein.

JULI 2008

Rückblick auf Juli 2007

Terror – Homosexuelle – Lebensmittel – Live Earth – Atomstrom – Vogelgrippe -Übergewicht

Eine Reihe von Anschlägen erschüttern England, Pakistan und Marokko und inspirieren die Modebranche zu Palästinensertüchern und Tarnjacken. Umfragen zeigen auch in Deutschland ein noch nie erreichtes Level bei der Angst vor Terror, Schäuble will ein Handy- und Internet-Verbot für Verdächtige und denkt an die gezielte Tötung von Terroristen.

Die westeuropäischen Regenbogenparaden sind so bunt und schrill wie noch nie, der Lesben- und Schwulenverband zeigt sich empört über die Kritik an homosexuellen Rollenspielen für 14-Jährige an Berliner Schulen, der DFB thematisiert Schwulen- und Lesbenfeindlichkeit im deutschen Fußball, das Familienministerium und DFB starten das Projekt „ Fußball gegen Diskriminierung und Rassismus"; die Römische Polizei verhaftet zwei Homosexuelle wegen Knutschens, worauf Italiens Schwule zu öffentlichem „Kiss-in" aufrufen und sich die zuständige Ministerin zum Eingreifen genötigt sieht, um die Wogen zu glätten.

Nach dem Verbot gehärteter Fette in New York erreicht die Diskussion auch Deutschland, dazu kommt die Warnung vor Bio-Karotten aus dem Ausland und dem Hinweis zu Vorsicht beim Verzehr von Kartoffelsalat mit Mayonnaise und Tiramisu.

Jeder dritte Erdbewohner wird sich die Live Earth-Konzerte zur Rettung des Klimas ansehen, 400 000 sind in Rio dabei, in Deutschland finden sie aber nur wenig Begeisterung. Die australische Regierung hält Klimawandel-Thesen weiterhin für eine grüne Verschwörung, ebenso glaubt über die Hälfte der Australier nicht an einen menschengemachten Klimawandel.

Die erste Anlage für Bioethanol wird bei Dresden in Betrieb genommen, der Biosprit-Boom treibt die Lebensmittelpreise, auch das Fleisch soll erheblich teurer werden, die Landwirtschaft wird als noch größerer Klimasünder als bisher angenommen ausgemacht und die Grünen rufen zum Protest gegen steigende Milchpreise auf.

Nach vertuschten Störfällen in deutschen Kernkraftwerken nimmt die Atomaufsicht Vattenfall unter die Lupe, neue Pannen im AKW Brunsbüttel werden bekannt, für weniger Kohlestrom soll die Laufzeit der bestehenden Werke verlängert werden und Hessen plant neue Atommeiler ab 2010.

Thüringen begegnet der Vogelgrippe mit nächtlichen Keul-Trupps, das Saarland verordnet Stallpflicht, Japan verbietet den Import von Geflügel aus Deutschland und der Hersteller von Tamiflu rechnet fest mit einer Pandemie auch beim Menschen. Nach den Zeckenwarnungen geht der Impfstoff aus, die Experten raten zu heller Kleidung und regelmäßiger Körperkontrolle.
Nach dem Menschen ist auch jede vierte deutsche Katze und jeder vierte Hund zu dick, bayrische Polizisten wehren sich gegen den Vorwurf übermäßiger Fettleibigkeit, Peking verbietet dicken Ausländern die Adoption chinesischer Kinder, die britische Sozialbehörde nimmt Eltern zwanzig Kinder wegen Übergewicht weg, der Rapper 50 Cent sorgt sich um gesunde Ernährung seiner jungen Fans, während sich die Erzeuger von Babynahrung Gedanken über eiweißreduzierte Kinderbreis machen.
Griechenland und Italien erleben die heftigsten Waldbrände seit Jahrzehnten, England versinkt in den Fluten, der britische Premier führt das Hochwasser auf die globale Erwärmung zurück und Greenpeace protestiert bei BMW und Audi mit Klima-Schweinen.
Die Umsätze im Einzelhandel sinken weiter und Heilbronner Polizisten lernen türkisch.

Meldungen Juli 2008

Dienstag, 1.7.08

- Was ab heute kommt: Höhere Krankenkassebeiträge, Energieausweis, teurere Pflegeversicherung, Kostenkontrolle für Versicherungen, kostenlose Hautkrebsvorsorge
- Ende der Übergangsfrist: Ab heute gilt das Rauchverbot in ganz Deutschland
- Nur noch Hasch in Coffeshops legal: Ab heute Rauchverbot auch in Holland
- Ab heute wieder höherer Strompreise
- Auch Polen lehnt den EU-Reformvertrag ab
- Senator Kusch's Suizid-Opfer: Rentnerin hatte nur Angst vor dem Altersheim
- Energiepass: Verband Privater Bauherrn bezeichnet 60 Prozent der Berechnungen als falsch

• Der jüngste Geniestreich der Gesundheitministerin: Tattoos am verlängerten Rücken

Probleme mit Arschgeweihen, Piercings, Silikon-Brüsten: 136 000 gesetzlich zu Sheriffs verpflichtete Verbandsärzte halten sich überwiegend weiter an die über 2000 Jahre alte ärztliche Schweigepflicht.

• Umfrage: Der durchschnittliche Deutsche hält nicht viel von Demokratie

• EU-Agentur für Grundrechte fordert energische Schritte gegen Homophobie

• Lesben und Schwule planen Protest gegen Papst beim Weltjugendtag

• Hayek-Gesellschaft warnt vor Klima-Planwirtschaft und Einschränkung der Freiheit

• Internationale Energieagentur: „Theorien vom knappen Öl sind Märchen"

• Klimawandel: Alle Monate seit Jahresbeginn waren zu warm

• Italien: Ab 0,8 Promille droht Gefängnis

• Unerträglicher Gestank: Täglich 1200 Tonnen neuer Müll in Neapel

• Hirnforschung: Fernsehen zerstört die Erziehung und macht Erwachsene zu Kindern

Mittwoch, 2.7.08

• Nach „Nein" in Irland und Polen und Widerstand auch in Tschechien und Österreich: Zerbricht die EU?

So funktioniert Demokratie:

• Brüssler FDP-Politikerin fordert EU-Rauswurf Polens

• Arbeitgeber laufen Sturm: EU will Antidiskriminierungsgesetze auf alle Lebensbereiche ausweiten

Die jährlichen Kosten in der Wirtschaft werden bereits mit 1,7 Milliarden Euro beziffert.

• Merkels Kabinett: Deutsche stellen Großer Koalition miserables Zeugnis aus

• Berliner Polizisten klagen: „Wir sind fertig!"

Die Zahl der alarmbedingten Mehrdienste stieg seit 2006 um 377 Prozent.

• Mieter müssen zittern: Wer zahlt den Energieausweis?

• So schlimm wie nie: Autohändler verdienen nur noch in der Werkstatt
• 1,70 Euro Stundenlohn: Hamburger Arbeiter nach Beschwerde gekündigt
• Emotionales Loch: Ende der EM macht die Menschen depressiv
• Dr. Kusch: Der erste Tod war gratis
• „Seelisch obdachlos": Öttinger fordert staatliche Betreuung von Schülern während der Ferien
• Gender Mainstreaming: CDU und SPD fordern im Schweriner Landtag mehr Frauen in typische Männerberufe und verstärkt Männer in Frauenberufe
• Mordaufruf per Youtube: Islamkritiker Ulfkotte auf der Flucht

Nach einer Meldung im ZDF berichten etwa ein Dutzend Zeitungen.

• Anglikaner gegen weibliche Bischöfe: 1300 Geistliche drohen mit Massenaustritt
• UN-Menschenrechtsrat verbietet Kritik an Scharia oder Fatwas

Anlass war die Ansprache des Historikers David Littman auf die Verheiratung von Kindern und Steinigung von Frauen.

• Google-Statistik entlarvt Feministinnen als Porno-Fans
• Partnersuche für Karrierefrauen: Ebenbürtige Männer sind knapp
• LoveSchool: Wir sagen dir, worauf du beim Blasen achten musst und worauf es ankommt

Donnerstag, 3.7.08

• Entführte Ingrid Betancourt nach sechs Jahren Dschungelhaft frei
• Arabische Prinzenfamilie hält 17 Sklaven – in Brüssel
• Frau stirbt qualvoll in US-Notaufnahme: Patienten, Ärzte und Pfleger schauen weg
• Nach DNA-Test: Todeskandidat nach 22 Jahren aus US-Gefängnis entlassen
• Kleve – Polizei entdeckt große Marihuana-Plantage einer Rentnerin
• Münchner U-Bahn-Schubser erklärt Tat mit seiner schweren Kindheit
• Roger Kusch: Der nächste Selbstmord kostet
• Der über Leichen geht: Senioren entsetzt über die Methoden des Dr. Kusch

• Kusch's Sterbehilfe sorgt für Streit in der Koalition
• Trotz überschwänglichem Lob von Politikern: Toyota Prius immer weniger gefragt
Im Mai wurden 1489 Zulassungen des Hybridautos gemeldet – 600 weniger als im Vorjahr.
• EU erlaubt Abtreibungspille bis zum 63. Tag
• Bis zu 1000 Euro mehr: Deutsche EU-Abgeordnete dürfen nach EU-Steuersatz versteuern
• Rechtliche Erosion: Immer mehr Bundesländer schaffen das Widerspruchsrecht ab
• Internationale Frauenkonferenz in Madrid: Gleichstellung in allen Lebensbelangen
• 3000 Tauchroboter zeigen leichte Abkühlung der Weltmeere in den letzten fünf Jahren
• Gegen das mediale Schweigen: Guido Grandt dreht Film über untergetauchte Ulfkottes
• Geschlecht als Wissenskategorie: HU Berlin vergibt drei Stipendien
• Wird Thomas Beatie nun Vater oder Mutter?
She 26.3.08, 5.4.08
• Thomas Beatie: Schwanger, männlich, normal

Freitag, 4.7.08
• Weltbank nennt Biosprit als Preistreiber bei Lebensmitteln
• Hoher Spritpreis bedroht 140 000 Arbeitsplätze
• USA streichen Nelson Mandela von der Terroristenliste
• Von CSU abgesegnet: Online-Durchsuchung kommt in Bayern
• Bundesrat berät über Verbot gewerblicher Sterbehilfe
• Deutsche Atomstrom-Erzeugung auf niedrigstem Stand seit 1991
Grund sind die teilweise immer noch bestehenden Abschaltungen nach Störfällen.
• Gluthitze im Osten und Regenstürme im Westen und Süden
• Sensation! Transsexueller Thomas Beatie bringt Tochter auf natürlichem Weg zur Welt
• Jeder vierte Deutsche verzichtet in diesem Jahr auf Urlaub
• 15-Jähriger überlebt mit fünf Promille

• Zeckenmittel im Test: Kaum eines hilft
• Dresdner Bürgermeisterin klagt über erfolglose Partnersuche erfolgreicher Frauen
• Studie beweist: Beamte leben zwei Jahre länger
• NASA bestätigt: Sechs der zehn heißesten Sommer seit 1880 lagen vor 1954
• Abschmelzen der Antarktis könnte den Meeresspiegel um 60 Meter steigen lassen

Die Jahresdurchschnittstemperatur liegt bei –55 Grad Celsius.

• Diskriminierung bei „Age of Conan": Heldinnen verursachen weniger Schäden als Helden

Der Computerspiel-Hersteller verspricht Änderung in drei bis vier Wochen.

• Budapest: Rechtsextreme Anschläge und Drohungen im Vorfeld des CSD
• Homosexualität und weibliche Bischöfe: Streit in der anglikanischen Weltgemeinschaft verschärft sich weiter
• Amy Winehouse hüpft zu Wildfremden ins Auto

Samstag, 5.7.08

• Plan gegen Hunger: G8-Chefs wollen Getreide horten
• Merkel will mit G8 gegen Preisexplosion vorgehen
• Millionenprogramm: EU spendiert Geld für Schulobst
• Wachsender Druck: Deutschland soll wieder auf Atomkraft setzen
• Minden – Angler findet totes Baby in der Weser
• Anschlag in Berliner Wachsfigurenkabinett: Hitler wurde der Kopf abgerissen
• Experten: Sprit im Herbst auf 1,75
• Bayrische Eltern schicken ihre Kinder zum Lernen nach Österreich
• Bundeswehr: Fast die Hälfte der Wehrpflichtigen sind untauglich
• Oberster Richter für Scharia im britischen Rechtssystem
• Carreer Brunches: Mädchenfrühstück bei Karrierefrauen
• Italienische Wissenschaftler: Frauen mit homosexuellen Verwandten zeugen mehr Kinder
• Lory Glory – ehemals Lorenzo: Der Superbusen wächst und wächst

• „Ich bin die geilste Blondine von Grainbach": Gina-Lisa macht die Dorfjugend heiß

Sonntag, 6.7.07

• Klimapolitik: EU verabschiedet sich vom Biosprit-Ziel
• EU plant Senkung der Mehrwertsteuer
• „Null Toleranz": Schwule und Lesben ziehen durch Köln
• 80 randalierende Punks in Schweinfurter Bahnhof festgenommen
• Kosovare schwängert 11-jährige Ehefrau
• 300 zur Last gelegte Fälle: Mutmaßlicher Kinderschänder Shanti von Portugal ausgeliefert
• Spritpreise: 51 000 Spediteure bangen um ihre Existenz

Dabei handelt es sich überwiegend Speditionen, die Supermärkte bedienen.

• Zahl der Professorinnen steigt kontinuierlich an den Universitäten

Hauptsächlich bei Sprach-, Kultur- und Kunstwissenschaften. In den Fächergruppen Ingenieurwissenschaften, Mathematik und Naturwissenschaften nur um nur 0,5 Prozent. Ein neues Programm soll daher das Gleichstellungskonzept stärker berücksichtigen.

• Urlaubskasse: Der teuerste Sommer aller Zeiten
• Spanien will christliche Symbole in öffentlichen Einrichtungen und Schulen verbieten
• Bischof Mixa wird deutlich: Ohne Christentum kein Europa mehr
• Kältere Meere: Deutsche Klimaforscher sagen Erderwärmung vorläufig ab
• Mit Steinen und Eiern: Schwere Randale bei Budapester Schwulenparade
• Homosexualität: Schwächt die Entsozialisierung die Anziehungskraft der Geschlechter?
• Mütterliche Hochgefühle: Babylächeln wirkt wie eine Droge

Montag, 7.7.08

• G8-Gipfel in Japan: Nur noch Merkel hält gegen Atomkraft

• EU-Kommissionspräsident Barroso empfiehlt Kernkraft als Öko-Energie
• Gabriel bietet Union Gespräch über Atomkraft an
• Österreichs Koalition am Ende: Roter Kanzler Gusenbauer gibt auf
• Nach Attentat und Reparatur in England: Wachs-Hitler kommt wieder nach Berlin
• Herne – Fünf Exhibitionisten verprügeln Frau mit Eisenstange: 20 Schaulustige sahen zu
• Opfer der Müncher U-Bahn-Schläger ist Blasmusik-Liebhaber
Perfider geht's wohl kaum noch: So soll das Opfer als Rechtsradikaler geächtet werden.
• „Nicht kindergerecht": Bayrische Pädagogen hängen in Röfingen historisches Kruzifix ab
• Stierhatz in Pamplona: 70 Verletzte
• London, Stadt der Messer: Bereits 18 jugendliche Tote in diesem Jahr
• England: Polizei-Spürhunde müssen in muslimischen Wohnungen Stiefelchen tragen
• Frage nach dem Sinn: Die moderne Frau menstruiert in ihrem Leben etwa 450 Mal
• Pille Danach: Wie du im Notfall noch nachverhüten kannst
• Sex-Flaute: Madonna steckt Kaballah-Freundin Gwyneth Paltrow ihre Zunge in den Mund

Dienstag, 8.7.08
• Ab heute arbeiten deutsche Steuerzahler in die eigene Tasche – allerdings nur rechnerisch
• Zwölf und achteinhalb Jahre Haftstrafe für Münchner U-Bahn-Schläger
• Störfall in ungarischem Atomkraftwerk Paks
• G8-Gipfel: Bush gibt Widerstand gegen Klimaziele auf
• Österreichische Regierungskrise: Bald italienische Verhältnisse auch in Wien?
• Nach Scheitern der Koalition: Homo-Ehe in Österreich vorläufig vor dem Aus
• Arabischer Investor steigt bei Tiroler Traditions-Schifabrik Kneissl ein

• Einbürgerung: 9,5 Prozent weniger als noch 2007 wollen Deutsche werden
• Religiöse Trauungen nun auch ohne Standesamt: Regierung öffnet der Vielehe die Tore
• Deutsche Urlauber belasten Weltkima besonders stark
• Britische Behörden: Kleinkinder ab drei Jahren werden auf Rassismus-Verdacht überprüft
So könnten z. B. Äußerungen wie „Bäh" oder „Igitt" auf ungewohntes Essen bereits Anzeichen einer beginnenden rassistischen Einstellung sein.
• Traditionalisten zerquetscht: Anglikaner beschließen Ordination von Frauen zu Bischöfinnen
• Lachgas wird zur neuen Modedroge
• Gina-Lisa auf dem Land: „Der Bauernhof ist nicht meine Welt!"

Mittwoch, 9.7.08
• Forsa-Umfrage: Angela Merkel beliebt wie nie
• Benzinpreise zwingen Amerikaner auf Öko-Kurs
• Leck in französischer Atomanlage Tricastin
• Neue Wortwahl beim G8-Klimagipfel: Aus „Absicht" in wird in Japan „Vision"
• Schluss mit Lockangeboten: EU knüpft sich Billigflieger vor
• Finanzminister will Kampf gegen die steuer-Bürokratie
• So sieht Reue aus: Münchner U-Bahn-Schläger zeigen nach den Urteil den Stinkefinger
• Iran feuert neun Testraketen mit 2000 Kilometer Reichweite ab
• Amberger Arzt missbrauchte Kinder während der Narkose
• Aalener Metzger vergewaltigte seine kleine Stieftochter 248-mal
• PKK verschleppt fünf deutsche Bergsteiger in der Türkei
• Charlotte Roches „Feuchtgebiete" kommen auf die Theaterbühne
• Bruni wünscht sich ein Kind von Sarkozy

Donnerstag, 10.7.08
• Banken-Crash in USA: Rekord-Pleite seit 1984
• Berlin – Oma stirbt nach Überfall Jugendlicher

• Münchner U-Bahn-Schläger sollen nach Haftstrafe ausgewiesen werden
• Hohe Spritpreise beflügeln die Fahrradbranche
• Inflation: Teuerungsrate schon bei 5,4 Prozent
• Statistisches Bundesamt: Wohnungsmieten bis zur Hälfte des Einkommens

Nach Kruzifix-Verbannung aus bayrischen Schulzimmern:

• Buddha-Statuen beim FC Bayern: Trainer Klinsmann will „positives Energiefeld“ aufbauen
• Ansturm auf iPhone löst in USA Chaos aus
• Eierwerfer auf Budapester CSD: Gericht sieht Eierschüsse als freie Meinungsäußerung
• Basketballstar Rodriguez: Bettelte Madonna um seinen Samen?
• Brigitte Nielsen nach Schlachtbank-OP: „Kein Sex, sonst explodiert mein Gesicht!“

Freitag, 11.7.08

• Entführung am Ararat: PKK-Kader warnten Bundesregierung frühzeitig
• Sparkurs: Siemens will Mitarbeitern die Gehälter kürzen
• Kampf um Pendlerpauschale: Merkel mauert
• Gasversorger drehen wieder an der Preisschraube
• DIHK: Deutsche Wirtschaft schrumpft wieder
• Atomkraft: Mehrheit der Deutschen ist für längere Laufzeit der bestehenden AKW's
• 60 Messerüberfälle pro Tag: 20. Jugendmord in London
• Klimawandel: Wissenschaftler warnen vor Auftauen sibirischer Tundrafrostböden
• Starkoch Jamie Oliver erstickt Küken vor laufender Kamera

Jährlich werden in Deutschland 40 Millionen männlicher Küken vergast oder lebendig durch den Schredder gejagt.

• Neuer Weltrekord: 59 Hotdogs in zehn Minuten
• „Sie sollten mal den Hintern voll bekommen!“: Volker Beck verklagt Rentner

Dem 78-jährigen Rentner stieß an Beck auf, dass sich dieser am Berliner CSD auf einem Wagen neben Männern mit

herabgezogenen Hosen zeigte: 450 Euro Strafe.
• Führungsetagen: Frauen müssen böser werden
• Europäische Gleichheitsgrundsätze: Blinder Fluglotse mit guten Augen gesucht
Der englische Flughafen St. Mary's bietet Interessenten Bewerbungsunterlagen auch in Blindenschrift, Großschrift oder als Audiodatei.
• Nach Buddhismus und Scientology: Nicole Kidman wird wieder katholisch

Samstag, 12.7.08
• Sommer –bitte warten!
• Feuer in schwedischem Atomkraftwerk Ringhals
• Zukunft Atomenergie: SPD will Grundgesetz ändern
• Bundespräsident Köhler glaubt fest an Vollbeschäftigung
• PKK-Spitze distanziert sich von Entführung deutscher Bergsteiger
• Berliner Omakiller: Während sie starb, kauften Toni H. (17) und Sascha W. (15) Drogen
• Prominente appellieren an die Medien zur Unterstützing Ulfkottes
She. 28.6.08, 30.6.08.
• 3000 Windkrafträder für ein Kohlekraftwerk
• Neuer Dopingfall bei der Tour de France: Manuel Beltran in Handschellen
• G8+G5: Schwellenländer verweigern Industriestaaten Gefolgsschaft beim Klimaschutz
• Genfer Imam warnt vor „dänischen Zuständen" in der Schweiz
• Zehntausende Lesben und Schwule feiern in München sich selbst
• Münchner CSD: Dekadenz im Endstadium
• London entschuldigt sich: Transsexuelle mussten am CSD auf die Behinderten-Toiletten
• Horst Gorski wird nicht erster evangelisch-lutherischer Bischof
• Arme Carla Bruni: Nur dreißig Liebhaber in vierzig Jahren für Frankreichs First Lady

Sonntag, 13.7.08

• Von Meeresentgiftung bis Terrorbekämpfung: 43 gut gelaunte Staatschefs auf Mittelmeergipfel
• Preisexplosion bei Öl und Gas: Kommt der Heizkostenzuschuss?
• Ferienbeginn mit kilometerlangen Staus und Unfällen
• Der nächste Griff in die Tasche: Die Abgeltungssteuer kommt
• Dunkler Himmel über Peking: Die Athleten werden mit Gift gefüttert werden
• Gibt es den Sommer noch?
• Beck's schluckt Budweiser: Weltgrößte Bierfusion perfekt
• Kollaboriert: Berglauf auf die Zugspitze fordert zwei Todesopfer
• 1000 Kinderschuhe als Protest gegen Abtreibung in südbayrischer Kreisststadt Kempten
• 170 Verletzte bei Stierhatz in Pamplona
• 2000 Mütter weihen ihre Babys vor der Roten Moschee in Islamabad dem Dschihad
• Obst aus Neuseeland ist klimafreundlicher als die Fahrt zum nächsten Bauernhof
• Weltweite Studie: 85 Prozent der Jugendlichen bezeichnen sich als religiös

Länder mit weniger Auseinandersetzungen mit Glaubensfragen liegen nahezu ausschließlich im westlichen Kulturkreis.

• Papst zum Jugendtag in Australien eingetroffen – Appell an die Schöpfungsverantwortung
• Verstoß gegen das AAG? Air Berlin fliegt mit „Playboy“, aber ohne Schwulenmagazin
• Angelina Jolie bringt Zwillinge per Kaiserschnitt zur Welt

Montag, 14.7.08

• Mitten in Deutschland: Kurden feiern Entführer deutscher Bergsteiger am Ararat
• Tatort Alster: 15-jähriger Schüler bewusstlos geprügelt
• Berlin – Kein Rauchverbot mehr in Sisha-Cafes
• Rasant steigende Energiekosten: Deutsche Klimapolitik wird zum Fiasko

Allein die Kosten für den Emissionshandel sollen ab 2012 um neun Milliarden Euro steigen, wodurch sich die Stromkosten nochmals um 50 Prozent erhöhen.

• EU-Richtlinie 200/43 als Maulkorb: Wer als Unternehmer keine Ausländer einstellen will, riskiert Anzeige wegen Diskriminierung

„Ich muss mich nach den Forderungen meiner Kunden richten!“: Der Europäische Gerichtshof verurteilte deshalb ein belgisches Garagentor-Unternehmen.

• Zugspitz-Drama: „Sie haben sie in ihr Unglück rennen lassen!“

• Berglauf-Drama bei Zugspitz-Lauf: Staatsanwalt prüft Ermittlungsverfahren

Die Veranstalter warnten ausdrücklich vor Schlechtwetter-Einbruch und Schnee.

• Diskriminierung kopulierender Schwuler: Stadt Bristol verbietet Auslichtung der Büsche im Clifton-Downs-Park

• Nach Führerschein-Entzug: 100.000 Euro Schmerzensgeld für italienischen Schwulen

Begründet wurde der Entzug mit einer psychischen Störung.

• Schlusslicht Austria: Nur noch 28 Prozent der Österreicher sehen die EU noch positiv

Europaweit sind es 48 Prozent.

• Benedetto in Australien: Wütende Atheisten, Homosexuelle und Abtreibungsbefürworter machen gegen den Papst mobil

• Papst in Australien anders als erwartet: Macht Kinder – oder ihr geht unter!

• Kate Moss planscht oben ohne

Dienstag, 15.7.08

• CDU gegen Neubau von Kernkraftwerken

• Heftiges Seebeben im östlichen Mittelmeer

• Waldbrände vernichten in Kalifornien Rekordfläche

• Sie wächst und wächst: Bereits mehr als eine Million Terrorverdächtiger auf US-Liste

• Euro kostet erstmals mehr als 1,60 Dollar

• Margareta Wolf tritt aus: Ex-Grüne bezeichnet grüne Propaganda als „Volksverdummung“

• Bayrische Kindergärtnerinnen brachten Kinder mit Klebeband zum Schweigen

• Zugspitz-Drama: Wenn's das Reglement so will - Laufen bis zum Tod

Unsere Gesellschaft im Micro-Konsens: In einer überreglementierten Welt sind eigenständiges Denken und Eigenverantwortung weitgehend ausgeschaltet.

• Wetterexperten prophezeien Dauerregen bis August

• Solln – Gruppe Jugendlicher prügelt grundlos auf Mann ein

• Claudia Roth zum Schweigen zum Fall Ulfkotte: „Ein Thema Ulfkotte ist uns nicht bekannt!"

• Schwul und lesbisch an der Uni: Immer noch verdeckte Diskriminierungen

• „Ein Koffer buntes Leben": Münchner Projekt soll Kinder zwischen neun und zwölf für Homosexualität begeistern

Erzählt wird u. a. „Das Märchen vom Heiraten". Zudem wird von der Stadt ein „LesBiSchwules Jugendzentrum" unterhalten.

• Dr. Sommer: Die Wiegestellung! Und was für Variationen es dabei gibt!

• Weltjugendtag in Sidney: Flaggenmeere, Menschenschwärme, Rucksackmassen

• 6,5 Millionen zur Aufstockung von Professorinnen an Österreichs Unis

Mittwoch, 16.7.08

• Kabinett will Zuwanderung von Fachkräften erleichtern

• Verzweiflung an Riester: Kein einziges Unternehmen schafft die Beantwortung der Fragen

• Nächster Schock bei der Tour de France: Spanier Nevado positiv getestet

• Australisches Gericht erlaubt katholikenfeindliche Kundgebungen während des Jugendtreffens

• China plant 100 neue Atomkraftwerke bis 2020

• Zugspitz-Drama: Wie Lemminge in die Dummheit

• 10 Millionen Waffen in deutschen Haushalten

• Halbjahres-Statistik 2008: 7,5 Prozent mehr Gewalt auf Deutschlands Straßen

Was verboten ist, reizt: Das Messerverbot erweist sich als unwirksam.

• Zwei Drittel der Deutschen befürworten Rauchverbote
• Regierung einigt sich über Mindestlöhne
• Steinbrück will mehr Geld von Besserverdienenden
• Frau von DFB-Sportdirektor Sammer klagt ihre Schwiegereltern aus ererbtem Haus
• Massenbesäufnis von über 1000 Jugendlichen in Genf – Polizei ist ratlos

„Botellón“ (große Flasche) kommt aus Spanien. Jugendliche verabreden sich über Internet und Handy.

• Englische Standesbeamtin verweigert Zeremonie bei Homo-Ehe – und gewinnt vor Gericht
• Sport schützt vor Brustkrebs
• Britney Spears zu irre für Kids: Kinder bleiben beim Vater

Donnerstag, 17.7.08

• Auch SPD nun für Pendlerpauschale
• Verkehrsminister schafft 22 Schilder ab
• Energiepreise treiben Papierfabrik Scheufelen in die Insolvenz
• Apokalyptische Klima-Angst treibt Europa in eine fundamentale Krise
• Klimawandel: Katholische Kirche vertritt skeptischere Positionen als der etablierte Wissenschaftsbetrieb
• OECD: Subventionen für Bio-Sprit sind mit verantwortlich für globalen Preisauftrieb
• Öl wird billiger, Tanken teurer
• Wallonen und Flamen: Zerfällt Belgien?
• Papst in Sidney: „Euer Leben ist von Gott gewollt!“
• Papst gegen falsche Toleranz – und die Jugend jubelt
• Papst prangert „unheimliche Gewalt“ in der Welt an
• Tour der France: Auch Ricardo Rico des Dopings überführt
• Nürnberg – Geliebte erstochen – dann hatte er noch Sex mit der Toten

• Immobilienkrise: Spaniens Volkswirtschaft gerät unter die Räder
• Rauchverbot zeigt Wirkung: Tabaksteuer-Einnahmen sinken deutlich
Schätzungsweise werden ein Viertel der Zigaretten nicht versteuert.
• Das erste Mal: Welche Stellung ist die beste?

Freitag, 18.7.08
• Die CDU setzt aufs Fahrrad
• Neues Glückspielgesetz: Jauchs SKL-Show wird verboten
Nach Rauchverbot, Glühbirnen, Fettleibigkeit, Alkohol etc.: Der Hausmeisterstaat will die Bürger nun auch vor Spielsucht schützen.
• Lottoshow-Verbot: Weitere Sendungen ohne Gewähr
• Statistik 1996 – 2006: Nur 20 Prozent der Einwanderer sind arbeitstauglich und integrationsfähig
• Chemieunfall in Bamberg: Mehr als 100 Arbeiter verletzt
• Noch nie erwischt: Landshuter Landwirt verspricht der Polizei zu seiner 100. Alkoholkontrolle ein Fass Bier
• Belgische Dauerkrise: König Albert zwingt Premier zum Bleiben
• Papst verurteilt Konsumgier, Umweltzerstörung und Sexualisierung der Gesellschaft
• Claudia Roth bezichtigt Papst der „Gedankenkontrolle"
Gleichzeitig fordert sie „Menschenrecht an Religionskritik" – mit Ausnahme des Islam.
• Die Angst der EU: Sarkozy will Irland Freiheit in der Abtreibungsfrage zugestehen
• Bereits über 400 tote Frauen: Grausige Mordserie in Mexiko
• Nur 13 Prozent: Elternteilarbeit wird weniger genutzt als erwartet
• Klimasensivität von Christopher Monckton neu bewertet: IPCC-Bericht setzt Einfluss von CO2 auf die Temperatur um 500 bis 2000 Prozent zu hoch an
• Englischer Vater fotografierte im Park seine Kinder – als „Perverser" beschimpft
She. 29.6.08
• Bundesregierung geht gegen homophobe jamaikaische Musiker vor

Samstag, 19.7.08

• BKA warnt vor PKK-Attentat auf Schäuble

• Zugspitz-Drama: Staatsanwaltschaft ermittelt wegen fahrlässiger Tötung

• Strom- und Spritpreise: Münchner Wiesn in der Energiekrise

• Jugendämter gehen härter vor: 2007 wurden 23 Prozent mehr Kinder den Eltern weggenommen als im Vorjahr

• Düstere Prognosen: Deutschland zittert vor dem sozialen Abstieg

• Spritpreise: Ryanair nimmt sieben Flughäfen aus dem Programm

• Schweres Erdbeben vor japanischer Küste

• Erneuter Störfall in französischem Kernkraftwerk

• Labours Klima- und Energiepolitik: Briten sollen zwei Pullover tragen

• Papst entschuldigt sich für sexuellen Missbrauch von Kindern durch Priester

• Weltjugendtag: Homo-Aktivisten wollen an jeden Pilger ein Kondom verteilen

• Trotz Kondomen wie sonst nirgendwo auf der Welt: Südafrika steht vor HIV-Explosion

• Uganda setzt auf Monogamie und eheliche Treue: HIV-Infektionen von 26 auf 6 Prozent gesunken

• Trendforschung: Tödliche Infektionen werden auch in Deutschland zum Freizeitspaß

Wer überlebt? „Infection Action" kommt aus USA und gilt als ultimativer Kick. Im Angebot sind neben Aids Pest, Cholera, Typhus und Dengue-Fieber. Ein Berliner Party-Veranstalter meldet 450 Neu-Infektionen mit Beulen-Pest und damit deren größten Comeback seit 1854.

• Emissionshandel: Zementfabriken erwägen Auslagerung in die Ukraine

• Malaysia will Wasserfall für islamische Touristinnen mit Männerverbot

• Asthma-Risiko: Schwangere sollen nicht zuviel Nüsse essen

• Paris Hilton mit noch nie gesichteter Oberweite

Sonntag, 20.7.08

• Wieder schwere Waldbrände in Griechenland

• Iran beharrt weiter auf seinem Atomprogramm

• Peking – Fahrverbote für Olympia beginnen
• Inflation: Simbabwe führt den 100-Milliarden-Dollarschein ein
• Papst fordert Jugend zur Besinnung auf christliche Grundwerte auf
• Papst an die Jugend: „Glaubt an das Flüstern in eueren Herzen!"
• Atomkrieg, Klimawandel, kosmische Strahlung: Weltuntergangsexperten diskutieren in Oxford
• CSU-Parteitag: Traditionelle Werte und harte Kante gegen kriminelle Ausländer
• Bundeswehr-Gelöbnis vor dem Reichstag: Politische Kaste glänzt durch Abwesenheit
• Der Merkel-Staat wächst: Kein Land der Welt hat mehr Regeln und Richtlinien
Heinrich Heine: „Der Deutsche liebt die Freiheit wie seine alte Großmutter!"
• Nächtliches Abschalten: Städte wollen bei Ampeln Energie sparen
• Loveparade: Über 1 Million Besucher tanzten durch die Dortmunder Innenstadt
• EU will Robbenjagd endgültig stoppen
She. 14.4.08
• Nichts ist unmöglich: Kanadische Babys sollen das alltägliche Agressionspotential senken
Mütter besuchen dazu mit Babys ein Jahr lang dieselbe Schulklasse.
• Erderwärmung als Folge des Umweltschutzes?
Die Absenkung der Aerosole in der Luft um 60 Prozent seit den 80-er Jahren vermindert die Reflexion des Sonnenlichts und soll so zur Erwärmung der Erde beitragen.
• Wind hob Kate Middletons Rock

Montag, 21.7.08
• Hunderte Festnahmen bei Bundeswehr-Gelöbnis vor dem Reichstag
• PKK-Geiseln sind frei
• BKA empfiehlt Auswärtigem Amt Empfehlung einer Reisewarnung für die gesamte Türkei
• Abschiedsmesse des Papstes als größte Menschenversammlung in der Geschichte Australiens

• Unfallserie und Vertuschung in spanischen Atomkraftwerken
• Barack Obama zu Besuch im Irak
• Trotz eingeschränktem Fahrverbot kaum bessere Luft in Peking
• Australien will Pädophile nach Haftstrafe auf eine Insel verbannen
• Der Bundespräsident als Vorbild: Köhler verzichtet auf Klimaanlage
• Finanzkrise: Bestürzung über Kontrollpläne für Banken durch die EU

Wenn die im letzten Jahr prophezeite Gluthitze einfach nicht kommen will:

• Niederländische Forscher warnen: Klimawandel sorgt für immer heftigere Regenschauer
• Zahl der Naturkatastrophen durch Klimawandel vier mal höher als vor vierzig Jahren
• Erderwärmung: Kosmische Strahlung oder CO2?
• Atomkraftwerk Biblis B soll mehr als 150 schwere Sicherheitsmängel aufweisen
• Atomdeponien Asse II und Morsleben saufen ab
• Pittsburgh – Frau schneidet Schwangerer Baby aus dem Bauch
• Anspielungen auf Brustumfang: 38 000 Euro Strafe für britischen Makler
• Labour-Ministerin Blears will Islamkunde für alle Schüler
• Statistik: Frauen werden bei Vergabe von Professorenstellen bevorzugt

Dienstag, 22.7.08

• Serbenführer Radovan Karadzic festgenommen

Karadzic wird für die Ermordung von 75 000 Zivilisten und das Massaker von Sebrenica mit 8000 Toten verantwortlich gemacht.

• Drei Tote bei drei Anschlägen auf Linienbusse in Peking
• Sarkozy auf leisen Sohlen in Irland: Opposition protestiert gegen Missachtung der Demokratie
• Homorechte, Affenrechte und Kruzifixabnahmen gehen vor: Spaniens Regierungschef kommt das Wort „Krise“ nicht über die Lippen

She. 27.6.08

• USA warnen Eurpoa vor Raketen aus dem Iran

• Deutschland will an Öl aus dem Irak kräftig mitverdienen
• Berliner Polizeichef geht gegen kritische Äußerungen gegen Schwule in den eigenen Reihen vor
40 Beamte verwahrten sich per Mail gegen das Hissen der Regenbogenfahne vor dem Polizeipräsidium, während Deutschland-Wimpel am Polizeiauto zur EM verboten waren.
• Viel Marihuana, Kokain und Alkohol: Katerstimmung nach der Loveparade
• Klaus Kinski-Akte entdeckt: Mit 23 schon in der Psychiatrie
• American Physical Society: Nicht CO2, sondern die Sonne bestimmt das Klima
Der Gesellschaft gehören 50 000 Physiker an.
• Kommunistische Partei von St. Peterburg beantragt bei der russisch-orthodoxen Kirche die Heiligsprechung Stalins
Begründung: Stalin habe Russland geeint und den Faschismus besiegt.
• Neun neue Todesurteile im Iran wegen „außerehehlichem Sex" – und der Westen schweigt
• Laute Musik verführt zum Saufen

Mittwoch, 23.7.08
• Lufthansa-Pilotenstreik: Mehr als 500 Flüge fallen aus
• Vor dem Berlin-Besuch: Deutsche Politiker im Obama-Rausch
• Formfehler vor acht Jahren: Nicht-therapierbarer Kinderschänder kommt in Sachsen frei
• Zehntausende auf der Flucht vor Hurrican in Mexiko und Texas
• Karadzic-Anhänger randalieren in Belgrad – Freudentänze in Sarajewo
• Geschafft: Neues Gesetz schützt Berlusconi vor Strafverfolgung
• 15 Arbeiter bei Störfall in französischem Atomkraftwerk Saint-Alban leicht kontaminiert
• 4000 Jobs: Telekom plant großen Stellenabbau
• Gen-Doping in China: ARD-Reportage übertrifft die schlimmsten Erwartungen
• Wahlkampf in Bayern: SPD-Bus darf nicht in Umweltzone
• 13-Jährige säuft sich mit zwei Flaschen Schnaps ins Koma

• Italiener baden ungeniert neben zwei toten Roma-Mädchen am Strand von Torregaveta
• Franzose vergaß Dreijährige einen ganzen Tag lang im Auto unter praller Sonne – Kind tot
• Toter saß unbemerkt eine Woche in Leipziger Tiefgarage im Auto
• Supernanny-Stadt Freiburg: 400 Polizisten kontrollieren Alkoholverbot in der Altstadt

Eine flächendeckende Video-Überwachung ist in Planung.

• Britische Ärzte fordern Schock-Fotos auf Alkohol-Flaschen
• Kirchen und Politiker gegen Klinsmanns Motivations-Buddhas bei Bayern München

She. 10.7.08

• Das Evangelium nach Satan: Dan Brown-Abklatsch wird zum Bestseller
• Französische Studie: Frauen versagen in Stress-Situationen weitaus häufiger als Männer

Mutter Natur weiß eben noch nichts von Gender-Mainstreaming.

Donnerstag, 24.7.08

• Wieder Atomunfall in Frankreich: Über 100 Arbeiter in Tricastin Strahlung ausgesetzt
• Biberach – 15-Jähriger sticht wegen Nicht-Versetzung auf Rektor ein
• Offenburg – 14-Jähriger ersticht Gleichaltrigen
• Daimler drosselt Produktion in Deutschland und USA
• CDU erstmals mit mehr Mitgliedern als die SPD

Grund: Nicht mehr Eintritte, sondern weniger Austritte.

• Autokonzern Ford: Fast neun Milliarden Miese
• Vorsicht, Schimmel: 24 Toastbrote im Test
• Mineralwassertest: Zehn Sorten „mangelhaft“ im Geschmack
• Maßnahmen gegen Daten-Sammelwut: Alu-Folie um den Reisepass
• DDR-Bild von Schülern: Alliierte bauten die Mauer und Willy Brandt war ein Ossi

Das Antidiskriminierungsgesetz macht (fast) alles möglich:

• „Agressive Gottlosigkeit“: Atheist Schmidt-Salomon verklagt Regensburger Bischof

• Staunende Reporter: Horror-Rocker Alice Cooper outet sich als Christ
• Studie: Frauen sind in jungen Jahren glücklicher als Männer
• Brigitte Nielsen ist renoviert: Ehemann freut sich auf ihren runderneuerten Body

Freitag, 25.7.08
• Der neue Kennedy? 250 000 bei Obama in Berlin
Der Retter spricht, ohne konkret etwas zu sagen und bringt die Welt in einen Freudentaumel.
• Deutschland im Obama-Rausch: Zustimmung für mehr Einsatz der Verbündeten
• Papst trifft irakischen Ministerpräsidenten Nuri al-Maliki
• Doktor Massenmord: Karadzic behandelte Erektionsprobleme
• Karadzic-Verhaftung: Serbische Extremisten drohen Staatschef Tadic mit Ermordung
• Grüne fordern Thema Homosexualität in Orientierungskursen für Ausländer
• Grüne Jugend fordert kostenlose Kondome für Hartz-IV-Empfänger
• Österreich schafft Erbschafts- und Schenkungssteuer ab
• Österreichs Linke will Enteignung der oberen 10.000
• EU sagt der Mafia den Kampf an
• Labour-Partei implodiert: Grüne Steuerpolitik sorgt für Abwatschung
• Feinstaub: EU-Gericht bestätigt einem Münchner Anwohner Recht ein auf Aktionsplan
• Münchner Beispiel für saubere Luft: Verklagt die Kommunen!
• Waldbrände in Rhodos geraten außer Kontrolle
• Gutachter Vincent Gray wirft dem Weltklimarat Korruption vor
Angegeben werden 1.878 Kommentare Grays zum 4. IPCC-Bericht. Nach Grays Aussage waren es jedoch lediglich 157.
• Angela Merkel in Bayreuth: Tief ausgeschnitten in Petrol
• Über 100 Verletzte bei Erdbeben in Japan
• Stellungen: Hier zeigen wir dir die schönsten!
• Prügelnde Basketball-Zicken: Massenschlägerei in der höchsten US-Frauenliga

Samstag, 26.7.08

• Sturzflug zur Notlandung: Riesenloch im Rumpf eines australischen Jumbos

• Atomare Abrüstung, Folter, Klimaschutz: Bundesregierung will Obama im Fall seiner Wahl beim Wort nehmen

• Münchner Feinstaub-Urteil: Kommunen erwarten Klagewellen

Das Urteil des EU-Gerichtshofs ermöglicht jedem Bürger die Einklage seines Rechts auf saubere Luft.

• Fleischpreise: 7000 deutsche Schweinehalter geben auf

• Die nächste Runde: Gas wird ab September um 17 Prozent teurer

• Energiepreise: Ypsilanti fordert zusätzliche Ökosteuern für das produzierende Gewerbe

• Münchner Hauptschüler wissen mehr als Realschüler in Niedersachsen

• Anstatt Abschiebung: Kriminologe Pfeiffer will ausländische Serientäter aus demografischen Gründen integrieren

• Kalifornien verbietet gehärtete Fette in Brotaustrichen, Gebäck und Pommes

• China ist größter Empfänger deutscher Entwicklungshilfe

Im Gegenzug kauft China auch deutsche Wälder. She. 12.6.07.

• Familie hielt in Essen psychisch Kranken jahrelang wie ein Tier

• Scheidung über Grenzen hinweg: Neun EU-Länder übernehmen Vorreiterrolle

• Wo bleibt die Toleranz? Christen vermitteln oft ein negatives Bild der Homosexualität

• Mit neuen Brüsten: Tatjana Gsell sieht sich als Vorbild für Mädchen

Sonntag, 27.7.08

• Ypsilanti will kostenlose Grundmenge an Strom für alle Verbraucher

• Unberechenbar: Bundes-SPD fürchtet sich vor Ypsilantis zweitem Anlauf

• Nach Feinstaub-Urteil: SPD fordert große Umweltzone Ruhrgebiet

• Wiederholte Kritik an Sohn: Sarkozy lässt Magazin-Redakteur wegen Diskriminierung feuern

• Das Ende der Hetero-Norm? Scheidungszwang für Transsexuelle ist verfassungswidrig

Verheiratete Transsexuelle müssen sich nach einer Geschlechtsumwandlung nicht mehr scheiden lassen.

• Schäubles neue Super-PIN-Karte: Kabinett beschließt elektronischen Personalausweis

• 13 469 bayrische Rentner über 65 halten sich mit Minijobs über Wasser

• Olympische Spiele: Zweifel am Alter von Chinas Top-Turnerinnen

• Ex-Googler gründen weltweit größte Suchmaschine „Cuil"

• Kalorienfalle Mittagspause: Die Dickmacher lauern in der Kantine

• Übergewicht: Gen verführt zum Überessen

• Ein Superstar ungeschminkt: Madonna mia!

Montag, 28.7.08

• 17 Tote und viele Verletzte: Bombenanschläge in der Türkei – PKK dementiert

• Das Netz wird enger: Neue Steuer-Identifikationsnummer kommt auch bei kleinen Vergehen auf die Schliche

• Die Nicht-Verantwortlichkeit der Verantwortlichen: Mildes Urteil im Siemens-Schmiergeldprozess

• Kein Konjunkturprogramm: Regierung lässt Glos im Regen stehen

• Stimmung der Verbraucher auf tiefstem Punkt seit Jahren

• Unwetter über Dortmund: Jahrhundertregen oder Folge des Klimawandels?

• Energiepreise: Die ersten Kältetoten werden in diesem Jahr erwartet

• Explodierende Heizkosten: Berliner Finanzsenator empfiehlt Bürgern Pullover

• Wenige Stunden alter ausgesetzter Säugling bei Köln gefunden

• Kotelett und Wurst teurer: Wird auch Grillen bald zum Luxus?

• Massenhinrichtung im Iran: 29 Todesurteile vollstreckt

• Finanzkrise: US-Haushalt droht ein Minus von einer halben Billion Dollar

• Spaniens Immobilienmarkt im freien Fall

• EU diktiert einheitliche Stecker für alle Handys nach chinesischem Vorbild

• Unbekanntes Lennon-Interview der BBC entdeckt: „Die Beatles waren eine christliche Band“
• Amy Winehouse mit dem Rettungswagen ins Krankenhaus
• Saufen, saufen, saufen: Malayische Sptizhörnchen bleiben trotz chronischem Alkoholkonsum nüchtern

Dienstag, 29.7.08
• Ver.di-Streik bei der Lufthansa: Das große Chaos bleibt aus
• Entsetzte Genossen: Ypsilanti schielt auf die Linkspartei
• Archäologen finden in Sachsen-Anhalt das deutsche Stonehenge
• Peking im Smog-Test: Wie 70 Zigaretten pro Tag
• Vorsicht, Sonne: Hautärzte schlagen Alarm
• Gefährliche Sonne: Hautkrebsrisiko so hoch wie noch nie
• Schlafen, Kleidung, Ernährung, Sex: Wie Sie die Hitze genießen
• Schleier-Lüftung wegen großer Hitze: Mann zertrümmert Ehefrau das Nasenbein
• Berliner Anthroposophin lebt angeblich seit vier Jahren ohne Nahrung
• Besorgniserregendes Kinder-TV: Lieber Sex-Bomben statt Pippi Langstrumpf
• EU-Vertrag: 62 Prozent der Iren würden nun mit „Nein“ stimmen
Beim Volksentscheid im Juni waren es 53,4 Prozent.
• Bye bye Stand-By: EU beschließt Stromspar-Vorgaben für Elektrogeräte
• Flut illegaler Einwanderer: Italien ruft den Notstand aus
Selbst Gott kommt nicht ungeschoren davon:
• Gender Mainstreaming und Frauenpower: Aus Gott wird Göttin
• 70 Millionen Dollar vom Verlag?: Homosexueller verklagt Bibel wegen Diskriminierung
• Bremer Frauenbeauftragte wettert gegen sexuelle Diskriminierung in der „Micky Maus“
• Alhamdullilah! Leser des britischen Magazins „Prospekt“ wählen zehn Moslems zu den größten Denkern unserer Zeit
Türkische Zeitungen riefen zur Stimmabgabe über das Internet auf.
• Acetaldehyd in Mineralwässern aus PET-Flaschen

Mittwoch, 30.7.08

• Karlsruhe kippt das Rauchverbot in Einraum-Kneipen

Gleichzeitig wird aber das mögliche Recht auf ein generelles Rauchverbot eingeräumt. Der Streit wird weiter gehen und lässt Zeit, die angestoßenen Reglementierungen zu Übergewicht, Ernährung und angestrebter 0,0-Promille scheibchenweise vorzubereiten. Dazu noch die ebenfalls heutige Meldung:

• Drogenbeauftragte Bätzing will Bier-Werbung im Sport kräftig stutzen

• Streik: Lufthansa streicht zehn Prozent der Flüge

• Siemens verklagt seine einstige Elite

• Verurteiltes Frankfurter U-Bahn-Schläger-Duo sticht 23-Jährigen nieder

Der Fall sorgte während des hessischen Wahlkampfs im Januar für bundesweites Aufsehen. Roland Kochs Forderungen nach härterem Vorgehen kostete die Regierungs-Mehrheit.

• Nach zu lautem Handy-Gespräch ins Krankenhaus: Vier 14-jährige Münchner Mädchen verprügeln Studenten in der U-Bahn

• Olympia-Zensur im Internet: IOC kuscht vor China

• Der Boden rollte: Mittleres Erdbeben der Stärke 5,4 in Los Angeles

• Stadtrat von Los Angeles will Fastfood-Verbot

• Schottische Nationalisten sehen Wahlergebnis als Signal gegen das EU-System

• Der Juli war ein Regenmonat

• Eisbären freuen sich: Die Welt wird nicht wärmer

• Bildschirm aus: Forscher vergleichen Hintergrund-Fernsehen bei Kindern mit Passivrauchen

• Weg mit dem Speck: Britneys 14 000 Euro teure Bikini-Figur

Donnerstag, 31.7.08

• Wolfgang Clement soll aus der SPD ausgeschlossen werden

• Sensation: Müncher Ärzte nähen Mann zwei Arme eines Toten an

• Beckstein: Mehr Raucherclubs in Bayern als erwartet – trotzdem keine Lockerung

• CSU stürzt ab auf unter 50 Prozent
• Petzen bei GEZ: Jeder achte Bundesbürger würde Schwarzseher denunzieren
• LKW-Maut: Steuerfahndung ermittelt gegen Toll Collect
• 25 000 Euro im Durchschnitt: Neuwagen teuer wie noch nie
• „Gender-Ideologie ist Wahnsinn!“: FPÖ schließt Spitzenkandidat Karl-Heinz Klement aus

Gegen den Mainstream: Nach mehreren Abmahnungen im Parlament bezeichnete der Abgeordnete Klement auch noch die Gebärmutter als „gefährlichsten Ort Österreichs“ und wandte sich gegen die Homo-Ehe.

• Schwangerschaft: Internetseite bietet Abbruch für zu Hause an
• Riad verbietet Verkauf und Ausführen von Hunden und Katzen

Die Religionspolizei bemängelt, dass Männer die Tiere benutzen, um Frauen anzusprechen.

• Homo-Ehe: Vatikan setzt Anglikaner unter Druck
• Niederländische Regierung nimmt an Amsterdamer Gay-Parade teil

Dazu bietet der Zoo „Artis“ eine Veranstaltung zur Homosexualität im Tierreich an.

• Angelina Jolies Zwillinge: 14 Millionen Dollar für Fotos

Monats-Rückblick Juli 2008

Die Krankenkassenbeiträge werden erhöht, auch die Strompreise steigen, Biosprit lässt weltweit die Lebensmittelpreise explodieren, das Rauchverbot gilt in ganz Deutschland, Ärzte sollen zum Melden von Tattoos, Piercings und Silikonbrüsten verpflichtet werden. Da Frauen in einem Computerspiel weniger rabiat sind als die Männer, erhält der Hersteller eine Abmahnung wegen Diskriminierung und ein amerikanischer Transvestit bringt ein Mädchen zur Welt. Die EU macht Atomkraft als Öko-Energie salonfähig, das ungarische AKW Paks meldet einen Störfall, die französische Atomanlage Tricastin ein Leck, im schwedischen AKW Ringhals bricht ein Feuer aus, in Spanien wird die Vertuschung einer Unfallserie in AKW's publik, Der Block Biblis B soll mehr als 150 schwere Sicherheitsmängel aufweisen, den Atomdeponien Asse II und Morsleben droht das Absaufen, bei einem Störfall in französischem Atomkraftwerk Saint-Alban werden 15 Arbeiter kontaminiert ,die CDU befürwortet den Neubau von Atomkraftwerken und in Tricastin werden bei einem erneuten Unfall über 100 Arbeiter radioaktiver Strahlung ausgesetzt. Ein Münchner Projekt soll Kindern zwischen neun und zwölf Jahren Homosexualität näher bringen, ein neues Gesetz verbietet Jauchs SKL-Show, Claudia Roth fordert ein Recht auf Religionskritik – mit Ausnahme des Islams. Beim Berglauf auf die Zugspitze rennen Läufer trotz vorheriger Schlechtwetter-Warnung wie Lemminge leicht bekleidet in den Tod, worauf die Staatsanwaltschaft gegen den Veranstalter ermittelt. Deutschland ist Weltmeister: In keinem Land der Welt gibt es mehr Regeln, Verbote und Richtlinien. Spaniens Immobilienmarkt befindet sich im freien Fall, der Berliner Finanzsenator empfiehlt den Bürgern vorsorglich warme Pullover als Maßnahme gegen steigende Heizkosten, die EU beschließt Stromspar-Vorgaben für Elektrogeräte und jeder achte Bundesbürger wäre bereit, seinen Nachbarn wegen Schwarz-Fernsehens zu melden.

AUGUST 2008

Rückblick auf August 2007
Rauch- und Alkoholverbot – Moscheenstreit – Maul- und Klauenseuche – Islam – Kinderarmut - Klimawandel

Das Rauchverbot in Gaststätten gilt in drei Bundesländern, die Bundesregierung setzt auf „soziale Kontrolle", Baden-Württemberg droht den Wirten notfalls mit Konzessionsentzug und Rauchern mit Strafen zwischen 40 und 150 Euro. Veranstaltern und Gewerbetreibenden drohen Strafen bis zu 50 000 Euro bei Duldung des Rauchens oder Abgabe von Tabakwaren an Jugendliche unter 18. Gleichzeitig gilt ein absolutes Alkoholverbot für junge Fahranfänger auf zwei Jahre.
Nach Sitzverboten vor Sehenswürdigkeiten in Italien folgt in Deutschland ein Sitzverbot mit Bierflaschen in der Spandauer Altstadt, während Niedersachsen das Sitzverbot beim Kaffee in Bäckerläden aufhebt.
Der Moscheenstreit in Köln geht unvermindert weiter, die Türkisch-Islamische Union lehnt kleinere Minarette ab, Ralph Giordano nennt den Koran „eine Lektüre des Schreckens" und erhält weitere Morddrohungen.
Klimaforscher stellen eine Verdoppelung bei der Dauer der Hitzewellen in Europa fest, ebenso eine Verstärkung des Monsunregen durch Klimawandel und Luftverschmutzung.
In Bayern werden tote Enten an einem See gefunden, Roche hebt die Prognosen für sein Grippemittel Tamiflu an, aus England kommt die Meldung eines zweiten Falles von Maul- und Klauenseuche, worauf die EU ein unbefristetes Exportverbot für britisches Fleisch und Milchprodukte verhängt. In beliebten Chipsorten finden sich hohe Belastungen des Krebsauslösers Acrylamid.
190 000 Pistolen und Maschinengewehre sind im Irak spurlos verschwunden, ein US-Abgeordneter fordert die Bombardierung von Mekka und Medina im Falle eines atomaren islamistischen Terroranschlags auf die USA, die Briten amüsieren sich über ein Dschihad-Musical, ein schottisches Krankenhaus verordnet ein solidarisches Essverbot für das Personal während des Ramadan, in den Niederlanden schlägt ein Bischof vor, „Gott" allgemein in „Allah" umzubenennen, der italienische Staatspräsident Prodi fordert den Dialog mit Al Kaida und ein italienischer Gerichtshof gestattet einem Moslem das Schlagen seiner Tochter.
Fünf Jahre nach der Hartz-Reform ist die Zahl der Kinder aus armen Familien

auf Höchststand, die Einschulungskosten sind gestiegen und oft reicht es nicht einmal mehr für die Schultüte.
Neben einem Brandalarm in schwedischen AKW Ringhals werden auch neue Defekte in Krümel und Brunsbüttel bekannt.
Mehrere Spitzenpolitiker studieren den Klimawandel auf Grönland, für die kommenden zwei Jahren wird kein weiterer Temperaturanstieg voraus gesagt, Kaliforniens Kühe werden als die größten Umweltsünder ausgemacht, aber auch der Methan-Ausstoß von norwegischen Elchen wird als schlecht für das Klima entdeckt, während sich die Raumfahrtindustrie Gedanken über Methangas als neuem Raketenabtrieb macht.
Die Waldbrände in Griechenland erhöhen den Treibhauseffekt, 100 Brandstifter sind bereits festgenommen und ein EU-Kommissar warnt Griechenland vor Überschwemmungen durch verkohlte Böden.

Meldungen August 2008

Freitag, 1.8.08

• Internet-Sperre: Chinas Staatschef warnt vor Politisierung der Spiele
• IOC-Chef Rogge verteidigt Chinas Zensur
• Wieder in Sachsen: Totes Baby in Reisetasche im Keller gefunden
• Rauswurf: Überrumpelter Wolfgang Clement setzt sich zur Wehr
• 1850 neue Schwarzgeld-Konten in Liechtenstein entdeckt
• Die neue Steueridentifikationsnummer: Alle Kontobewegungen der Bürger per Mausklick
• Party in der Dorfkirche: Jugendliche verwüsten St. Dionys bei Lüneburg
• US-Sonde entdeckt Wasser auf dem Mars
• Spritpreise: US-Automarkt kollaboriert
• Offen geduldet: EU-Abgeordnete stellen Familienangehörige und Geliebte als Assistenten ein

Assistenten dürfen von zu Hause aus arbeiten und mit monatlich bis zu 15.496 Euro entlohnt werden. Die letzte Woche neu beschlossene Übergangsregelung erlaubt Geliebten noch eine Frist bis 2014.

• Gefangen im falschen Körper: Zehnjähriger David darf nun Nina sein

• Tierisch lustvoll: Wir zeigen dir die Hündchenstellung!
• 25. Folsom Street Fair in San Francisco: Öffentliches Schwanzlutschen, Wettwichsen und Sperma im Bier
• Unglaublich: Pamela Anderson schon wieder ohne Höschen erwischt

Samstag, 2.8.08
• Ypsilanti half mit, Clement aus der Partei zu werfen
• Während seine Gewerkschaft die Lufthansa bestreikt: Ver.di-Chef Bsirske fliegt gratis Erster Klasse in die Südsee
• CSD in Hamburg: 10 000 feiern buntes Fest der Toleranz in Hamburg
Die Alpha-Mädchen auf dem Vormarsch:
• 240 Festnahmen – pro Tag: Frauen- und Mädchengewalt in England mit epidemischen Ausmaßen
• Indiens Kehrtwende in der AIDS-Politik: Ehe und Enthaltsamkeit anstatt Kondome
Mit etwa 3 Millionen HIV-Kranken hat Indien eine der weltweit höchsten Infektionsraten.
• Gnadenlose Formel 1: Renault-Ingenieur erschießt sich
• Gleichstellungsgesetz: Pädagogin muss auch als Muslimin von Diakonie eingestellt werden
Die volle Härte des Gesetzes:
• Prügel bis zur Bewusstlosigkeit wegen Kopftuchverweigerung: Freispruch für libanesischen Vater in Berlin
• Gifte, Pilze, Lösungsmittel: Dicke Luft im trauten Heim
• Ex-Popstar und Kinderschänder Gary Glitter vorzeitig aus der Haft entlassen
• Ben Becker: „Jesus würde heute wieder gekreuzigt!“
• Britney Spears flirtet mit ihrem Leibwächter

Sonntag, 3.8.08
• US-Autokrise: Ford und General Motors erwägen Partnerschaft
• Der Raucherkrieg beginnt von vorne
• Raucherregelung verrückt: Butterbrezel nein – Butter und Brezel getrennt: ja
• Kulturkampf an der Ostsee: Konservative Polen und deutsche FFK-Anhänger geraten aneinander

• 3000 Soldaten sorgen für Sicherheit in italienischen Städten

...während die Polizei Jagd auf Verkehrs- und Alkoholsünder macht.

• Halbstündiger Blutregen in Kolumbien: Bakteriologin bestätigt Echtheit

• Tornado fordert vier Tote in Frankreich

• 180 Fatah-Mitglieder fliehen vor der Hamas nach Israel

• Astronaut Walter Cunningham legt sich mit NASA-Klimakatastrophisten an

• Der Graben bleibt: Anglikaner schrammen knapp an einer Spaltung vorbei

• Zu dick für die Giftspritze? US-Todeskandidat will Hinrichtung verhindern

• Die Sex-Prüfung: Bist du schon reif für Sex?

• Spätzle im Blut: Victoria Beckham hat schwäbische Wurzeln

Montag, 4.8.08

• Neuer Anschlag mit 16 Toten in China schürt Terror-Angst zu den Spielen

• Globale Rezession: US-Notenbankchef Greenspan spricht von Jahrhundertkrise

• Über 30 Jahre nach dem Selbstmord: 400 Fotos der RAF-Terroristen im Keller gefunden

• Elf tote Bergsteiger am K2 durch Eiswand-Abbruch

• Elf Tote am K2: Wann wird dieser Wahnsinn endlich verboten?

• Wolfgang Klement: Mit „Abscheu“ nach Hessen schauen

• Folgenschweres Verbot: Bierverbot an Tankstellen kostet Arbeitsplätze

• Stadt Tettnang verbietet Bier im Schlosspark

• Euthanasie in Holland: Angehörige in den Urlaub – Mutter per Giftspritze ins Jenseits

• Mehrheit der Deutschen ist für aktive Sterbehilfe

• Neue US-Studie bezeichnet IPCC-Klimamodelle als Entscheidungshilfen für unbrauchbar

• Keine Ansage auf Katalanisch: FC Barcelona fliegt nicht mit der Air Berlin

• In Schweden schon (fast) normal: Lisas (19) Papa ist schwul und Mama ein Mann
• Angesagt in New York: Aggro-Lesben-Rap

Dienstag, 5.8.08

• Wortführer der Wahrheit: Alexander Scholschenizyn (89) ist tot
• Nach Anschlag in China: Behörden sperren wieder das Internet
• SPD will Rauswurf verhindern – Klement schaltet auf stur
• Trinkwasser in Deutschland teilweise zu stark mit Uran belastet
• Weizenbier verbessert den Vitamin-B-Haushalt
• Deutschland: Jede vierte Familie hat Migrationshintergrund
• Migrantenanteil über 70 Prozent: Schule in Frankfurt-Hausen schafft Deutsch als Pflichtfach ab
• EU-Gerichtshof und Befruchtung im Reagenzglas: Schwangerschaft beginnt erst mit dem Einsetzen des Embryos in den Mutterleib
• 33 Milliarden Barrel: Drittgrößtes Erdölfeld vor Brasilien entdeckt
• Sicherer Rauchen: EU will in drei Jahren die selbstlöschende Zigarette
• Getrennte Klohäuschen für Schiffbrüchige in Offshore-Windparks

Einfach ins Meer pinkeln ist aus Umweltschutzgründen verpönt. Was tun, wenn gleichzeitig ein Mann und eine Frau angespült werden? Was ist, wenn der gerade gerettete Mann das Klo besetzt hält? Ist einer Frau die Benutzung einer Männertoilette generell zumutbar? Fragen über Fragen: Umwelt- und Gender-ExpertInnen denken über Lösungen nach.

• Potsdamer Wissenschaftler sind abrupten Klimasprüngen auf der Spur
• Schulferien in Gaza: Sommercamps des Hasses

Mittwoch, 6.8.08

• Uran-Alarm um deutsches Trinkwasser

Ein Kilo Erdreich enthält etwa 2000 mal mehr Uran als ein Liter Trinkwasser.

• China vor den Spielen: Demonstranten verschleppt, Journalisten verprügelt
• Hiroshima gedenkt des Atombombenabwurfs vor 63 Jahren

• Rechnungshof enthüllt: Gratis-Viagra für Krankenkassen-Chefs
• Wolfgang Clement entschuldigt sich bei der Hessen-SPD
• Ypsilanti verschiebt Entscheidung über Linksbündnis wegen Bayern-Wahl in den Herbst
• „Das mache ich nie mehr wieder": Franz N. schüttete Spiritus in die Grill-Glut
• Mainzer Urteil rechtmäßig: Getunter Motorroller muss verschrottet werden
• Von Shell unterstützt: Engländer will mit Verkalkung der Ozeane den Klimawandel stoppen
• Filter für die 1000 dreckigsten Kohlekraftwerke könnten CO2 um ein Drittel reduzieren
• Spanien will Menschenrechte für Menschenaffen auch in der EU festschreiben lassen
She. 27.6.08
• Führender britischer Homo-Aktivist Tatchell räumt ein: „Es gibt kein Homo-Gen!"
• Grüner Sepp Dürr in Bayern: „Moscheen müssen in die Innenstadt"
• Paris Hilton mit Bewerbungs-Video: Wählt mich zur Präsidentin!

Donnerstag, 7.8.08
• China zu Bush's Menschenrechtskritik: Schnauze!
• Zick-Zack: Das Wetter in Deutschland spielt verrückt
• Wolkenbrüche, Blitze, Sturmböen: Heftige Unwetter über Norddeutschland
• 100 afrikanische Flüchtlinge in Seenot: Kein Land will Rettungsboot schicken
Wann kommt endlich das Verbot von Eis am Stiel?:
• Zu gefährlich: Kinderkommission im Bundestag will Überraschungseier verbieten
• Wortbrüchige Koalition: Arbeitnehmer müssen mit bis zu 500 Euro mehr Sozialabgaben rechnen
• Clement und Ypsilanti: Kernspaltung einer kopflosen Partei
• Iran will Steinigung und Handabhacken abschaffen
• Türkeiurlaub: Erstmals mehr Russen als Deutsche in Antalya

• Österreichs Grüne fordert: Kostenlose Kinderbetreuung, Frauenquote in Unternehmen und 10.000 von öffentlicher Hand geförderte Frauen-Jobs
• Nur in Irland, Ungarn und Bulgarien gleich: Frauen haben schlechtere PC-Kenntnisse
• Katie Holmes schon wieder mit neuer Frisur
• Pamela Anderson: Je höher die Schuhe, desto kürzer der Rock

Freitag, 8.8.08
• Schnapszahl-Tag: Heute wird geheiratet
Vor der heutigen Eröffnung der Spiele: Dicke Luft und blanke Nerven
• Hertie pleite: Konsumflaute treibt Kaufhäuser in die Krise
• Nach Verbotsforderung von Überraschungseiern: Schulranzen-Gewicht soll gesetzlich festgelegt werden
Weitere Pläne in der Schublade: Schulbücher müssen leichter werden, Deponiemöglichkeit von zu schweren Büchern in der Schule, Fahrradhelm als Pflicht für Kinder und Jugendliche, Berücksichtigung von Kinderbelangen in Bauverordnungen, Schaffung eines EU-Prüfsiegels für Kinderprodukte...
• München kassiert mit Tempo 30: In nur zehn Tagen über 800 Führerscheine an Baustelle weg
Die Polizei meldet seitdem einen Kleinunfall, jedoch keine Zahlen über Unfälle vorher.
• Neue Technik: Fingerabdrücke verraten körpereigene Stoffwechselproduktion und feinste Spuren von zuletzt berührten Gegenständen
• Biometrische Ausweise: Osama bin Laden auf dem Passbild
Ein Amsterdamer Experte veränderte innerhalb weniger Sekunden auf britischen Pässen elektronisch gespeicherte Bilder, die von den Lesegeräten akzeptiert wurden. Auch deutsche Pässe sollen nicht sicher sein.
• Bruno Jonas bekennt: Lieber Witze über Katholiken als ein Scherz über Islamisten
• Urlauber: Russen verdrängen Engländer und Deutsche in der Unbeliebtheitsskala
• Surfen als Klimakiller: Eine Aktion bei Ebay schlägt mit 18 Gramm CO2 zu Buche

• Trotz massiven Widerstands der Bevölkerung: EU drängt Bulgarien zur Homo-Ehe

Samstag, 9.8.08

• Millionenschäden im Norden Deutschlands durch Sturm „Christine"
• Krieg und Spiele: Olympische Flamme in Peking, Panzer im Kaukasus
• Olympia-Eröffnung: Mao fehlt völlig
• Lesben- uns Schwulenverband befürchtet Einführung der Scharia an Berliner Schulen
• Obama erklärt Unterstützung von Homo-Adoptionen
• US-Forscher Pearce weist nach: Shakespeare war Katholik

Seit 1534 war die Mitgliedschaft in der „Church of England" vorgeschrieben. Shakespeares Londoner Haus diente als illegaler Treffpunkt.

• „Atheistische Christen": Intellektuelle plädieren für Frommsein ohne Gott

Frömmigkeit bezieht sich aus dem Respekt der Natur. Die „atheistische Spiritualität" verneint die Tragfähigkeit einer materialistischen Weltanschauung und sieht im Ökologismus die Grundlage eines neuen „Glaubens" auf christlichem Fundament.

• Psychologie: Regelmäßiger Sex und Erfolg machen Menschen glücklich
• Aids-Konferenz: Ehemalige Sowjet-Staaten stehen vor riesiger Aids-Epedemie
• EU und Kinderkrippen: Wo mehr Frauenarbeit, dort mehr Verzicht auf Kinder
• Österreichs Frauenministerin will schnelleren Wiedereinstieg von Müttern in den Job

Sonntag, 10.8.08

• Sterbehilfe: Nur noch 19 Prozent der Deutschen lehnen „Tötung auf Verlangen" ab

Fortschritt oder ethische Erosion? Im November vergangenen Jahres waren es noch 30 Prozent. She. 26.11.08.

• Viele Parallelen: Peking 2008 und Berlin 1936

• Peking trickst die Welt aus: Angebliches Eröffnungsfeuerwerk war eine Computer-Animation

• Malediven verweigern Nicht-Muslimen per neuer Verfassung die Bürgerrechte

• Drastisch weniger Herzinfarkte durch Rauchverbote: Studien erweisen sich als unhaltbar

Seit 1997 sinkt Dank besserer Versorgung die Rate statistisch in ganz Europa. Die Studie vom „Wunder in Schottland“ wurde nicht publiziert. In den USA wurden statistische Tricks offenbar, die „Studien“ aus Italien werden als für die Wissenschaft als beschämend erklärt. She. z. B. 16.9.07, 17.9.07, 28.11.07, 29.11.07. Ähnlich in Deutschland: Die angeblich jährlichen 3300 Toten durch Passiv-Rauchen erwiesen sich als Hochrechnung, deren Basis zu zwei Drittel über 85 Jahre alte Menschen waren. She. 31.5.07, 30.10.07.

• Multi-Kulti: Ein vor einem Jahr noch positiv besetzter Begriff wird zum Schimpfwort

• England: Biokost-Boom überschreitet den Zenit

• Hippie-Droge neu entdeckt: LSD feiert ein Comeback

• Obst und Gemüse: Bio – gesund, aber nicht besser

Montag, 11.8.08

• Union will Idiotentest und Führerschein-Entzug für jugendliche Gewalttäter

• Italien mit drastischen Strafen gegen Alkoholsünder

Über 0,5 Promille 2000 Euro, ab 0,8 Promille 3200 Euro und bis zu sechs Monaten Haft, ab 1,5 Promille Auto weg.

• Happy Birthday, Al Kaida!

Am 11. 8.1998 wurde in der pakistanischen Stadt Peshawar eine geheime Organisation zur Weiterführung des Dschihad mit dem Namen „Al Kaida“ gegründet.

• Energie-Drink Red Bull soll Risiko für Herzinfarkt erhöhen

• Wirbel um chinesische Turnkinder: Sind diese Mädchen 16?

• Überdüngung: Todeszonen in den Weltmeere breiten sich rasant aus

• Stehen bis zu sieben Stunden: Chinesische Soldaten trugen Windeln bei Olympia-Eröffnung

• Bush wirbt in China für Religionsfreiheit
• Angst vor Islamisten: Random House stoppt Buch über eine Ehefrau Mohammeds
• Feinstaub: 21 000 Tote jährlich in Kanada
• US-Studie: Je intelligenter, desto länger jungfräulich

Dienstag, 12.8.08
• SPD-Kritik: 72 Fehler im Einbürgerungstest
• Bundesagentur vermittelt illegale Jobs in Lotto-Call-Centern
• Vier Tote bei Schießerei unter Türken in Rüsselsheim
• Fachkräftemangel: Von der Leyen will die Mütter zur Arbeit holen
• Forsa-Umfrage: Zwei Drittel der Eltern ärgern sich über verzerrtes Familienbild in den Medien
• Georgien-Krise: Obama und McCain üben sich als Oberbefehlshaber
• China verbietet Hundefleisch während der Spiele
• Nicht schön genug für Olympia: Hübscheres Double als singendes Mädchen eingesetzt
• Maschine Mensch: Das Ende der Weltrekorde?
• 500 Exil-Tibeter in Nepal festgenommen
• Verein „Kinder in Gefahr" protestiert gegen Erotikfilm „Liebe mich!" im ZDF
Kritiker sehen in dem Film ohne erkennbare Handlung die Grenzen zur Pornographie überschritten.
• Klimawandel: Sozialpsychologe fordert internationalen Umweltgerichtshof
• Ausgepeitscht und angekettet: Zwangsislamisierung von Christenkindern im Sudan
Applaus gibt's nur mit der Bibel:
• Publikum ist erleichtert: Norwegische Künstlerin bricht Koran-Verbrennung ab
• Sex-Quiz: Erfahre viel über Selbstbefriedigung!

Mittwoch, 13.8.08
• Merkel reist nach Russland und Georgien
• Rauchverbot und kein Ende: Politiker fordern politische anstatt juristischer Lösung

• Die Bildungsschere: Zwei Drittel aller Hochschüler haben Akademiker als Eltern
• Es geht abwärts: Deutsche Wirtschaft schrumpft
• Sportunfälle kosten Kassen jährlich 1,5 Milliarden Euro
• Polen und Amerika einig über Raketenabwehrschild
• Kollegen weinen vor Freude: Polizistenmörder in Texas mit Giftspritze hingerichtet
• Keine Feuerwehrfrauen in Niederösterreich: Gleichbehandlungskommission greift ein
• Britische Polizei klagt über Zunahme weiblicher Gewalt um 25 Prozent
• Männerberatung in Graz: Weg vom „harten Mann“
• Klima-Apokalypse und Heilsglauben: Der Traum von der Öko-Religion
• Kein Öl, kein Gas mehr aus Russland?:
• Friedensbewegung fordert Russland zu entschiedener Umkehr zu regenerativen Energien auf
• Billiger als eine Prostituierte: Rasierte Affenweibchen in asiatischen Bordellen
• UN-Menschenrechtsdiskussion: „Scharia is not under Discussion here!“

Donnerstag, 14.8.08
• Russen setzen im Kaukasus Streubomben ein
• Georgien-Krise: Medwedew will Merkel Greuelfotos zeigen
• Russland spaltet eine hilflose EU
• Saakaschwili: „Georgien ist nur der Anfang!“
• Verwaltungsgericht: Bayerns Schulkreuze bleiben hängen
• Beckstein attackiert Ypsilanti
• SPD hofft auf Ypsilants Scheitern
• Schlägereien auf Volksfesten: Polizeigewerkschaft fordert mehr Beamte für Bayern
• „Polizei ist kein Lückenbüßer“: Streit um Raucherclub-Kontrollen in Bayern
• „Höherer Kontrolldruck“: CDU-Verkehrexperte fordert Nummernschilder für Fahrräder

Vorschlag: Warum nicht auch gleich RFID-Chips für Fußgänger?

• Scharia für Anfänger: Berliner Senat erarbeitet Richtline für Umgang mit muslimischen Schülern

• Öko- und Klimapolitik: Deutschland ohne Energie- und Rohstoff-Strategie

• Europas Energieversorgung bald voll in russischer Hand

• Orwell lacht sich schlapp: UN schafft den Krieg ab

Das Wort „Krieg" wird umschrieben mit „Friedensbruch", „bewaffneter Konflikt" oder „Aggression".

• Steinbach versteht Frust der Iraner: Israel soll abrüsten

Freitag, 15.8.08

• Tiflis verlässt den Staatenbund der GUS

• Schröder gibt Saakaschwili die Schuld

• Bodenseekreis will mehr Polizeibeamte

• Baden Württemberg bildet seit Frühjahr 800 Polizeibeamte mehr aus als der Plan vorsieht

Diese sollen ab 2011 zusätzlich zum Einsatz kommen.

• Erster Schultag in Dortmund: In dieser Klasse gibt es kein einziges deutsches Kind

• Bevölkerungsentwicklung: Weiße sind in USA ab 2042 in der Minderheit

• Pop meets Klimaschutz: Heinrich Böll-Stiftung startet mit Rock-Musikern zur Volkserziehungs-Tournee

• „Anti-Rassismus und Klimacamp" in Hamburg: 2500 Chaoten schützen unser Klima

• Weil es so im Koran steht: Die Sonne kreist doch um die Erde

Dies bekräfigt Scheich Saleh bin Fauzan, einer der prominentesten sunnitischen Geistlichen in einer Fatwa.

• Katholisches Italien: Kein einziger Katholik in Italiens Regierung

• 2800 verletzte Berliner Polizisten im vergangenen Jahr

• Senat und Berliner Zeitung machen Werbung fürs Kopftuch

• Wiener Bäder propagieren muslimischen Ganzkörperbadeanzug

Samstag, 16.8.08

• Trotz Waffenstillstandsvereinbarung: Panzer rücken weiter an Tiflis heran

• In Pflegeheime: Langzeitarbeitslose sollen Demenzkranke betreuen

• Polizei fordert schärfere Strafen bei tätlichem Widerstand gegen Beamte

• UN sieht Rassismus in Deutschland gegen Juden, Moslems, Roma, Sinti und Afrikaner

• Trotz Ausländer-Anteils von 20 Prozent: UN wirft der Schweiz Rassismus vor

She. 18.5.08

• Atheisten warnen vor Ausbreitung des christlichen Fundamentalismus

• Kleinkindbetreuung: Fast alle EU-Staaten hinken hinter den Zielen her

• Ver.di wirft Aldi Bestechung von Betriebsräten vor

• Raketenschild – Russland droht Polen: „Das bleibt nicht ungestraft!"

• Volkszählung 2011: Religionszugehörigkeit und Herkunft werden nicht mehr abgefragt

Wozu auch? „Wir sind Papst!" – und daher eh' alle katholisch.

• Schneefall bis auf 2000 Meter

• Stromkonzerne fürchten um Planungssicherheit: Kohle-Gegner formieren sich

• Kernkraft-Ingenieure: Händeringend gesucht

• Madonna wird 50 und Amy Winehouse rüpelt wieder

Sonntag, 17.8.08

• Raketenschild: Russland droht Polen mit Atombombe

• Zu viele Kalorien in Kindermenüs von Fast-Food-Ketten

• „Famiglia Catholica" sieht Berlusconis Regierung auf dem Marsch in den Faschismus

„Famiglia Catholica" ist die größte, nicht von Berlusconis Medienkonzern abhängige Wochenzeitung Italiens und wird vom Pauliner-Orden heraus gegeben. Der Kulturminister bezichtigt sie im Gegenzug als kommunistisch unterwandert.

• Multikulti statt Christentum: Schweizer Uni-Rektor fordert Abschaffung christlicher Feiertage zugunsten muslimischer Feste
• Evangelische Christen üben scharfe Kritik an Gender Mainstreaming
• Billionen für den Klimaschutz: Wirtschaftlicher Selbstmord aus Angst vor dem Tod

Berufsverbot für Ärzte und Bestattung im Bio-Jutesack?:

• Amalgamfüllungen, Titanschrauben, Herzschrittmacher, Sarglackierungen: Friedhöfe werfen ökologische Fragen auf
• Arbeitsbedingungen in China: Fast überall schrecklich
• Coming out: So kommst du endlich raus!
• Alice Schwarzer outet sich als „echter HipHop-Fan"

Montag, 18.8.08

• Neuer Krebserreger in Chips und Pommes entdeckt
• Krebs-Substanz Glycidamid in Pommes nachgewiesen

2007 war es Acrylamid, das seit Anfang des Jahres völlig aus den Schlagzeilen verschwunden ist.

• Kriminologe Fest warnt vor wachsender Sicherheitshysterie

Die Zahl der Häftlinge hat sich in zehn Jahren im Hamburg verdreifacht.

• Datenschützer befürchten Daten aller Deutschen im Umlauf
• Wohnungsmarkt: Mieten für Familien oft kaum noch bezahlbar
• Ex-Freund bekommt Ausgleich: Rechtliche Vorteile der Ehe schwinden
• 2700 Deutsche traten 2007 zum Islam über

Im Jahr zuvor waren es 4000.

• Jugendliche kündigen in Lausanne und Zürich Massenbesäufnis an – Basel hofft auf Regen

She. 16.7.08.

• Eisschmelze am Nordpol: 2008 könnte zum Rekordjahr werden
• Amy Winehouse wieder auf Entziehungskur

Dienstag, 19.8.08

• Statistisches Bundesamt: Energiepreise stiegen seit 2002 um 55 Prozent
• Bund und Länder beraten über Erhöhung der Lkw-Maut

• NATO und EU fordern sofortigen Abzug Russlands aus Georgien
• Chinesische Zöllner beschlagnahmen Bibeln
• 258 Kg für die tote Ehefrau: Matthias Steiner weint nach Gold wie ein Kind
• Nur für Frauen: Mann darf in Niedersachsen nicht Gleichberechtigungsbeauftragter werden
• Krankenkassen, Ministerien und TÜV warnen vor zu schweren Schulranzen
• Frauen bekommen wieder mehr Nachwuchs

Die Geburtenzahl stieg nach der durchschnittlichen Kinderzahl pro Frau von 1,33 in 2006 auf 1,37 im Jahr 2007. Während die Geburten bei jüngeren Frauen weiter zurückging, stiegen sie bei den 33- bis 37-Jährigen.

• Mehr Kinder: Frauen im Osten ziehen erstmals seit der Wende mit dem Westen gleich
• Stammzellen-Novelle: Mehr menschliche Embryonen dürfen importiert werden
• Embryonale Stammzellen-Forschung: Immer mehr Wissenschaftler wenden sich ab

Bis heute gibt es weltweit keine klinische Studie mit dem Nachweis eines Nutzens. She. 23.11.07, 26.11.07, 6.3.08, 14.4.08, 22.5.08.

• Homosexualität legalisiert: Panama beugt sich dem internationalen Druck
• Britischer Geheimdienst MI5 sucht homosexuelle Agenten
• Niederlande: Muslimische Immigranten können mehrere Ehefrauen registrieren lassen

Mittwoch, 20.8.08

• Schelte im Kanzleramt für das deutsche Bildungssystem
• Forsa-Umfrage: Mehrheit gegen Koalition mit der Linkspartei
• Höhere Pensionen als Angestellte: Beamte sollen künftig Rentenbeiträge zahlen
• Gleiche Rechte für alle: Linksjugend fordert Abschaffung der Eheprivilegien
• UKE: Wenn sich schon Sechsjährige das Leben nehmen wollen

In Deutschland sterben täglich drei Kinder und Jugendliche durch Suizid.

• Gleichbehandlungsgesetz: Klagen wegen Diskriminierung nehmen zu

Die Wirtschaft beklagt einen Schaden von 1,73 Milliarden Euro, der Bund kommt auf nur 26 Millionen.

• ÖVP-Frauen fordern Quoten in Aufsichtsratsgremien wie in Norwegen

She. 30.1.08.

• Pfleger spielten Karten: Amerikaner starb nach 22 Stunden im Wartezimmer

• 55 Tote: Al Kaida-Ableger startet Offensive in Algerien

• Wegen Anmeldung einer Demo in der olympischen Protestzone: Zwei chinesische Rentnerinnen zu je einem Jahr Zwangsarbeit verurteilt

...und die Sponsoren schweigen.

• Mit Militär gegen Flüchtlinge: Papst warnt Italien vor Rassismus

Der Papst? Wo bleibt die UN-Menschenrechtsorganisation?

She. 16.8.08.

• Gabriels teure Futter-Patenschaft: Eisbär Knut kostet den Steuerzahler 12 000 Euro

• Zwillinge von Leihmutter ausgetragen: Ricky Martin ist Eltern

Donnerstag, 21.8.08

• 150 Tote bei Flugzeugunglück in Madrid

• Georgien und Raketenschutzschild: Politisches Klima wird immer eisiger

• Nach 100 m-Weltrekord nun auch über 200 m: Verarscht Usain Bolt die Welt?

• Springreiter Ahlmann gesperrt: Pferd gedopt

• Schaeffler-Gruppe übernimmt Conti: Arbeitnehmer jubeln

• Ende der sozialen Fürsorge: Siemens verkauft Wohnungen – allein 1150 in München

• BMW kürzt Weihnachtsgeld und verkauft Autohäuser

• Von der Leyen sieht sich bestätigt: 12 000 Geburten mehr als 2006

• Fehlender Nachwuchs: Niedersachsen holt pensionierte Lehrer wieder in die Schulen

• Umweltschützer fordern Energie-Label für Fernseher

• Linke will RWE und Eon verstaatlichen
• Kaltes Wetter und Rauchverbot: Bayerns Wirte klagen über Bierabsatz
Kein Verlass auf die Erderwärmung:
• Brrr: Klimaschützer frieren im Hamburger Klima-Camp wie die Schneider
• Gender Booklet: Frauenanteil in außeruniversitärer Forschung stagniert
• Mentale Gesundheit: US-Studie zerpflückt psychische Beschwerden nach Abtreibung
Im Resümee wird allerdings eingeräumt, dass die Studie wegen Nicht-Berücksichtigung vieler Faktoren nur wenig aussagefähig sei. Im Zweifelsfall kann der einfache Hausverstand weiter helfen.
• Sind Lehrer faule Säcke?
• Check: Bist du schon bereit für Petting?

Freitag, 22.8.08
• 46 : 29 mal Gold: China pulverisiert die USA
• Leistung pur? 537 nationale und 26 Weltrekorde bei den Schwimmern in Peking
• Olympia 2008: Ein Zirkus voller Frankensteins
• Free Tibet: 10 Tage Haft für Deutschen in Peking
• Telekom schließt 39 Call-Center: Unsozialer geht es kaum noch
In Teilzeit bei gleichem Gehalt bis zu 200 Kilometer zur neuen Arbeitsstelle.
• Leipzig – Kleine Michelle (8) tot im Wasser gefunden
• Angela Merkel ruft die „Bildungsrepublik“ aus
• Ostdeutschland in der Bevölkerungsentwicklung europaweit auf dem letzten Platz
Frauen im Osten ziehen mit dem Westen gleich? She. 19.8.08.
• Großbritannien: Daten Zehntausender Häftlinge verschwunden
• Sensible Daten der Jugendstrafanstalt Schifferstadt landen auf der Straße
• Volks-fest-Schläger in Bad Sooden: Wie aus „Südländern“ rechtsradikale Rassisten werden
• Obamas Bruder in einem Slum in Nairobi aufgespürt

• CO2-Zertifikate: Energieerzeuger warnen vor Teuerungen ab 2013 um bis zu 50 Prozent
• WMO bestätigt: 2008 war bisher das kälteste Jahr des Jahrhunderts
• EU plant militärisches Kerneuropa
• Pfadfinder: Ein Satz Kondome als Grundausstattung
• War Leonardo da Vinci schwul?

Samstag, 23.8.08
• Kinderpornoring aus Konstanz aufgeflogen: Ermittlung gegen 987 Verdächtige
• Uranaustritt in Pierrelatte: Zwischenfall in französischem Atomkraftwerk
• Asse: Leck in einer Atommüllkammer
• Russland meldet Abzug aus Georgien
• IOC fordert Aufklärung über Chinas kindliche Gold-Turnerinnen
• Datenklau: Daten der Bundesbürger kursieren in ganz Europa
• Geburtenzuwachs: Ein kurzer Tritt aufs Bremspedal vor dem Abgrund
• ÖVP-Vizekanzler Molterer will Kinderbetreuung ab null Jahren
• Fachkräftemangel: Von der Leyen will die Mütter holen
• Schweizer Dignitas provoziert weiter: Sterbehaus direkt neben einem Kindergarten
• Karriere und Familie: Zahl der Herzinfarkte steigt rasant bei jungen Frauen
• Erektions-Quiz: Kennst du alle harten Fakten?
• Geschockte Eltern: Disney-Konzern bietet Mädchenslips mit Aufdruck „Dive in!" an
• Grundsatzurteil in Kalifornien: Ärzte müssen Lesben künstlich befruchten
• Schwul und trotzdem Papa: Ricky Martin ist glücklich

Nach Verbot von Höhenfußball (she. 13.6.07):
• Nur noch Nummern: FIFA-Chef Blatter will Namen auf Fußballtrikots von Nationalspielern verbieten
• Leser haben gewählt: Beckham hat den Größten!

Sonntag, 24.8.08

• Ypsilanti und die Linken: Clement schlägt Neuwahlen in Hessen vor

• Helden sind Bohlen und Ballack: Merkels Bildungsoffensive trifft ins Leere

• Elterngeld greift: Das Ende der Babyflaute

• Geburtenplus: Ein Mitnahmeeffekt der Besserverdienenden

Im ersten Quartal 2008 wurden bereits wieder 800 weniger Geburten verzeichnet als im gleichen Zeitraum 2007.

• Ursulas gewaltiger Flop

Die Geburtenrate lag 2007 unter den Zahlen von 2005. 2006 war das Jahr mit der niedrigsten Geburtenzahl seit dem 2. Weltkrieg.

• Berlin: Anzeige gegen Zeitung wegen homokritischer Äußerungen

• Westfalen: Zu wenig Jobs und zu wenig Frauen

• Grausig: Französischer Freizeitpark zeigt Hinrichtung auf elektrischen Stuhl

• Atheisten in Bedrängnis: Quantenphysiker beschreibt physikalisch das Jenseits

• Hat Britney Spears nur eine Piep-Stimme?

• Schwul: Wie finde ich endlich einen Freund?

• Brasilien: Geschlechtsumwandlung ist Menschenrecht

Der Staat übernimmt die Kosten. She.6.6.08.

• Trotz finanzieller Anreize: Nur fünf Prozent der Mädchen wollen Ingenieurinnen werden

• Madonna vergleicht McCain bildlich mit Hitler

Montag, 25.8.08

• Toller Empfang für Olympia-Teilnehmer in Frankfurt

• Acht Tote durch Lawine am Mont Blanc

• Gesundheitsfonds: Von der Leyen ruft zum Boykott der Krankenkassen auf

• „Klimacamp“ in Hamburg: Mit Wasserwerfern gegen Kriminelle

• Frankfurter Konflikt zwischen Mädchen-Gangs: Mit glühenden Drähten und brennenden Zigaretten

• 9000 Bestellungen in sechs Monaten: Rekordnachfrage nach Erdgasautos

• Neue Daily Soaps bei RTL und Sat1: Meisterwerke der Massenverblödung
• Auf der Suche nach dem CO2: Hamburger Schüler erforschen die Nordsee
• WWF: Eine Milchkuh furzt jährlich für 18 000 Kilometer
• Klimawandel: Termiten gehören zu den Hauptverantwortlichen der Erderwärmung
Durch die bei der Verdauung des Holzes entstehenden Blähungen stoßen sie CO2 aus.
• Gleichberechtigung: Frauen in USA demonstrieren für „oben ohne“ in der Öffentlichkeit
• Blutverschmierte Tierschützer protestieren nackt auf den Treppen der Kathedrale von Barcelona
• Verzweifelt: US-Autobauer wollen Milliardenhilfen vom Staat
• 13-jähriges mit Spregstoffgürtel präpariertes Mädchen sucht Hilfe bei der irakischen Polizei
• Sex im Stehen: Wir zeigen dir, wie es geht

Dienstag, 26.8.08
• Mutmaßliche Obama-Attentäter festgenommen
• Panne vor der Bayern-Wahl: 3,2 Millionen falsche Stimmzettel gedruckt
• Kein Salut vor der Homo-Fahne: Berliner Polizeichef bestellt Beamte zum Rapport
• Familienstudie 2008: Von der Leyens Superväter gibt es offenbar nicht
Ein deutscher Vater hat hat durchschnittlich nur zwei Stunden pro Tag für die Familie Zeit. Anspruch und Wirklichkeit klaffen bei der Elternzeit auseinander.
• Klimaschutz: Algen sollen CO2 aus Abgasen von Kraftwerken filtern
• Ingenieure wollen CO2 in Zement verwandeln
• Mistelbefall: Klimawandel lässt Kiefernwälder verschwinden
• Marlboro sponsert Schuluniformen für chinesische Kinder
• Fortpflanzung: Auto-Sitzheizungen „grillen“ die Hoden
• Jeder zweite Deutsche fühlt sich zu dick
• Kritik am Staatsvertrag zwischen Bayern und Vatikan: Beckstein wirft Grünen Frontalangriff auf die christliche Leitkultur vor

Mittwoch, 27.8.08

• Russland international isoliert: UN und OSZE beraten über Georgien
• Russland baut in Königsberg weiteres AKW für Stromexport in die EU
• Veraltete Adressen: Versandchaos bei den neuen Steuernummern
• Verfassungswidrig: Bürgerrechtler für Boykott der neuen Steuernummern
• Wegen Afghanistan: Der Bundeswehr gehen die Rekruten aus
• Deutsches Kabinett untersagt heimliche Vaterschaftstests
• Zwischenfall wegen defekter Dichtung im AKW Isar 2
• Massenschlägerei zwischen Jugendgangs beim Schäferlauf in Markgröningen

Russlanddeutsche gegen Kosovoalbaner.

• Ballern am Schießstand: ja – Rauchen: nein: 150 Euro Strafe für Regensburger Feuerschützen
• Konsum im Keller – aber der Staat hat Geld wie nie
• Grüner Appell in Österreich: Höhere Frauenquote in den Parteien
• Von Mann zu Mann: Schweizer Außenministerin Calmy-Rey möchte mit Bin Laden reden
• Ulfkotte zur Islamisierung Europas: westliche Feigheit und Dummheit
• Klimawandel: Forschungsschiff „Polarstern" durchfährt erstmals die Nordwestpassage

Warum ist bisher noch niemand darauf gekommen?:

• Räucherstäbchen fördern Krebs
• Britney Spears ist scharf auf Michael Phelps

Donnerstag, 28.8.08

• Kaukasus-Krise: EU droht Russland mit Sanktionen – und die Russen lachen
• Kampf gegen Rechts: 240 Antifa-Schläger greifen in Hamburg friedliche Fußballfans aus Chemnitz an

Gleiche Bildungschancen für alle:

• Ypsilanti will das Gymnasium abschaffen
• Einkommensschere: Die Löhne stürzen ab
• Nach den Spielen: Wieder mehr Druck auf Chinas Christen

Noch am Tag der Abschlusszeremonie wurde der katholische Bischof von Zhengding von der Polizei an einen unbekannten Ort verschleppt.

- Forbes-Liste: Merkel bleibt mächtigste Frau der Welt
- Bereits 57 Prozent der Neugeborenen in Brüssel sind Moslems
- Jeder zweite Türke in Berlin ist arbeitslos
- Alice Schwarzer fordert Straferlass für Kindermörderinnen

Unzumutbar: Mütter im Knast – Kinder bei schlagenden Vätern.

- Ayurveda-Heilmittel mit Schwermetall verseucht
- Gifte und Schadstoffe in Buntstiften und Malkästen
- Gleichbehandlungsgesetz: Mehrfach abgewiesener Türke verklagt Hannoveraner Disco wegen Diskriminierung
- Kühe mit Kompass: Kühe haben Sinn für Himmelsrichtungen
- Gefährlich: Medikamente und Kaffee

Freitag, 29.8.08

- Europa in der Bärenfalle: Russlands Drohungen zeigen Wirkung
- Deutscher Anwaltsverein: Rechtsextreme greifen vermehrt Deutsche an
- „Jungs werden in Schulen benachteiligt": Merkel und von der Leyen sehen keinen Handlungsbedarf
- Angst vor Hurrican „Gustav": Ölfirmen drosseln Produktion
- Gestank aus der Kanalisation: Deutsche sparen nun auch beim Wasser
- Material für den Religions-Unterricht: Erste Islam-Schulbücher auf dem Markt
- Vandalen verwüsten katholische St.-Georgs-Kirche in Zellingen
- Die Sonne schläft noch immer

Der August 2008 war seit 1913 der erste Monat, in dem kein einziger Sonnenfleck beobachtet wurde. She. 11.6.08.

- Partnerschaft: Ein Gen macht Männer ehefähig
- Dramatische Entwicklung: Immer mehr sterben an Demenz
- Pseudo-Medikamente: Placebos wirken bei Kindern doppelt so oft wie bei Erwachsenen
- Jede vierte Grönländerin hat schon einen Selbstmordversuch hinter sich

Als Gründe werden vermutet: Schlechte Bildung, Perspektivlosigkeit und Kulturverlust.

• Sarajevo: Lesben- und Schwulen-Festival während des Ramadan

Samstag, 30.8.08

• Mord in Füssen: Brandenburger erwürgt Freundin und zerstückelt sie in der Badewanne

• Eine Milliarde Minus bei gesetzlichen Krankenkassen im ersten Halbjahr 2008

• Kaiserslautern : Karlsruhe: Spiel wegen Angst vor Hooligans abgesagt

• Gift-Schock bei Obst und Gemüse: EU verwässert deutsche Lebensmittelgesetze

• SPD will Münchner Badeverbot an der Isar stoppen

• Umgestürzte Grabsteine, eingeworfenes Fenster: Kinder verwüsten Kirche in Schwalmstadt

• Frankreich reduziert Förderprogramm für Grüne Autos drastisch

Die Finanzierung aus Strafgeldern reicht nicht mehr aus.

• 81 Wohnungen für Wiener Frauenprojekt „ro*sa“: Nur Frauen dürfen Mietverträge unterschreiben

• Österreichische Nationalratspräsidentin Prammer beharrt auf gesetzlicher Frauenquote in Aufsichtsräten

• Marburg erhebt Sex-Steuer in Bordellen und Kinos

• Italienische Wissenschaftler: Globale Erwärmung erhöht die Selbstmordrate

Die Studie beruht auf als manipuliert nachgewiesenen Daten.

• Friedrich-Ebert Stiftung: Israelische Medien im 2. Libanonkrieg aus der Genderperspektive

Demnächst: Pälästinensische Selbstmordattentäterinnen aus dem Blickwinkel der Geschlechtergerechtigkeit?

• Diabetes-Risiko durch Kaiserschnitt

• Einfach zuviel: Nigerianer trennt sich von 82 seiner 86 Ehefrauen

Sonntag, 31.8.08

• Russland warnt EU vor Hilfe für Georgien

• NRW-Wirtschaftsministerin ruft Projekt „Klimaschutz und Klassenkasse“ aus

• CSU-Politiker fordern rasches Killerspiele-Verbot

She. 9.5.08, 17.6.08

• ZDF plant neuen Sender für junge Zuschauer

• Patchwork-Familien: „Du hast mir gar nichts zu sagen!“

• Trotz leichter Rückläufigkeit: Jede dritte Ehe wird geschieden

• What's your Gender? Lesbisch-schwule Filmtage thematisieren die Grenzen der Zweigeschlechtlichkeit

• Sie wollten ihren Mann selbst aussuchen: Fünf Frauen in Pakistan lebendig begraben

Ein pakistanischer Senator spricht von „uralter Tradition“.

• Treppensteigen macht schlank und hält fit

• Inklusive Attest: 20-jährige deutsche Studentin versteigert im Internet ihre Entjungferung

• Kaffee senkt Risiko von Gebärmutterhalskrebs deutlich

Monats-Rückblick August 2008

Nach Uganda setzt nun auch Indien im Kampf gegen AIDS anstatt auf Kondome auf Treue, in England erreicht die tägliche Gewalt von Frauen- und Mädchen epidemische Ausmaße, in New York etabliert sich aggressiver Lesben-Rap als neue Kunstform. China zensiert zu den Olympischen Spielen das Internet und das IOC hat dafür Verständnis. Umwelt- und Gender-ExpertInnen fordern getrennte Klohäuschen für eventuelle Schiffbrüchige auf Windparks auf dem Meer, Shell unterstützt die geplante Verkalkung der Ozeane zur Stoppung des Klimawandels, die Kinderkommission im deutschen Bundestag will Überraschungseier verbieten und das Gewicht von Schulranzen soll gesetzlich festgelegt werden. Das Eröffnungsfeuerwerk zu den Olympischen Spielen stellt sich nachträglich als eine Computer-Animation heraus, die Friedensbewegung fordert von Russland die Bekehrung zu erneuerbaren Energien, die UN schafft im offiziellen Sprachgebrauch das Wort „Krieg“ ab und wirft der Schweiz trotz eines Ausländeranteils von 20 Prozent Rassismus vor. Nach Acrylamid wird nun Glycidamid in Pommes als neue Krebs-Substanz entdeckt, die Geburtenrate steigt um 0,4 Prozent, was zu Jubel bei der Familienministerin von der Leyen sorgt, worauf Österreichs Vizekanzler die Kinderbetreuung ab null Jahren einführen will, während die deutsche Linksjugend eine Abschaffung der Eheprivilegien fordert. Die Blähungen von Termiten werden als hauptsächlich mit verantwortlich für die Erderwärmung entdeckt, Algen sollen CO2 aus Abgasen von Kraftwerken filtern, Ingenieure wollen es dagegen in Zement verwandeln und die Schweizer Außenministerin Calmy-Rey möchte ein ernstes Wort mit Bin Laden reden. Für mehr Bildungschancen für alle denkt Ypsilanti über die Abschaffung des Gymnasiums nach, Alice Schwarzer fordert einen Straferlass für Kindermörderinnen, Ayurveda-Heilmittel sind mit Schwermetall verseucht und Buntstiften und Malkästen mit Giften und Schadstoffen belastet.

Rückblick auf September 2007

Rauchverbot – Terror – Jugendsexualität – IAA – Eva Herman - Klima

Nach Einführung der Rauchverbots in der Gastronomie in mehreren Bundesländern folgt ein bundesweites Verbot in allen öffentlichen Einrichtungen und im Personenverkehr. 70 Prozent der betroffenen Gastwirte klagen über Umsatzeinbrüche. Eine Mehrheit der Deutschen wäre nach dem Rauchverbot nun auch für alkoholfreie Zonen.

Die Pflegeverbände fordern ein Ende der Sparwut, das Pflegepersonal klagt über extreme Belastung durch eine immer stärker auswuchernde Bürokratie.

Zwei islamische Deutsche und ein Türke werden im Vorfeld eines geplanten Anschlages verhaftet, auch in Kopenhagen werden Terrorverdächtige in Kopenhagen festgenommen. Der Schlag gegen den Terror heizt den Streit um Online-Durchsuchungen an, die EU will Überwachungsprogramme mit „sozial akzeptablen Lösungen", Schäuble warnt vor einem Nuklearwaffen-Anschlag, das BKA vor Racheakten der Islam-Terroristen, über drei Viertel der Bundesbürger fürchten Terroranschläge auf deutschem Boden und auch Merkel will nun sofortige Online-Durchsuchungen. Al Kaida ruft zu kollektiver Vernichtung der westlichen Länder auf, Schäuble und Jung plädieren für den Abschuss entführter Flugzeuge, stoßen aber bei den Piloten auf Ablehnung.

Besorgt über die zunehmender sexuellen Übergriffe Jugendlicher untereinander sieht eine EU-Rahmenverordnung Gefängnis ohne Bewährung auch für einverständlichen Sex unter Minderjährigen vor, auch Deutschland will Sex unter 18 zum schweren Verbrechen erklären und eine Mindeststrafe von vier Jahren fordern.

Eine australische Umweltschützerin verarbeitet zum Schutz der Mäuse Wildkatzen zu Ragout, was zu Appellen aus der ganzen Welt an die australische Regierung führt und den Gesundheitsminister zum Aussprechen einer Warnung veranlasst.

Rechtzeitig zur IAA wirft die Deutsche Umwelthilfe Autobauern geschönte Angaben über den Spritverbrauch vor, eine Studie sieht acht Millionen Autos in Deutschland mit erheblichen Mängeln, VW will weltgrößter Autohersteller werden und in Amerika präsentiert die US-Army der ersten klimafreundlichen Panzer mit Hybridmotor.

Eva Herman wird nach einem Sturm der Entrüstung wegen angeblich das Dritte

Reich verherrlichender Äußerungen von ihrem Sender geschasst, Kardinal Meisner spricht in einer Rede von „entarteter Kultur" und löst ebenfalls eine Welle der Empörung aus.
Die Geburtenraten in Deutschland hat mit Italien und Spanien die rote Laterne, was von von der Leyen als „beschämend" bezeichnet wird, gleichzeitig soll die Erwerbsquote der Frauen auf über 60 Prozent gesteigert werden.
Die UN-Umweltkonferenz zur Bekämpfung der Wüstenausbreitung gilt als gescheitert, die Tigermücke breitet sich Besorgnis erregend aus, Süditalien meldet bereits 160 Chikungunya-Infizierte und die WHO befürchtet neue Epidemien im Zuge der Erderwärmung für Europa.
Palmöl-Gewinnung kommt wegen seiner schlechten Klima-Verträglichkeit unter Beschuss, der Klimawandel droht durch Mammutkot aus tauenden Tundraböden zusätzlich zu eskalieren, die Südseeinseln von Tuvalu drohen unterzugehen und Kaminfeuer entwickeln sich zum Umweltverschmutzer ersten Ranges.
Ein Urteil gesteht dem Bürger das Recht auf reine Luft zu, es droht eine Klagewelle wegen Feinstaub und mehr deutsche Städte als geplant müssen mit Fahrverboten rechnen.

Meldungen September 2008

Montag, 1.9.08

• Geisterstadt New Orleans: Warten auf Monsterhurrican „Gustav"
• Commerzbank schluckt Dresdner Bank
• SPD-Faktionsvorsitzende fordert Frauenquote für Privatwirtschaft
• Baden-Württemberg führt Elterngutscheine zur Erziehungshilfe im 1. Lebensjahr ein
• Roger Kusch rechnet 8000 Euro für Selbstmord mit seinem Suizid-Automaten vor
• Jugendlicher tritt 34-Jährigen in Fürther U-Bahn brutal zusammen
Bei dem in den Medien nur als „Jugendlichen" bezeichneten Täter handelt es sich um einen 15-Jährigen türkisch-arabischer Herkunft, aus dem kurz darauf ein „Deutsch-Russe" wurde.
• Alptraum Wohnungssuche: „Vier Kinder? Nein, danke!"
• Die Mehrheit der Deutschen greift zur Einwegflasche
• Gekreuzigter Frosch bleibt in Südtiroler Kunstausstellung

• 134 neue Moscheen in Deutschland sind im Bau oder in Planung
• Wegen Ablehnung des Kastenwesens: Massenabschlachtung von Christen in Indien
• US-Schule erlaubt Lehrern das Tragen von Waffen im Klassenzimmer
• Trotz Regen und wenig Sonne: August war zum achten Mal in Folge zu warm
Was nun? She. 6.5.08, 22.8.08.
• Chicken-Wing-Fressfest: 155 Flügel in zwölf Minuten
• UN-Klimakonferenz in Accra ging erfolglos zu Ende
Energiepreise, Energiesicherheit, Energiekriege: Wir haben jetzt andere Sorgen.
• Patrick Lindner gesteht: Daniel fragt manchmal nach seiner Mama
Der russische Junge wurde von dem homosexuellen Sänger und dessen Lebensgefährten adoptiert. Inzwischen lebt das Paar getrennt.

Dienstag, 2.9.08
• Milder als erwartet: Hurrican „Gustav“ wird zum Stürmchen
• Ausnahmezustand in Bangkok
• Kaukasus-Konflikt: Schröder gibt dem Westen die Schuld
• Kaukasus-Krise: Frieren oder die Russen nicht verärgern
• China erwägt Einstieg bei der Deutschen Bahn
• „Wieder einer weniger!“: Friedensaktivisten frohlocken über toten deutschen Soldaten in Afghanistan
• Berlin - Gewaltopfer aus Burkino Faso zu 80 Prozent gelähmt, zwei türkischstämmige Täter frei
George Orwell in „1984“: „Sie wollen ein Bild der Zukunft? Stellen Sie sich einen Stiefel vor, der in ein menschliches Gesicht tritt, immer und immer wieder!“
• Fürther U-Bahn-Schläger: Doch kein türkisch-arabischer Hintergrund?
Nachdem der Täter zum „Deutsch-Russen“ mutierte (she. 1.9.08), ist die Rede nun von einem Deutschen. Eine offizielle Stellungnahme gibt es nicht.
• Schlag gegen Microsoft: Google startet eigenen Internet-Browser

• Gerichts-Schlappe für bayrische Nichtraucher: Raucherclubs weiter erlaubt
• Ramadan: Islamwissenschaftler bittet um Rücksicht auf fastende Kollegen
• Blitzer an Münchner Baustelle: 25000 Strafmandate und 5000 Führerscheine weg

She. 8.8.08

• Datenpanne bei Beate Uhse: Tausende E-Mail-Adressen von Kunden landen bei Google
• Nach langer Debatte: Buddha-Figuren beim FC Bayern sind weg

She. 10.7.08.

• 33 368 Schweizer wählen Doggy-Style zur liebsten Sex-Stellung

Mittwoch, 3.9.08

• Auf Hurrican Gustav folgt Hanna: Schwere Verwüstungen in der Karibik
• Bahn soll jahrelang Beamte bestochen haben
• Mainz – Babyleiche in Abfallcontainer einer Gastwirtschaft entdeckt
• Melle - Niemand vermisste ihn: Dreifacher Familienvater saß drei Monate tot auf Hochsitz
• Bundesumweltamt: Drei Grad Temperaturanstieg bis 2100
• Klimawandel: Robert-Koch-Institut warnt vor Austrocknung von Patienten und neuen Allergien
• Kyoto und Emissionshandel spülen Milliarden in Putins Kassen
• Kann der Kölner Moscheebau die Christen wachrütteln?
• Türkei: Papa Schlumpf wird Moslem und Schlumpfine soll ein Kopftuch tragen
• Unterwerfung oder Tod: Britisches Kamerateam drehte heimlich in Londons größter Moschee
Clash of Cultures: Wo wird er beginnen – in UK oder Schweden?
• Datenschutz: Datenklau soll strafbar werden
• Streife im Angstraum: Duisburger Polizei geht gegen aggressive libanesische Jugendliche vor
• Religion im deutschen Fernsehen: Nur 0,41 Prozent bei den Öffentlich-Rechtlichen

Bei den Privatsendern sind es lt. Media Tenor 0,07 Prozent aller Sendungen.

• Bärenfellmützen vor dem Buckingham-Palast: Britisches Verteidigungsministerium verhandelt mit Tierschutzorganisation PETA

• Hammer, Zange und Schraubendreher mit Blümchendekor: Endlich gehen die Firmen auf weibliche Bedürfnisse ein

• Indien - Zehntausende Christen fliehen vor Hindu-Extremisten in den Dschungel

• Thomas Hermanns heiratet Lebensgefährten

Donnerstag, 4.9.08

• Regierung plant 150-Euro-Prämie für neue Tiefkühlschränke

• Regierung will Kindersitze im Flugzeug vorschreiben

• Nordkorea baut seine Atomanlagen wieder auf

• Löcherig wie ein Schweizer Käse: Skandal um Atomlager Asse

• Anwalt des Fürther U-Bahn-Schlägers: Das Opfer provozierte den 15-jährigen Täter

She. 1.9.08, 2.9.08.

• Chemnitzer Professor hält 132 Euro für Hartz IV-Empfänger für ausreichend

• Erste Delle nach 70 Jahren unfallfrei: Garmischer Richter verurteilt 88-jährigen Rentner zu vier Jahren Führerscheinentzug und 4000 Euro Geldstrafe

• Inflation, Terror, Einsamkeit: Davor haben die Deutschen Angst

• Klimawandel gefährdet Kabeljau und Hering

• Dänischer Künstler will zum Tode verurteilten US-Häftling nach Hinrichtung an Goldfische verfüttern

• Österreichs Grüne fordern rezeptfreie und kostenlose „Pille danach" sowie Gratis-Verhütungsmittel für Jugendliche

• Spanische Hofreitschule in Wien: Frauen stürmen eine Männerbastion

• EU im Gender-Wahn: Werbeszenen mit Frauen am Herd sollen verboten werden

• Irrenhaus EU jagt Tante Klementine

• Polizei ratlos: Öffentliche Massentrinkgelage erobern die Schweiz

• Heidi Klum nennt ihre Brüste Hans und Franz

Freitag, 5.9.08
• Professor Thießen fordert Alkohol- und Tabak-Verzicht für Hartz IV-Empfänger
• Labortechnik-Firma in BW: Wer nicht deutsch spricht, fliegt raus
• 500 Tote durch Wirbelsturm „Hanna" auf Haiti
• Kameras in Brandmelder, Spezialsoftware in Computern: Stasi-Methoden an Deutschlands Arbeitsplätzen
• Bäcker finden in Deutschland keine Lehrlinge
• Klimawandel und Meeresspiegel: US-Forscher warnen vor Hysterie
• Zu neugierig: Bundesamt warnt vor Google-Browser „Chrome"
• EU-Verbot: Keine Werbung von Hausfrauen für Staubsauger mehr
Auch dem Bauarbeiter mit nacktem Oberköper für Cola-Light droht das Aus.
• Marga Beckstein bleibt eisern: Kein Dirndl zur Wiesn
• Selbstbefriedigung: Was geht noch außer hoch und runter?
Lösung: Es gibt nichst anderes – nur Variationen.

Samstag, 6.9.08
• Nach „Hanna" droht nun „Ike"
• Bund gescheitert: Rauchverbot bleibt Ländersache
• Kein Hinweis auf Rauchverbot: Zwei Frankfurter Wirte ersmals rechtskräftigt verurteilt
• Attacke auf Energiekonzerne: Ypsilanti will Stromnetze verstaatlichen
• Schwedischer Investor droht Daimler mit Zerschlagung
• Oettinger will totales Werbeverbot für ARD und ZDF
• Bespitzelung von Mitarbeitern: Lidl droht Millionen-Bußgeld
• Londoner Kommunalpolitiker sollen im Ramadan mitfasten
• Neue türkische Partei macht mobil gegen christliche Missionare
Von den 72 Millionen Einwohnern der Türkei sind nur noch etwa 120 000 Christen.
• Zugunsten des Zuckerfests am Ende des Ramadan: Holland will Pfingsten um einen Tag kürzen
• Mohammed-Karikaturen: Führendes Al Kaida-Mitglied droht Dänemark mit Auslöschung
• Fahrradmesse Friedrichshafen: Mit Strom für 50 Euro einmal um die ganze Welt

• Österreichische Partei der Christen im Kampf gegen „Gender Mainstreaming“
• Die nächste Bastion ist geschleift: Steiermarks erste Feuerwehrkommandantin

Sonntag, 7.9.08
• Evakuierungen in Florida vor „Ike“
• Steinmeier wird Kanzlerkandidat – Kurt Beck schmeißt hin
• 132 Euro zum Leben: Merkel geißelt Hartz –IV-Studie
• Neuer Koaliationsstreit um Atomkraft
• SPD am Scheideweg: Beck soll weg
• Verfassungsschützer sehen hohe Terrorgefahr
• Generalsekretär der Arabischen Liga warnt vor zu schnellem Rückzug des USA aus dem Irak
• Nordirischer Umweltminister Wilson bezeichnet Hype um Klimawandel als „hysterische Pseudo-Religion“
• Hoffen auf die Hurricans: Eine heftige Saison könnte die Nachfrage nach Rückversicherungen kräftig steigern
• Russisches Atomkraftwerk im Iran vor der Fertigstellung
• Nach Alkohol und Zigaretten: Macht auch Schokolade süchtig?
• Bremsspuren mit Mehrwert: Michael Jacksons Unterhose soll versteigert werden

Montag, 8.9.08
• Hurrican „Ike“ stürmt auf Texas zu
• Klimaschutz: Gabriel warnt CDU vor Rolle rückwärts
• HSV Forever: Hamburger Fußballclub eröffnet Fan-Friedhof
• Forscher entwickeln BSE-Urintest für Rinder
She. 22.8.07, 12.3.08.
• Jährlich weltweit etwa 815 000 Selbstmorde
• Immer mehr Schüler in NRW ohne Konfession
8,2 Prozent gehören keiner Kirche an. Gleichzeitig stieg der Anteil moslemischer Schüler von 9,1 auf 11,7 Prozent.
• Wiener Ministerinnen für Gender-Pädagogik bereits im Kindergarten
• Mit der Tochter gemeinsam zum Höhepunkt: Sex mit 15- und 17-jährigen Jungs

Mutter und Tochter führen ein gemeinsames Sex-Tagebuch.
• Österreichs Familiennetzwerk fordert mehr Eltern - und weniger Staat
• Schelte für die Kirchen: EU fordert Abtreibung als Recht auf Gesundheit
• Lesbische Lindsay Lohan will ein Kind von ihrem Ex-Lover
• Paris Hiltons späte Erkenntnis: „Jungfräulichkeit ist etwas Cooles"

Dienstag, 9.9.08
• Für stabile Preise: Opec drosselt Ölproduktion
• Pendlerpauschale: Karlsruhe verhandelt über Endlosstreit
• Charité-Studie: 58 Prozent der Schwangeren trinken Alkohol
• Schwere Randale von Autonomen und Linksextremen im Hamburger Schanzenviertel
• Telekom-Affäre: Zahl der Spitzel-Opfer größer als erwartet
• Gleichbehandlungsgesetz: Institut für Menschenrechte will den Begriff „Rasse" abschaffen
• Kommt bald die Embryo-Selektion im Reagenzglas?
• Grüne wollen Tempo 30 in Ortschaften
• 15-Jähriger vergewaltigte seit drei Jahren seine kleine Schwester
...und eine ganze Armada von Psychologen und Sozialarbeitern will dem armen Jungen helfen. Keine Zeile von dem Mädchen.
• Inzest-Drama in Polen: Vater zeugt mit gefangener Tochter zwei Kinder
• Türkische Politiker wollen Bikini-Verbot während des Ramadan
• Vier Millionen Analphabeten in Deutschland
• Schleichende Gehirnwäsche: In jeder Serie mindestens ein schwules Pärchen
• Max zeigt, was er bei der Selbstbefriedigung mag
• Augenzeugenbericht aus dem Männerklo: Beckhams Beule ist echt

Mittwoch, 10.9.08
• Beck rechnet mit der SPD ab
• Ab jetzt urknallt's: Teilchenbeschleuniger nimmt in Genf den Betrieb auf
• Start des Teilchenbeschleunigers: Start in den Weltuntergang?
• Neue Panne in französischem Atomkraftwerk Tricastin

• Militärparade ohne Kim: Ist Nordkoreas Diktator schon seit fünf Jahren tot?
• BW: Kalte Würstchen in der Raucherkneipe: ja – warme Würstchen: nein
• Verwaltungsgericht stoppt Moscheebau mit Minarett in Ulm
• Tour de Toleranz: Schwule wollen Regenbogenfahne über Rathäusern wehen lassen
• Berliner U-Bahn plant Gesichts-Scans von Fahrgästen
• Exorzisten bestätigen Übertragung von Besessenheit durch Reiki-Praktiken

Das Phänomen „Besessenheit“ wird weltweit zunehmend beobachtet. Der Unterschied zur Schizophrenie ist, dass der Realitätsbezug nicht verloren geht. Die WHO sieht sich gezwungen, „Besessenheit“ in ihre Klassifikation aufzunehmen.

• Wahlkampfthema Abtreibung: Obama im Minenfeld
• „Treue als Aids-Schutz“: Durchgeknallte Durchlaucht Gloria bei Maischberger

Jeder weiß, dass sie recht hat – aber niemand will es hören. She. 5.12.07, 18.7.08.

• Kanadischer Psychiater Ney erklärt Aufklärungsunterricht zur Vermeidung von Geschlechtskrankheiten und Schwangerschaften für gescheitert
• Brad Pitt: „Angelina geht mir mächtig auf die Nerven!“

Donnerstag, 11.9.08

• Teilchenbeschleuniger CERN: Hat gestern der Weltuntergang begonnen?
• Monstersturm „Ike“ tobt über Texas
• PETA fordert Daimler zur bevorzugten Einstellung von Vegetariern auf
• Waldzustandsbericht: Der Wald stirbt am Klimawandel

Wie geht’s eigentlich dem Ozonloch und was macht die Vogelgrippe?

• Hybridautos: Woher sollen die Riesenmengen Kupfer für die Elektromotoren kommen?

• „Aids in Afrika durch Kondome nicht eindämmbar“: Bischöfin Käßmann empört über Gloria von Thurn und Taxis

Die Sterberate von HIV/Aids-infizierten Kindern südlich der Sahara ist trotz der Vielzahl jahrelanger westlicher Kampagnen um bis zu 40 Prozent gestiegen.

• Wie wird das Herbstwetter? – Experten sind uneinig
• Immer weniger Familien leisten sich Urlaubsreisen
• Erste Scharia-Gericht in Großbritannien
• Royal Academy will CO2 an den Polen mit Lasern und Radiowellen in den Weltraum drängen

Unklar ist, ob nicht auch der Sauerstoff mitfliegt.

• 29 400 Abtreibungen im zweiten Quartal 2008 in Deutschland

Freitag, 12.9.08

• „Ike“ legt Stromversorgung an texanischer Küste lahm
• Deutsche Bank übernimmt Anteile der Postbank – Betriebsrat fürchtet um Arbeitsplätze
• Ölpreis sinkt – Benzinpreis steigt
• Nach heftigen Protesten: Bahn nimmt Bedienerzuschlag zurück
• Kurt Beck nennt parteiinterne Gegner „Wolfsrudel“
• Serap Cileili: „Deutschland gibt seine Werte auf!“
• Studie zu Jugendgewalt: Deutsche genauso wie Ausländer?

Lösung: Ja – wenn eingebürgerte Jugendliche mit Migrationshintergrund zur autochtonen Bevölkerung gerechnet werden.

• Studie: Männerbünde verhindern Frauenkarrieren in Chef-Etagen
• Österreichs Grüne im Wahlkampf: Für Homo-Ehe und Frauenquote für Vorstände
• Russische Satanisten aßen vier Jugendliche
• Italienische Gleichstellungsministerin verbietet den Straßenstrich
• Spaniens Verteidigungsministerin will gender-gerechte Uniformen für Soldatinnen
• Britney Spears versteigert Nackt-Bild

Samstag, 13.9.08

• Schäden in Milliardenhöhe: „Ike“ trifft Texas brutal

• Großdemo gegen Kohlekraftwerk-Neubau bei Hanau
• 132 Euro: Merz lobt Studie zu Hartz IV
• Papst begeistert Menschenmassen in Frankreich
• Russland zieht sich aus Georgien zurück
• Ohne Schaden: Hacker dringen in CERN-Rechner ein
• Berliner Aids-Kongress: Zahl der homosexuellen HIV-Positiven steigt seit 2001 kontinuierlich
• „Deutschland sexuelle Tragödie": Pornos mit fünf Jahren, Sex mit elf
Ein Buch entsetzt Deutschland: Kinder berichten über ihr sexualisiertes Leben.
• Mikroben erzeugen bis zu 100 mal mehr CO2 als der Mensch und seine Produkte
• Obama wäre gern zum Militär – aber es war gerade kein Krieg
• Die Missionarsstellung: Die erste Wahl beim ersten Mal: So funktionierts!
• Pamela Anderson strippt in US-Talkshow

Sonntag, 14.9.08
• Bankkrise in USA erschüttert den Globus
• Gift in China in Babynahrung – bereits 1000 Kinder betroffen
• Papst mahnt Frankreich zur Rückbesinnung auf seine christlichen Wurzeln
Mehrwertsteuer, Energiepreise, Lebensmittelpreise, gestrichene Eigenheimzulage, Streichung des Kindergeldes um zwei Jahre, Erhöhung der Verbrauchersteuern:
• 80 Prozent der Familien stöhnen unter finanziellen Belastungen
• „Keine Kondome für Afrika": Wowereit nennt Fürstin Gloria „unverantwortlich"
• Zahlen bestätigen Gloria: Afrikanische Länder mit Kondomen als Präventationsmittel haben auch die höchsten HIV-Raten
• Sexstudie 2008: Schamhaarverlust durch Pornokonsum
• Oswalt Kolle: „Wir steuern auf eine Masturbationsgesellschaft zu"

Montag, 15.9.08
• Riesen-Schäden durch Horrorsturm „Ike" in Texas
• Bankenpleiten: Wem kann man noch trauen?

• Angst, Panik, Kursstürze: Spekulanten erschüttern die Börse
• Kein Geld mehr für Sprit: Alitalia droht das endgültige Aus
• Glaubenskrieg in Deutschland: Evangelischer Pastor wird wegen papstkritischem Lied von katholischen Fundamentalisten bedroht
Beklagt wird u. a., dass der Glaube Agression verbietet. Die Polizei nimmt die Drohung ernst und stellt ein Konzert unter Polizeischutz.
• Keine Kondome: Volker Beck attestiert Fürstin Gloria „mangelnde Barmherzigkeit“
• Bye, bye, Arschgeweih: Immer mehr schämen sich für ihre Tattoos
• Pornofilme: Der eigene Körper wird immer mehr als mangelhaft empfunden
• Nach Umweltschutz und Kinderarmut: Brad Pitt will für Homos kämpfen

Dienstag, 16.9.08
• Finanzkrise: Notenbanken pumpen weltweit Geld in die Märkte
• Rabenschwarzer Dienstag erschüttert die Börsen
• Beckstein: Nach zwei Maß Bier kann man noch mit dem Auto fahren
• Merkel droht EU mit Ausstieg aus grüner Klimapolitik
• Babymilch-Skandal in China: Bereits zehntausende Säuglinge betroffen
• EU-Parlament will gesetzliche Frauenquote 50/50
• Portugal macht schnellere Scheidungen möglich
• Kein Interesse an Gratis-Beerdigung: Tombola-Gutschein in Italien wurde nicht abgeholt
• Mit 18: Schamlippenkorrektur zum Geburtstag
• „Eine Maus Satans“: Saudischer Scheich fordert den Tod von Mickey Mouse
• Trotz Aufklärung: Vaginalspülungen mit Cola als Verhütungsmethode
• Liz Hurleys Haxen sind die besten

Mittwoch, 17.9.08
• Wallstreet: Lehman Brothers hat 623 Milliarden Dollar Schulden
• KfB-Bank überweist insolventer Lehmann-Bank noch 300 Millionen
• Ausverkauf: Finanzmarktkrise erreicht Europas Banken

• Vergiftetes Milchpulver auch in Hongkong
• Becksteins Bierrede empört ganz Deutschland

...hauptsächlich jedoch die Medien.

• 50 Prozent: CSU schafft in Umfragen Punktlandung
• EU plant Hasch-Kontrollen für Autofahrer
• Düsseldorf – Polizei erwischt in zwei Wochen über 23.600 Gurtmuffel
• Plant EU Toilettenpflicht für Wurstbuden?
• ORF-Frauentalk: Beinahe gruselige Einigkeit über Maßnahmen zum Wohle der Frau
• Fast jede Minute erblindet auf der Welt ein Kind
• Der Blick ins Innere: Neue Sex-Show schockt England

Donnerstag, 18.9.08

• Chinesischer Milchskandal: Auch Flüssigmilch ist verseucht
• Kindernahrungs-Skandal in China: Bereits 6244 Babys krank - vier Kinder tot
• Anleger in Panik reißen sich um Gold
• Beckstein rät zu Abstinenz im Straßenverkehr
• Beckstein rudert zurück

Der Fernseh-Richter Alexander Hold bestätigt Beckstein korrekte Aussagen zur Fahrtüchtigkeit nach dem Genuss von zwei Maß Bier in der von ihm angegebenen Zeit. Aber die Empörungswelle rollt weiter.

• Lafontaine fordert Enteignung großer Vermögen in Deutschland
• Shell nimmt Normalbenzin endgültig vom Markt
• Berlin verordnet streng getrennten Verkauf von Lottoscheinen und Süßigkeiten

Der Bürger könnte aus Versehen anstatt eines Lottozettels ein Päckchen Gummibärchen kaufen.

• Keine Geld für einen Neuen: 8 Millionen Schrottautos auf Deutschlands Straßen
• Wütende Proteste in der Türkei wegen Fahne mit Christenkreuz bei Dreharbeiten
• 62 Prozent der Araber befürworten ein Essverbot auch für Nicht-Moslems während des Ramadan

• 41,9 Prozent hatten schon Analsex
• Andrea Nahles zeigt im Dirndl Körpereinsatz

Freitag, 19.9.08
• 300 Millionen Steuergelder futsch: KfB-Bank entlässt zwei Mitarbeiter
• Chinesischer Milchskandal weitet sich massiv aus
• Good bye, Germany: 150 000 Deutsche verlassen jährlich das Land
• Der Beckstein-Test: Student kotzt bereits nach einer Maß bei Raab die Bühne voll
• Vorläufig ausgeurknallt: CERN-Teilchenbeschleuniger ist defekt
• Pro Familia Bremen sucht erfahrene/n Fachärztin/Facharzt für Abtreibungen
• Auch Obama ist dafür: Kindern, die ihre Abtreibung überlebt haben, darf medizinische Hilfe verweigert werden
• Gewaltwelle gegen Christen überrollt weite Teile Indiens
• Rentnerband „The Zimmers“ präsentiert in Berlin ihr Debüt-Album
Das Gesamtalter der Band liegt bei 3700 Jahren. She. 4.6.07, 14.4.08.
• Gleichstellungsgesetz: Schwuler Kandidat lässt Funkenmariechenwahl in Koblenz platzen
• Scherenstellung: Besonders beliebt auch bei Lesben und Schwulen
• Keine Drogen: Tatjana Gsell nimmt nur die Pille

Samstag, 20.9.08
• Hurrikan „Ike“: Noch Millionen ohne Strom
• O'zapft is: 175. Münchner Wiesn ist eröffnet
• Beckstein auf der Wiesn: Hoffentlich fährt er nicht mit dem Auto nach Hause
• Urteil: Hartz IV-Empfänger müssen ihr Konto offen legen
• Anti-Islamisierungs-Kongress: Linksautonome attackieren die Polizei - Köln wehrt sich gegen Rechtsradikale
• Anti-Islamisierungs-Kundgebung in Köln: Polizei verbietet nach Übergriffen von Autonomen Demo der rechtspopulistischen Initiative „Pro Köln“
Der Kniefall vor dem Pflasterstein.

• Qualmverbot in Ugandas Öffentlichkeit: Alkoholisierter Mob tötet Raucher
• Tausend fundamentalistische Abtreibungsgegner protestieren mit weißen Kreuzen in Berlin
• Gericht sieht Bilder mit abgetriebenen Föten auf babycaust.de als jugendgefährdend
• Gender-gerechtes Theaterstück für Wiener Kinder: Warum ist Mama eine Frau geworden?
Im Mittelpunkt des queeren Stückes für Kinder ab acht Jahren steht ein Kind, das sein Geschlecht noch nicht festgelegt hat: Nina, Nino oder nur Nin?
• Iranisches Parlament stimmt mit absoluter Mehrheit für Todesstrafe bei Abfall vom Islam
Die endgültige Ratifizierung könnte Lebensgefahr für Hunderttausende bedeuten.
• Tony Romo erträgt Jessica Simpsons Fürze im Bett

Sonntag, 21.9.08
• Kreditkrise: US-Regierung pumpt 700 Milliarden Dollar in den Finanzsektor
• Kölner Tolleranz: Der Schulterschluss mit linken Schlägern
Der Schlag gegen die Meinungs- und Versammlungsfreiheit wird als Schlag gegen „Rassismus“ umgedeutet. Neutrale (?) Beobachter berichten völlig anders als fast alle Medien. Umfrage-Ergebnisse im Internet verkehren sich binnen weniger Stunden ins exakte Gegenteil.
• Ahmadinedjad prophezeit Israels Untergang
• München – Zehntausende Bierpilger und das Beckstein-Lied
• Ypsilanti-Klage: Radiosender befürchten Ende der Telefonstreiche
Ein sich als Müntefering ausgebender Stimmenimitator wollte die SPD-Chefin überreden, Roland Koch den Vortritt zu lassen. Ypsilanti hatte einer Ausstrahlung widersprochen, Auschnitte landeten trotzdem bei YouTube.
• Soziologe Amendt: „Frauen schlagen in Beziehungen öfters zu als Männer“

• Volker Beck ruft Muslime zum Kampf gegen Homophobie auf
• Homo-Tourismus: Der am schnellsten wachsende Markt der Reise-Industrie
• Jeder zweite Amerikaner glaubt an einen Schutzengel
• England: Bevorzugung von Frauen ist keine Diskriminierung
• Biologie: Frauen streben nach Glück – Männer nach Geld
• Lustvoller Analverkehr: Größe oder Technik?

Montag, 22.9.08
• Größte Bankenpleite der US-Geschichte – Republikaner gegen Bushs Rettungspläne
• Konjunktur: Deutschland droht eine Rezession
• 8,40 Euro für eine Maß: Oktoberfestwirte schlimmer als Ölkonzerne
• Russland will seine Atomwaffen erneuern
• Fast zwei Drittel aller Menschen haben ein Mobiltelefon
• Gender-Forschung an der Uni Innsbruck: Haben Straßentunnel ein Geschlecht?
Selbstverständlich. Natürlich weiblich.
• Australische Ehefrau belegt Semmeln ihres Mannes mit Glassplittern
Rustikal:
• Cora Schumacher mit Totenkopf-Dirndl auf der Wiesn

Dienstag, 23.9.08
• Die Welt im Sog der US-Finanzkrise
• Trotz rechtlicher Bedenken: Marburg will Solarpflicht durchsetzen
• Angst vor Mobilfunkmast: 118 Hamburger lassen ihr Blut testen
• Wieder Datenpanne in England: Angaben Tausender Militärangehöriger verschwunden
• Empörung über Imam: Saudische Frauen sollen ein Auge bedecken
• „Ich bin der Antichrist“: Da Vinci-Code-Fan sticht römischen Priester nieder
• Frau Ass.-Prof.in Mag.a Dr.in Elisabeth Aufhauser referiert in Bregenz über grenzüberschreitendes gendergerechtes Planen im öffentlichen Raum
Kopfsteinpflaster sind nicht frauengerecht.
• Die Queen will sich einen Privat-Jet zulegen

Mittwoch, 24.9.08

• 22-jähriger Finne tötet zehn Menschen bei Amoklauf an seiner Schule
• Weitere Bankenpleiten in USA
• Abholzen der Regenwälder setzt weitere 1,5 Milliarden Tonnen CO2 frei
• Marokko verbietet Verheiratung neunjähriger Mädchen
• Eisbär Knuts Papa Thomas Dörflein ist tot
• Aids-Prävention hat sich verschlechtert
• Ethiker Schirrmacher: „Sexuelle Verwahrlosung führt zu Beziehungsunfähigkeit"
• Frauen in bewaffneten Konflikten: Burgenländische Frauen bieten Friedens-Training an
• Loveschool: Die Wiegestellung

Donnerstag, 25.9.08

• Washington Mutual am Ende: Das Bankensterben geht weiter
• Trotz Kyoto-Protokoll: CO2-Anstieg seit 2000 viermal so schnell wie im Jahrzehnt zuvor

Für 60 Prozent davon wird China verantwortlich gemacht.

• 80 Schulpsychologen: Schulen in NRW sind auf Amokläufe vorbereitet
• Katholische Bischöfe plädieren für den Bau von Moscheen
• Wien hat die erste kopftuchtragende Straßenbahnfahrerin
• 77-jährige Rentnerin in München sexuell missbraucht
• Immer mehr Singles lassen sich künstlich mit anonymen Sperma aus Dänemark befruchten

Freitag, 26.9.08

• Zwei vermutliche islamistische deutsche Terroristen am Kölner Flughafen festgenommen
• Drei türkischstämmige Jugendliche überfallen zwei Kölner Polizeibeamte
• Deutsche Sparkassen beruhigen ihre Kunden
• Oktoberfest: Münchner Polizei macht Jagd auf Alkoholsünder
• Studie: Muslime in Deutschland sind fromm, tolerant und bildungshungrig

• Schwere Krawalle beim ersten Homo-Festival in Sarajewo
• Deutschlands erster schwuler Sender geht an den Start
• Anstieg der künstlichen Befruchtungen in Österreich binnen zehn Jahren um 30 Prozent
• Wien: Akademie der bildenden Künste erste Uni mit über 50 Prozent Professorinnen
• Charlotte Roche: „Ich bin die beste Nutte, die es gibt!“

Samstag, 27.9.08
• China gelingt erster Weltraumspaziergang
• Bundestag beschließt ab 2013 gesetzlichen Anspruch auf einen Kita-Platz
• Schwere Ausschreitungen in Rostock bei Fußballspiel gegen FC St. Pauli
• Italienische Polizisten machen auf der Wiesn Jagd auf trinkfeste Tifosi
• Deutschlands Muslime religiöser als Gesamtbevölkerung
• Russland: 64 Prozent der Schwangerschaften enden mit einer Abtreibung
• Bulgarische Hellseherin prophezeite den dritten Weltkrieg für 2010
Eine Untersuchung von 7000 Vorhersagen anfangs der 70er Jahre bescheinigte eine angebliche Trefferquote von 80 Prozent, u. a. auch den 2. Weltkrieg.
• Nur 133 männliche Kindergärtner in Österreich
• Die Kerze: Wir zeigen dir, wie diese Sex-Stellung funktioniert

Sonntag, 28.9.08
• Hollywood-Legende Paul Newman mit 83 gestorben
• CSU stürzt auf 43 Prozent ab
• Bayernwahl: Blankes Entsetzen bei der CSU
• 60 bis 70 Prozent der deutschen Medienvertreter sind kinderlos
• Bundesprüfstelle verbietet babycaust.de das Zeigen von abgetriebenen Kindern
• Brasiliens Präsident bezeichnet Homophobie als „perverseste Krankheit, welche die Menschheit je befallen hat“
• Chinas Christen überholen Kommunisten

Die Staatspartei hat 74 Mio. Mitglieder, die Zahl der Christen soll sich auf 130 Mio. belaufen. Die Zahlen beruhen auf Angaben des ehemaligen KP-Funktionärs Zhao Xiao. Bisher lagen die Schätzungen bei etwa 80 Mio.

• Sarah Palin ist mit Prinzessin Diana verwandt

Montag, 29.9.08

• Österreich rutscht nach Rechts

• Wahlen in Österreich: FPÖ 18 Prozent, BZÖ 11 Prozent

• Landtagswahlen in Bayern: Die Raucher watschen die CSU ab

Der bayrische Wirteverein empfahl die Freien Wähler, die bisher ohne Mandat waren.

• Frauenpolitischer Tag der Grünen in Salzburg: Klima verändert – FRAUEN – verändern Klima?

• Carlos Santana will nach Karriereende Pastor werden

Dienstag, 30.9.08

• Das europäische Bankensystem gerät in Gefahr

• US-Hilfspaket wird die Bankenkrise nicht beenden

• Deutsche Studentin verklagt Österreich auf Anrecht für Studienplatz

• Immer mehr Katholiken wenden sich von der ÖVP ab

• Alt-Bundespräsident Herzog warnt vor einer Aushöhlung der nationalen Rechte durch den Europäischen Gerichtshof

• Nationalratspräsidentin Prammer will Frauenquote im österreichischen Parlament

• Brasilien führt „Sexuelle Vielfalt" als Unterrichtsfach ein

Monats-Rückblick September 2008

Roger Kusch will 8000 Euro für einen Selbstmord mit seinem Suizid-Automaten, Friedensaktivisten freuen sich über einen toten deutschen Soldaten in Afghanistan und ein dänischer Künstler will einen zum Tode verurteilten US-Häftling nach dessen Hinrichtung an Goldfische verfüttern. Die EU verbietet Werbung mit staubsaugenden Frauen als diskriminierend, der HSV eröffnet einen Friedhof für Fußball-

fans, die Zahl der Analphabeten in Deutschland wird auf vier Millionen geschätzt, die Tierschutzorganisation PETA fordert Daimler zur bevorzugten Einstellung von Vegetariern auf, die Vogelgrippe ist schon fast das ganze Jahr über aus den Schlagzeilen verschwunden , dafür erschüttert die Bankenkrise in den USA zunehmend den gesamten Globus. Das EU-Parlament will eine gesetzliche Frauenquote von 50/50 ohne Rücksicht auf die Qualifikation, die KfB-Bank überweist der insolventen Lehmann-Bank noch rasch 300 Millionen, was sich aber bald angesichts der weiteren Finanzlöcher eher als Klacks erweisen wird. Um eine mögliche Verlockung schon im Vorfeld zu vermeiden, verordnet Berlin einen streng getrennten Verkauf von Lottoscheinen und Süßigkeiten, auch Obama plädiert dafür, dass Kindern, die ihre Abtreibung überlebt haben, medizinische Hilfe verweigert werden darf und ein Gericht verbietet Bilder von abgetriebenen Föten auf der Homepage babycaust.de als jugendgefährdend. Fast zwei Drittel aller Menschen haben bereits ein Mobiltelefon, in Hamburg lassen 118 Bürger zum späteren Beweis für die Schädlichkeit eines Mobilfunkmasts ihr Blut testen, die Schulen in NRW sind mit 80 Schulpsychologen auf Amokläufe vorbereitet, während der Bundestag ab 2013 einen gesetzlichen Anspruch auf einen Kita-Platz beschließt. Die bayerischen Raucher sorgen für ein Wahl-Debakel für die CSU, in Österreich kommen die Rechtsparteien zusammen auf 29 Prozent und Brasilien führt „sexuelle Vielfalt" offiziell als Unterrichtsfach ein.

OKTOBER 2008

Rückblick auf Oktober 2007

Sterbehilfe – Pflegeheime – Lokführer – Eva Herman – Al Gore – biometrische Pässe – Rauchverbot – Handy-Strahlung

Nach dem Freitod zweier Deutscher auf einem Parkplatz kommt der Sterbetourismus in die Schweiz in die Schlagzeilen. Um die aktive Sterbehilfe auch in Deutschland zu legalisieren, werden Sterbewillige gesucht, um einen Präzedenzfall zu schaffen. Suizidforscher warnen eindringlich vor einer Durchbrechung des Tötungsverbots.
Jeder dritte Pflegebedürftige in deutschen Heimen und anderen Einrichtungen ist in Folge der Überlastung des Personals mangelernährt, die Koalition will einheitliche Pflegestandards und mehr Prüfkompetenz und ein als aggressiv bekannter US-Investor sieht im Altenpflege-Markt gute Rendite-Chancen und sorgt für Unruhe.
Mixa wettert gegen eine umerzieherische Familienpolitik und die Rekrutierung junger Mütter als Arbeitskräfte-Reserve für die Industrie, worauf ihm Claudia Roth sprachliche Nähe zu Pol Pot unterstellt.
Nachtarbeit, Schichten, schlechter Lohn und keine Tarifeinigung lässt die Lokführer wiederholt streiken. Für Empörung sorgt zudem die Erhöhung der Bezüge des Bahnvorstands in den letzten sechs Jahren um über 400 Prozent.
Erst nach längerem Schweigen mit Rücksicht auf China erheben sich weltweite Proteste gegen die Junta in Birma, denen sich auch die Deutsche Bundesregierung anschließt. Die Mönche drohen notfalls mit Aufruf zum Olympia-Boykott, die Junta lässt Tausende Kindersoldaten gegen sie einsetzen.
Der verhedderte Satz anlässlich einer Buch-Präsentation bringt die Ex-Tagesschau-Sprecherin Eva Herman nach dem Rauswurf bei ihrem Sender weiter in Bedrängnis. Selbst nach Einblendung des Original-Zitats bei Johannes B. Kerner gehen die empörten Studiogäste nicht darauf ein, worauf Kerner Herman aus der Sendung wirft.
Von der Leyen will kindliche Undercover-Agenten gegen den Erwerb von Alkohol, Tabak und Gewaltspielen einsetzen. Der Plan findet auch bei der Drogenbeauftragten Zustimmung, weniger jedoch beim Kinderschutzbund.
Al Gore und der Weltklimarat bekommen den Friedens-Nobelpreis, was als Ohrfeige für George Bush gewertet wird. Der Weltklimarat nimmt die Verleihung zum Anlass einer verschärften Warnung vor dem Eintritt in eine neue Klimaepoche, ein britisches Gericht bestätigt neun signifikante Fehler in Al Gores Klimafilm, Gore

macht den Klimawandel für die Waldbrände in Kalifornien verantwortlich, die sich letztlich als Folge des Spiel eines Jungen mit Streichhölzern herausstellen.
Wirte beklagen das Ende der Geselligkeit durch rauchfreie Stammtische und kürzere Verweilzeit der Gäste, die US-Stadt Belmont verbietet das Rauchen in Mehr-Familienhäusern und Appartements, die bayrische Wirte-Vereinigung ruft nach dem Total-Verbot zum Wahl-Boykott der CSU auf, Polizei und Gewerbeaufsichtsamt schieben am Bodensee einen Schweizer Raucher ab, die ermittelten „3300 Tote durch Passivrauch" stellen sich zu zwei Drittel als über 85-Jährige heraus und die EU plant bereits eine Ausweitung des Rauchverbots auf die Nähe von Gebäude-Eingängen.
Trotz nach Aussagen der Bundesregierung nicht messbarem Sicherheitsgewinn kommen die Reisepässe mit biometrische Ausweisdaten. Älteren und viel manuell Arbeitenden drohen schärfere Kontrollen wegen schlecht ausgeprägter Fingerabdrücke.
Die Drogenbeauftragte sieht in keinem Land negative wirtschaftliche Auswirkungen für Bars und Restaurants durch die Rauchfreiheit, Italiens Wirte außerhalb der Touristenstädte klagen dagegen über bis zu 40 Prozent geringerem Umsatz.
Die EU-Behörde warnt erstmals vor Handys als Gefahrenquelle, das Bundesamt für Strahlenschutz bezeichnet die Studie als unseriös.

Meldungen Oktober 2008

Mittwoch, 1.10.08

• Alte Parteien, andere Köpfe: SPÖ und ÖVP verhandeln
• Beckstein tritt nach CSU-Wahlschlappe zurück
• Regensburg: Jeder vierte Wahlberechtigte ist Mitglied in einem Raucherclub
• Atheisten und Linke gegen Bündnis „Pro Reli" an Berliner Schulen
• Düsseldorf – Liebestoller Pfau zerkratzt Limousine
• Gender Mainstreaming: Eine Ideologie, in dem das Wort „Liebe" nicht vorkommt
• 420 000 000 Porno-Seiten im Internet
• Political Correctness behindert Terrrorbekämpfung
• Erneut starker Eisschwund am Nordpol
• Gesucht: Palin-Doppelgängerin für Pornofilm

Donnerstag, 2.10.08

• Die CSU bandelt mit der FDP an

• Deutsche Hypo-Real braucht mehr Geld als angenommen
• Krankenversicherung: Für 92 Prozent wird es künftig teurer
• EU will 18 Wochen Mutterschutz
• Pisa in Brandenburg: Vietnamesische Kinder schlagen deutsche Schüler locker
• Stiftung Warentest: Cerealien-Müslis sind ungesund
• Vorläufige Wiesn-Bilanz: Trotz schlechtem Wetter Zuwachs beim Bier
• Zuviel Nachwuchs: Massai-Viehzüchter erproben Kondome für Ziegen
• Gender Mainstreaming: Die schleichende Entmündigung des Menschen durch die Staaten
• Afghanen benutzen Kirche in Brüssel als Klo und Waschraum

Freitag, 3.10.08
• 18 Jahre wiedervereint
• 700-Milliarden-Rettungspaket für Banken gestartet
• Sidney – Siebenjähriger wirft in Zoo zehn Tiere ins Krokodilbecken
• 17 Millionen Handynummern in falschen Händen: Neuer Datenschutzskandal bei der Telekom
• Türkin in Berlin von Ex-Mann mit zwanzig Stichen ermordet
• Melaminbelastete Karamelbonbons aus China auch in Deutschland
• Urteil: Eva Herman hat NS-Familienpolitik nicht verherrlicht
• EU-Klimapolitik treibt Osteuropa wieder in Russlands Arme
• London – Europas Suff-Metropole Nr. 1
• „Sodomie ist ungesund“: Anglikanischer Bischof empfiehlt Schwulen Tätowierung auf den Hintern
• Rotwein schützt vor Lungenkrebs

Samstag, 4.10.08
• Rot-Grün: Hessens SPD macht den Weg frei für Ypsilanti
• Diebe verkaufen 17 Millionen Datensätze der Telekom im Internet
• Flugzeug-Wrack von Steve Fosset in Bergkette in Kaifornien gefunden
• Beckstein-Nachfolge: Alles läuft auf Seehofer hinaus
• Schneefall unter 800 Meter im Süden Deutschlands und Westösterreich

• Trotz Finanzkrise: Klimawandel nicht vergessen
• Polen will Pädophile kastrieren
• Ski-Tickets werden teurer
• Weil er mal Lust auf eine Frau hatte: Homosexueller gesteht Ermordung einer 14-Jährigen
• Kanadische Psychologen: „Religion macht kooperativer"
• Blattmacher wollen Lifestyle-Magazin zum Klimawandel starten

Sonntag, 5.10.08
• Finanzkrise setzt Wirtschaft unter Druck
• Die Angst vor dem Staatsbankrott geht um
• Radprofi Stefan Schuhmacher positiv getestet
• Gegen Abtreibung: Gebetszug mit 1000 Kreuzen in München
• Schweden will „religionsneutrale" Feiertage und völlige Aufhebung aller geschlechtlichen Unterschiede
Gender als Angriff auf alle tradierten Werte. Aber der Wahnsinn ist noch steigerbar, she. folgend:
• Philosoph Peter Singer will Unterschiede zwischen Mensch und Tier völlig aufheben
• US-Gerichte: Todesspritze auch bei Übergewicht
• NPD sieht Islam als Verbündeten
• Klimawandel: Biologen befürchten Artensterben in den Tropen
• Kuwait – Fan gibt ägyptischem Sänger einen Kuss: Konzert abgebrochen
• Unbefleckte Empfängnis: Zweite Jungfernzeugung bei Hammerhai nachgewiesen
• US-Firma entwickelt Atomkraftwerk für den Heizungskeller
• Britney Spears: „Ich bin doch eigentlich clever!"

Montag, 6.10.08
• Tokio erlebt Panikverkäufe
• Bankenkrise treibt Island in die Staatspleite
• Europaparlamentarier plädieren für Verschiebung der Klima-Gesetze
• Linksradikale überfallen Frankfurter Polizeiball
• Wirtschaftsflaute und Wettbewerb: Ebay streicht 10 Prozent der Stellen

• Kärntner Landeshauptmann Haider sperrt straffällige Asylbewerber in bewachtes Jugendheim
• Neue Warnungen: Klimawandel stärker als gedacht
• Genetiker: Evolution des Menschen kommt zum Stillstand
Zu wenig ältere Väter: Mit zunehmendem Alter ab 35 wächst die Zahl der Zellteilungen.
• Klimawandel: China, Indien und die Dritte Welt sind entscheidend
• Neuer Trend für Halloween: Möpse im Star-Wars-Kostüm
• PETA-Tierrechtler fordern Speiseeisfirma Ben & Jerry's zur Verwendung von Muttermilch anstatt Kuhmilch auf
Guten Appetit!

Dienstag, 7.10.08
• Finanzkrise: Ratlos am Rande des Abgrunds
• CSU nominiert Seehofer
• UN erklärt 2009 zum Jahr der Gorillas
• EU verbietet Vermarktung von Klonfleisch
• Wieder zwei brutale Überfälle in Münchner U-Bahn
Neuer EU-Standard:
• Absurd: Strahlungsarme CT1+-Schnurlostelefone werden verboten
Die Bundesnetzagentur will Weiternutzer mit Peilwagen aufspüren.
• Lübecker Linke-Parteichef Lüttke feiert Stalins Geburtstag mit Torte
• General-Motors-Aktien verlieren ein Drittel des Werts
• NRW-Schülerinnen dürfen Kopftuch tragen
• Grüner Strom und weiche Birnen: Der Bundestag leuchtet öko
• Jeder zweite Deutsche will eine kirchliche Bestattung
• Lagerfeld rät Merkel zu neuem Schneider

Mittwoch, 8.10.08
• Börsen trotz Zinssenkung im Sturzflug
• Island im Staatsbankrott: Russland will helfen
• Finanzkrise: 100 000 Auto-Jobs gefährdet
• Minister einigen sich auf Mauterhöhung für LKW
• Greenpeace: Audi, Porsche und VW patzen beim CO2-Ausstoß

• Gewalt: Zahl der Intensivtäter stagniert – Verdoppelung von Schwellen- und Serientätern erwartet

Auf die Klassifizierung kommt es eben an.

• SPÖ und ÖVP suchen nach Antworten auf ihr katastophales Wahlergebnis
• Meeresspiegel steigt bedrohlich
• Jetzt geht's um die Kohle: Klimaschutz am Ende
• Bayern will Kindesmissbrauch wieder als Verbrechen einstufen
• Zahl der Geburten in Österreich leicht gestiegen

Donnerstag, 9.10.08

• Börsen in Asien stürzen nach Panikverkäufen ab
• Opel, Daimler, Ford, Seat, Skoda – stehen bald die Bänder leer?
• Aktienkurse der US-Solarfirmen fallen extremer als andere Werte
• Bundeswehr soll auch im Innern eingesetzt werden
• Börsengang der Deutschen Bahn auf Eis
• 24-Jährige niedergeschossen: Blutrache unter Kurden in Bielefeld
• Athen mit Asylbanden aus Afghanistan, Irak und Afrika überschwemmt
• Obama drängt McCain in den Hintergrund
• Marokkos König will keinen korantreuen Islam und verbietet Kinderehe
• Stadt Wien enthüllt erste Guevara-Büste Europas
• Kippt Halloween das bayrische Tanzverbot zu Allerheiligen?
• Finanzkrise: Schwerer Rückschlag für den Klimaschutz

Freitag, 10.10.08

• Wiener Börse setzt Handel aus
• DAX im freien Fall – Panik an den Börsen
• Nach Wahldebakel: CSU will das Rauchverbot lockern
• Rauchverbot-Lockerung in Bayern: Drogenbeauftragte Bätzing ist entsetzt

Wurde auch Zeit:

• Tote Ente in Sachsen: Die Vogelgrippe ist zurück
• Gesundheitministerin fordert Bundes-AOK

• Höheres Leukämie-Risiko für Kinder in der Nähe von Atomkraftwerken

Die Strahlenschutzkommission sieht jedoch keinen Zusammenhang.

• Österreich-Wahl: Für 40 Prozent war Migration das Wahlmotiv

• Angebliche Dignitas-Mitglieder wollten Asche von 20 Toten in der Zürichsee kippen

• Neues Schweizer Tierschutzgesetz schreibt paarweise Haltung von Haustieren wie Hamstern und Wellensittichen vor

Samstag, 11.10.08

• BZÖ-Chef Jörg Haider tödlich verunglückt

Die Nachricht verdrängt fast weltweit die Meldungen über die Finanzkrise.

• Japan setzt Währungsreserven ein

• Bankkunden zittern um ihr Geld

• Goldrausch legt Edelmetallhändler lahm

• Ausbau der Kohleenergie gefährdet Deutschlands Klimaziele

• Vogelgrippefund in Sachsen: 1400 Gänse und Enten getötet

• Nur geringer weiblicher Anteil in den Naturwissenschaften: Sind Frauen zu dumm für Spitzenforschung?

• Demonstration gegen Sexismus in Berlin: Veranstalter suchen noch Parolen

• Schweizer Männerpartei fordert Haus für Opfer von Frauengewalt

• Photovoltaik: Trotz Förderung eine der teuersten Stromquellen

• Österreich ist Schlusslicht bei der Kleinkinderbetreuung

Sonntag, 12.10.08

• Eklat bein Deutschen Fernsehpreis: Reich-Ranicki weist Auszeichnung zurück

• Österreich nach Jörg Haiders Tod: Die Uhren sind stehen geblieben

• Prognose: Wirtschaft 2009 am Boden

• Globale Finanzkrise: Klimapaket steht auf der Kippe

• Neues Debakel bei der Telekom: Bis 30 Millionen Kundendaten einsehbar

• Bundesrat gibt grünes Licht für Verschärfung des Bußgeldkatalogs
• Neue EU-Einwanderungsregeln: Paket zu noch mehr Abschottung
• 43 Prozent der Ostdeutschen wünschen sich ein sozialistisches System zurück
• Österreich: Fast die Hälfte der Jungwähler stimmten rechts
• Obama ist ein Cousin von Brad Pitt

Montag, 13.10.08
• Finanzkrise: Merkel wirbt für 500 Milliarden-Paket
• Widerstand in der EU gegen Klimapaket verschärft sich
• Klima-Rebellion in Brüssel
• Kühlschrank-Berater sollen ab November in jeden Hartz IV-Haushalt kommen
Gratis-Stromsparbirnen und 150 Euro Zuschüsse für neue Öko-Kühlschränke über 500 Euro.
• 70 war erlaubt: Haider überschlug sich mit 142 Km/h
• Radsport: Auch Bernhard Kohl war bei der Tour de France gedopt
• 2,4 Prozent Geburtenplus in Österreich
4,4 bzw. 4,3 Prozent Dank der starken moslemischen Bevölkerung in Vorarlberg bzw. in Wien.
• Iran besorgt um Menschenrechte in der Schweiz
• Imame rufen im Irak zur Christenverfolgung auf
• Kein Leukämie-Risiko durch Radio- und Fernsehsender

Dienstag, 14.10.08
• Börsen wetten auf globalen Abschwung
• DAX stürzt erneut ins Minus
• Rechtspopulist Haider raste mit 1,8 Promille in den Tod
• Angst vor Rezession: Ölpreis sinkt auf Tiefststand
• Berlusconi legt das Klimapaket auf Eis
• Bischof Mixa nennt zehn Euro Kindergelderhöhung eine Beleidigung für Familien
• Größte Zeitbombe der Menschheit: Unter den USA schlummert ein Super-Vulkan
• Gleichstellung: Wien beurteilt homosexuelle Pornografie nicht mehr als „unzüchtig“

• Irak – Gezielte Säuberungen von Christen in Mosul
• Heißer Herbst: Jetzt ist die beste Zeit zum Babymachen
• Muslime vermehrten sich in den letzten 100 Jahren doppelt so schnell wie der Rest der Welt

Mittwoch, 15.10.08
• Börsen zwischen Panik und Hoffnung
• Finanzkrise frisst Hungerhilfe auf
• Bayern kippt das Rauchverbot
• Doping: ARD und ZDF wollen Tour de France nicht mehr übertragen
• Explodierende Lebensmittelpreise: Eine Milliarde Menschen hungern
• Österreich trauert um einen Nadelstreifen-Nazi
• Buchmesse: Kritik an Bibel-Verkaufsverbot in der Türkei
• Mafia droht Buchautor Saviano mit Ermordung
• Papst am Pranger: 50. Todestag von Pius XII.
Rolf Hochhuts Theaterstück „Der Stellvertreter“ beschädigte sein Ansehen nachhaltig. Der jüdische Philosoph Pinchas Lapide schätzt die Rettung von Juden vor dem Holocaust durch katholische Institutionen und Einzelpersonen auf 800 000.
• Kontrolleure entdecken Pestizide in Bio-Lebensmitteln
• Wien – Theaterstück mit drastischen Sex- und Vergewaltigungszenen für Jugendliche ab 13 zurückgezogen
• Proteste überschatten Moschee-Eröffnung in Berlin
Dummes Volk:
• Innensenator Körting wünscht sich mehr Moscheen in Berlin
• Seit Inkrafttreten des Kyoto-Protokolls am 16.2.2005 kostete dies bis heute etwa 550.180.000.000 US-Dollar, um bis 2050 eine potenzielle Verminderung des Temperaturanstiegs um 0,0057055602 Grad Celsius zu erreichen
Man beachte die Temperatur-Änderung im Milliardstelbereich.
• Madonna lässt sich scheiden

Donnerstag, 16.10.08

• EU schnürt Rettungspaket zur Finanzkrise

• Merkel will das Klimapaket wieder aufschnüren

• Bundestag verlängert Afghanistan-Einsatz um 14 Monate

• 16-jährige Kandidatin der Castingshow „Popstars" erfuhr vor laufender Kamera vom Tod ihrer Mutter

Die Kandidatin ist „sehr zufrieden" damit.

• Datenpanne auch beim TV-Kinderkanal

• Russen killen Kyoto II

• Wieder in einem Jahr 36.240 Deutsche in die Schweiz ausgewandert

• Haiders Tod: Was in Österreich rechts ist, ist in Deutschland unberührbar

• EU-Parlamentarier fordern hurenfreie Hotels

• 52 Prozent der Ostdeutschen lehnen Marktwirtschaft ab

Freitag, 17.10.08

• Finanzkrise: 500-Milliarden-Rettungspaket wird im Eiltempo zum Gesetz

Zur Verdeutlichung der Zahlen: Seit Christi Geburt sind 63,8 Milliarden Sekunden vergangen.

• Wallstreet-Banker gönnen sich vor ihrem Abgang noch einmal 70 Milliarden als Belohnung

Das entschuldigt Vieles:

• Studie: Börsenmakler können kaum logisch denken

• Politischer Klimawandel in der EU

• 10 Euro mehr: Geschröpfte Familien, gepamperte Banken

Damit wird nicht einmal die Erhöhung der Kassenbeiträge ausgeglichen. Seit der letzten Erhöhung 2002 sind die Lebenshaltungskosten um 12 Prozent gestiegen.

• 73 Billionen Euro ab 2020 pro Jahr für das Klimapaket

• Aufmarsch von Rechtsextremen und Neo-Nazis bei Haiders Totenfeier befürchtet

• Selbstmordserie in französischen Gefängnissen

Aus Angst vor Vergewaltigung umgebracht:

• Mr. Gay of UK wegen Verzehr des Oberschenkels seines Liebhabers verurteilt

• Madonna zahlt 77 Millionen Euro an Noch-Ehemann Ritchie
• Check dein Wissen über Selbsbefriedigung

Samstag, 18.10.08
• Untergang der Eisbären: Die Polkappe schmilzt immer schneller
• Alaskas Gletscher wachsen
• Weltklimarat empfiehlt die Wahl von Obama
• 30 000 bei Haiders Totenfeier
...ohne die in den Medien angekündigten Rechtsextremen und Neonazis.
• Tagespflege als Erfolgsmodell: Geburtenrate um 0,04 Prozent gestiegen
Alles, was nicht Minus ist, wird als Erfolg gefeiert: Vor allem Akademikerinnen zwischen 33 und 37 Jahren bekommen mehr Kinder.
• Bankrottes Island: Kein Cent von der EU
• Nach Wahlschlappe: Österreichs Grüne wollen weg von Multikulti
• Extra Wasserhähne für Christenkinder im Iran
Was es nicht alles gibt:
• Kompetenzzentrum für Gender und Ernährung der Uni Hohenheim präsentiert dritte Filmreihe
• Chicago plant eigene Schule für Schwule und Lesben
• Bohlen nennt Rapper Bushido einen „Vollpfosten"

Sonntag, 19.10.08
• Exodus der Jungmanager: Top-Talente verlassen reihenweise Deutschland
• Wann kommt der deutsche Haider?
• Arktis-Drama: Temperaturen so hoch wie nie
• BAT-Umfrage belegt: Keine Wiederkehr der Religion
Nur für 24 Prozent ist Religion ein wichtiger Bestandteil des Lebens. Damit liegt Deutschland an letzter Stelle in Euopa.
• Über 60 000 indische Christen auf der Flucht
• Frankreich: die vollzeitbeschäftigte Mutter als Auslaufmodell
Mütter wollen wieder mehr die Betreuung ihrer Kinder übernehmen.

• Kinderkrippen gefragt wie nie: Berufstätige Mütter müssen loslassen können
• Bischof Mixa: Regierung macht nicht Familien-, sondern Industriepolitik
• Britische Dschihadisten benutzen Kinderpornoseiten zum Informationsaustausch
• 40 000 Menschen bei neuen Kämpfen in Darfur vertrieben
• Krill-, Robben- und Fischöle bedenklich

Montag, 20.10.08
• Sarkozy will Schlüsselindustrie verstaatlichen
• Finanzkrise: Spanien bittet die Golfstaaten um Hilfe
• Standortvorteil durch Staatsbankrott: Neues Billigurlaubsland Island
• Italien verlangt Lockerung des Klimapakets
• 18 000 Abiturienten nehmen wegen hoher Studiengebühren kein Studium auf
• Regierung hält Studie unter Verschluss: Studieren nur mit drei Jobs
• Heimenkirch – Leiche eines Inders lag drei Jahre unentdeckt in einer Dachwohnung
• Hamburger Elternpaar schüttelte Baby fast zu Tode
• Eltern ermordet und Knecht an Schweine verfüttert: Lebenslang für hessischen Landwirt
• The Cyrosphere today: Eismasse der Arktis nimmt seit 2007 dramatisch zu

Es gibt noch viel (Blödsinn) zu erforschen:
• Gender Studies Workshop in Berlin: Ist Gebärdensprache geschlechtsneutral?
• Gender Studies Workshop in Berlin: Die Kultur der „weiblichen“ Masturbation
• Madonnas Fast-Ex Ritchie: „Sex mit einem Haufen Knochen!“
• Alles übers Erste Mal: Wir zeigen dir, wie's geht!

Dienstag, 21.10.08
• Bereits 30 tote deutsche Soldaten in Afghanistan
• Sechslinge in Berlin: Alle kommen durch
• Totes Baby in Sachsen-Anhalt in Waschmaschine gefunden

• Berlin – Ärzte entdecken drei Schädelbrüche an drei Monate altem Jungen
• Peepshow am Flughafen: Immer mehr Proteste gegen EU-Plan für Nackt-Scanner
• Trotz Rauchverboten: Einnahmen aus Tabaksteuer auf 3,7 Milliarden Euro gestiegen

Je mehr Verbote, desto größer der Anreiz.

• Krise trifft Daimler mit voller Wucht
• OECD-Studie: Einkommensunterschiede driften in Deutschland schneller auseinander als in allen anderen Industriestaaten
• 50 Prozent mehr als 2007: Schweizer Waffenexport explodiert
• Schweizer Protestanten machen gegen Islamisierung mobil
• Genderforschung: Frauen leben klimafreundlicher als Männer

Mittwoch, 22.10.08

• 6,4 Milliarden Staatsstütze für die BayernLB
• Finanzkrise: Rentenkasse legte 44,5 Milliarden bei Lehman Brothers an
• VW entlässt 25 000 Leiharbeiter
• 70 Prozent der Hessen gegen Ypsilantis Machtergreifung
• 85 Prozent aller neuen Gesetze gehen auf die EU zurück
• CO2-Handel: Angriff auf den Kern der industriellen Zukunft Europas
• Unis nur für Frauen gefordert: Nur neun Prozent studieren Elektrotechnik
• Deutsche Post sperrt Wurfsendung von „Pro Köln"
• Totenverehrung in Österreich: Heiliger Haider
• War Haider ein schwuler Alkoholiker?

Demnach hätten die Szene und die politischen Gegner über Jahrzehnte eisern dichtgehalten.

• Vaclav Klaus: Mit Sarkozy und Merkel zurück in den Sozialismus
• Monat für Monat neue Verkaufsrekorde: „Das Kapital" von Karl Marx

Donnerstag, 23.10.08

• Verdreckte Spritzen in Sigmaringer Praxis? 1800 Patienten müssen zum AIDS-Test

• Wegen TV-Kritik: ZDF feuert Elke Heidenreich per E-Mail

• Finanzen: Steinbrück und OECD wollen Schweiz auf die Liste der Schurkenstaaten setzen

• Unheimlicher Verdacht: Raste Haider wegen K.o.-Tropfen in den Tod?

• Nur 1,33 Geburten je Frau: Sind die Männer im Zeugungsstreik?

Über ein Drittel der Männer zwischen 35 und 40 sind kinderlos.

• Amsterdam – 60 Prozent der erwerbsfähigen Türken und Marrokaner sind arbeitslos

• Ist die Musikbranche männlich dominiert? Frauenquote für Musikmagazine gefordert

• Karl Lagerfeld will eventuell Moslem werden

Freitag, 24.10.08

• Ypsilanti kämpft weiter um Bündnis mit Linkspartei

• Heidelberg Cement AG sieht europäische Standorte durch Emissionshandel gefährdet

• Rüttgers eröffnet Großmoschee in Duisburg

• EU hofft auf neues Klima-Denken in USA

• Sarkozy zweifelt an Obamas Kompetenz

• Berlin - Täglich werden neun Polizisten im Dienst angegriffen

• Führte Haider ein Doppelleben?

• Belgische Moslempartei steht vor der Gründung

Das Anti-Diskriminierungsgesetz macht es möglich:

• „Via“ („über“) ist zu anspruchsvoll: Britische Behörden verbieten Latein im Amt

• Hygiene: Bakterien lieben Frauenhände

Samstag, 25.10.08

• Milliarden verbrannt: Autobanken belasten die Konzerne

• Greenpeace will neun Billionen Dollar zur Rettung des Klimas

• Ministerpräsident Rüttgers will mehr Moscheen im Land
• Ralph Giordano ruft zum Widerstand gegen Moscheebauten auf
• Die Schweiz macht mobil: Muslimische Schüler müssen in den Schwimmunterricht
• Klimakiller Heizpilze: So schädlich wie 1 Auto
• Ich trank mit Haider vor seiner Todesfahrt
• Trotz Gesundheit: Immer mehr lebensmüde Senioren nehmen Schweizer Sterbehilfe in Anspruch

Sonntag, 26.10.08
• Nullwachstum für 2009 in Deutschland und anderen europäischen Ländern
• Deutsche Autobauer mit empfindlichen Umsatzeinbrüchen in USA
• Hunger, Klima, Finanzen: Drei Weltkrisen in Konkurrenz
• Haider-Witwe erbt 15 Millionen
• Nordkorea droht Südkorea mit vollständiger Zerstörung
• 6,9 Millionen Deutsche stecken in der Schuldenfalle
• War die Ozonloch-Hysterie nichts als ein falscher Alarm?

Montag, 27.10.08
• Vom Winde verweht: Finanzkrise macht erneuerbaren Energien zu schaffen
• Religionswechsel: Muslime köpfen Christen in Somalia
• Berlin – Flucht der Eltern aus den Multikulti-Bezirken
• Gender-Forschung: Grazer Frauen haben längere Wege als Männer
• Sex-Szenen im Fernsehen erhöhen Schwangerschaften bei Teenagern
• Mehrheit der Briten gegen Adoptionen durch homosexuelle Paare
Das Anti-Diskriminierungsgesetz zwingt Agenturen dazu.
• Bauer sucht Frau: Die Quoten steigen, die Hemmungen fallen

Dienstag, 28.10. 08
• Erschöpfte Budgets: Mitglieder von Billig-Kassen können erst 2009 wieder zum Zahnarzt
Das Anti-Diskriminierungsgesetz macht's möglich:
• Wegen fehlender Ausbildung kein Job als Integrationslotsin: Deutsch-

muslimische Bewerberin verklagt Diakonisches Werk wegen Diskriminierung

• Anteil der Christen in der Türkei ging seit 1913 von 25 Prozent auf 0,1 Prozent zurück

• Somalischer Ehebrecher von 50 Männern öffentlich gesteinigt

• Rot macht Frauen sexuell attraktiver

• Studie: Kirchgänger sind seltener depressiv

Mittwoch, 29.10.08

• Für 24 Millionen: Irak verkauft Saddams Luxusyacht

• Kyoto-Folgeabkommen vor dem Aus: China verlangt vom Westen 300 Milliarden – im Jahr

• Andrea Ypsilanti: Hillary in Wiesbaden

• Frankfurter Schulkantinen verzichten freiwillig auf Schweinefleisch

• Klimakiller Solardächer

Stickstofftrifluorid soll das 17.000-fache Treibhauspotential von CO2 haben. Seine Halbwertszeit soll bei 740 Jahren liegen.

• TV-Bauer Heinrich: Seiner Mutter und ihm bleiben 10 Euro am Tag

• Eidgenössische Ethikkommission gesteht auch Pflanzen eine Würde zu

Donnerstag, 30.10.08

• Heute ist Weltspartag

• Weitere 15 Milliarden für die Hypo Real?

Das entspräche etwa fünf Monate Freiöl für alle in Deutschland.

• FDP-Abgeordneter Barfuß plädiert für Scharia in Bayern

• Stadt Linz lässt Kreuze in Kindergärten und Schulen abhängen

• Flaues US-Geschäft: Autobauer melden dramatische Umsatzeinbrüche

• Überfüllte Züge: Warum kostet Stehen genau so viel wie Sitzen?

• Europa-Premiere: Belgien hat die erste islamische Geistliche

• Tieftemperatur-Rekorde in zehn US-Staaten

• Gehalt, Penislänge: 25 Fakten über den Durchschittsmann

• Paris Hilton: Männer wollen von mir nur Sex oder Geld

Freitag, 31.10.08

• Hessens SPD zerlegt sich selbst
• Grünen-Chefin Claudia Roth fordert offensivere Zuwanderungspolitik
• Berliner Busfahrer protestieren gegen anhaltende Gewalt im Nahverkehr
• Islamrechtler Rohe: Scharia ist in Deutschland längst Realität
• 207.518 weniger: Mitgliederschwund der evangelischen Landeskirchen hält an
• Behinderter Sohn: Australien lehnt Aufenthaltsgenehmigung für deutsches Elternpaar ab
• Illegal in USA: Obama will Schwester seines Vaters ausweisen lassen
• Vergewaltigte 13-jährige Somalierin gesteinigt
• Massenandrang bei Steinigung in Somalia
• Weniger Gehalt: Türkin fordert von R+V Versicherung 500 000 Euro Schadensersatz nach Mutterschaftsurlaub wegen Diskriminierung

Monats-Rückblick Oktober 2008

Zur Rettung der angeschlagenen Banken soll ein 700-Milliarden-Paket gestartet werden. Die Klimaforscher erinnern, auch in der Finanzkrise den Klimawandel nicht zu vergessen, Schweden will die völlige Aufhebung aller geschlechtlichen Unterschiede, während der Philosoph Peter Singer schon einen Schritt weiter ist und auch die Unterschiede zwischen Mensch und Tier völlig egalisieren möchte. Die internationale Bankenkrise treibt Island in die Staatspleite, die Börsen in Asien stürzen nach Panikverkäufen ab, die Wiener Börse setzt den Handel aus, Deutschland beschließt eine höhere Lkw-Maut, die Schweiz ein Gesetz zur paarweisen Haltung von Haustieren, in Sachsen wird eine tote Ente mit Verdacht auf Vogelgrippe gefunden, die CSU will nach dem Wahl-Debakel das Rauchverbot wider lockern, was wiederum die Drogenbeauftragte entsetzt. Die Nachricht vom Tod Jörg Haiders verdrängt weltweit die Meldungen über die Finanzkrise, der Bundesrat gibt grünes Licht für Verschärfung des Bußgeldkatalogs, der Iran zeigt sich besorgt um die Menschenrechte in der Schweiz, im Irak rufen Imame zur Christenverfolgung auf und der Innensenator Körting wünscht sich mehr Moscheen für Berlin. Die Kosten für das Kyoto-Protokolls zur Stoppung der Erderwärmung bis 2050 haben die halbe Billion Dollar-Grenze überschritten, ab 2020 sollen es 73 Billionen Euro sein, die für das Klimapaket locker gemacht werden und der Weltklimarat empfiehlt den Amis die Wahl Obamas. Die Eismassen in der Arktis schmelzen so schnell wie noch nie, während ein US-Institut ein seit 2007 dramatisches Wachstum meldet. Immer mehr Gesunde zieht es zum Selbstmord in die Schweiz, die Eidgenössische Ethikkommission gesteht auch Pflanzen eine Würde zu, der FDP-Abgeordneter Barfuß plädiert für die Einführung der Scharia in Bayern und in Österreich lässt die Stadt Linz die Kreuze in Kindergärten und Schulen abhängen.

NOVEMBER 2008

Rückblick auf November 2007

Überwachung – Heizpilze – Tempolimit – Laubsauger – Sterbehilfe – Schiffsmotoren – Klima- Polkappen - Rußfilter

Experten warnen vor erheblichen Sicherheitslücken beim E-Pass, Journalisten sehen durch die geplanten Überwachungsgesetze ihre Grundrechte zur Informationsbeschaffung im Kern getroffen, die Datenspeicherung führt zur größten Massenklage seit Bestehen der Bundesrepublik, die EU plant über 19 persönliche Daten eine Risikoanalyse für Flugreisende und das BKA speichert und identifiziert Besucher von Internet-Behördenseiten.

Sinkewitz packt über Doping bei T-Mobile aus, die neue Anti-Doping –Agentur will den gläsernen Sportler und Martina Hingis tritt wegen Kokain-Vorwürfen zurück.

Anonyme Anzeigen gegen Rauchverbotsverstöße häufen sich, ein Gericht erlaubt das Rauchen auf dem Balkon, eine Reihe von Städten verbietet zum Schutz des Klimas Heizpilze, Greenpeace fordert Baumärkte zum Verkaufsverzicht auf und empfiehlt Wirten statt Heizstrahlern das Verteilen von Wolldecken.

Der neue Maybach mit 612 PS wird vorgestellt, eine Kfz-Strafsteuer für ältere Autos ist in Planung, Tempo 130 spaltet Deutschland, die Polizei setzt auf Horror-Videos im Streifenwagen und Verkehrspsychologen fordern den lokal begrenzten Führerschein für Senioren.

Ohrenärzte warnen vor zu lauten Laubsaugern, Umweltschützer kritisieren aufgewirbelten Feinstaub und fordern stattdessen herkömmliche Rechen und ein Anwohner schießt auf seinen Nachbarn wegen Laubsaugerlärms.

Der Hartkäse wird als nächster Klimakiller entdeckt, der WWF fordert Steuern auf Kuh-Abgase, aus dem Umweltbundesamt kommt der Rat zu mediterraner Ernährung für den Klimaschutz, die neue UN-Klimastudie sieht die Zukunft der Menschheit in ernsthafter Gefahr und die Hurrikansaison ist bereits im zweiten Jahr ruhiger als von Klimaforschern prognostiziert.

Nach dem Tod zweier Deutscher im Auto auf einem Parkplatz in der Schweiz suchen deutsche Sterbehelfer Sterbewillige im Großraum Berlin zur Schaffung eines juristischen Präzedenzfalls,

während die Schweizer „Dignitas" los werden wollen. Britische Ärzte leisteten zu zwei Dritteln aktive Sterbehilfe ohne Einwilligung der Betroffenen, fast siebzig Prozent der Deutschen befürworten aktive Sterbehilfe und Gunther von Hagens will einen Selbstmörder plastinieren und neben dessen toter Frau ausstellen.

Bund und Länder üben für den Fall einer weltweiten Grippe-Epidemie, mehrere Städte planen Alkoholverbote in bestimmten Zonen, Psychotherapeuten fordern das Verbot von Killerspielen.

Zwei Drittel der Autobesitzer haben noch keine der ab 1. Januar vorgeschriebenen Feinstaubplaketten, Bund, Länder und Kommunen kündigen scharfe Jagd auf Sünder an, auch parkende Autos sollen kontrolliert werden und den Berliner Bezirken fehlt das nötige Personal.

Nicht nur Deutsche, Briten und Franzosen sind durch Schiffsabgase besonders gefährdet, sondern auch Österreicher sind durch tödliche landeinwärts ziehende Wolken bedroht. Forscher rechnen in den nächsten fünf Jahren mit 40 Prozent mehr Toten durch Emissionen aus Schiffen, zudem blasen Schiffe gleich viel CO2 in die Luft wie der Flugverkehr, die Stäube aus den Schloten fördern die Wolkenbildung, kühlen so das Klima und die EU will Schiffen mit zu hohem Schwefelanteil im Treibstoff das Anlaufen der Häfen verbieten. Forscher fordern Milliarden zur Emissions-Kontrolle aus Schiffsmotoren.

Der UN-Generalsekretär sieht die Antarktis durch steigende Temperaturen kurz vor der Katastrophe, der Klimatologe Richard S. Lindzen bescheinigt dem IPCC-Protokoll wissenschaftlichen Unsinn, die Antarktische Eiskappe zeigt eine neue Rekordausdehnung und der IPCC-Bericht hält das plötzliche Abschmelzen der Polkappen für unwahrscheinlich.

300 Prozent mehr Krebsfälle in zehn Jahren im Umkreis von 400 Metern zeigt eine Mobilfunk-Studie, das Bundesamt für Strahlenschutz bezeichnet jedoch die Erfassungsdaten als unzureichend.

Die Meldungen von gehäuften Kindesmisshandlungen und Kindstötungen rufen die Politiker auf den Plan, von der Leyen fordert eine stärkere Beobachtung von Risikofamilien und ein neuer Leitfaden soll Ärzten helfen, misshandelte Kinder besser zu erkennen, während eine Studie jedes zehnte Kind psychisch gefährdet sieht.

Holzheizungen sind neben Dieselfahrzeugen die größten Dreckschleudern: Gabriel will alten Holzheizungen den Garaus machen und plant Rußfilterpflicht für Holzöfen. 40 000 Autos fahren mit wirkungslosen Dieselruß-Filtern, ein Schweizer Testlabor erhebt schwere Vorwürfe gegen deutsche Vorschriften zur Prüfung von Diesel-Rußfiltern und Gabriel verspricht den betroffenen Autofahrern kostenlosen Austausch.

Meldungen November 2008

Samstag, 1.11.08

• Deutsche Regierung will Autoindustrie mit geringeren Steuern aus der Flaute helfen

• Anstatt zur Probeabstimmung: Ypsilantis Vize Walter rauchte im Freien eine Zigarette

• EU-Kommission: Deutsche Wirtschaft steht still

• Stehen Heizpilze endgültig vor dem Aus?

• Erster deutscher Homo-Sender geht in Betrieb

• Hundert Schwule und Lesben demonstrieren in Berlin gegen Diskriminierung

• Warum gibt es Global Cooling, wenn CO2 steigt?

• Westafrikanische Wirtschaftsgemeinschaft verurteilt Niger wegen Sklaverei

• Norfolk verbietet den diskriminierenden Begriff „Hausfrau“

Heißt nun genderneutral „homemaker“.

• Antroposoph Steiner: Kohlenstoff macht Neger schwarz und geil

Sonntag, 2.11.08

• Start der elektronischen Gesundheitskarte wird verschoben

• Hilferuf an die Ölstaaten: Finanzkrise treibt britische Öko-Industrie in den Ruin

• Tiefseetaucher Piccard mit 86 Jahren gestorben

• Tanzverbot an Allerheiligen: 23 Münchner Wirte müssen Strafe zahlen

• Berliner Rezepte: Berliner Polizeipräsident empfiehlt Schwarzfahren gegen Gewalt im öffentlichen Nahverkehr

Keine Fahrkartenkontrollen – kein Stress mehr.

• Rückgabe der Kirche von Tarsus kommt für die Türkei nicht in Frage

Tarsus war der Geburtsort des Apostels Paulus.

• 27 Millionen Sklaven weltweit

Montag, 3.11.08

• Ypsilanti auch beim zweiten Anlauf um die Macht in Hessen gescheitert

• Obamas Großmutter gestorben

• HSH Nordbank beantragt 30 Milliarden Euro Hilfe
• 8 Prozent mehr: IG Metall setzt Warnstreiks fort
• Ein halbes Jahr Kurzarbeit für 3500 Mitarbeiter bei Bosch
• BMW verabschiedet sich von Absatzzielen
• EU sieht düstere Zukunft
• Drama im Kongo: 250 000 Menschen auf der Flucht
• Milch, Butter, Kaffee deutlich billiger
• Spaniens Königin Sofia spricht sich gegen Homo-Ehen, Abtreibung und Frauen-Ouoten aus
• Wiener Grüne vergeben Preis für schwule, lesbische und transgender-AktivistInnen
• Daniel Craig will nie einen schwulen Bond spielen

Dienstag, 4.11.08
• Vier Musketiere streckten Andrea Ypsilanti
• Pannen-Ypsilanti: Kommen in Hessen Neuwahlen?
• Heute Wahlen in den USA
• Rekord-Dividende: Porsche verwöhnt die Aktionäre
• Siemens zieht sich aus der Computerbranche zurück
• Neue Kräuterdroge „Spice" boomt unter Schülern
• Bin Laden junior will politisches Asyl in Spanien
• Stress in der Firma: Jeder Vierte lässt Frust an der Familie ab
• Arme reiche Frau: Quandt-Erbin Susanne Klatten wurde mit Sex-Videos erpresst
• Reiben und Rubbeln: So geht Sex mit der Hand

Mittwoch, 5.11.08
• Obama ist neuer Präsident
• Vier Aufrechte retten die Ehre der Hessischen SPD
• Vier Verräter stürzen Ypsilanti
• Staatsbank KfW versenkt nochmals 228 Millionen
• Marode Autobauer: GM schiebt riesige Verluste nach Europa ab
• Forscher schlagen riesige CO2-Speicher im Golfstaat Oman vor
Ungeklärt ist allerdings das Transportproblem.
• Britische Regierung plant Überwachung des gesamten Kommunikationsystems

• EU verlangt von Türkei mehr Rechte für Frauen
• Gesamtkunstwerk Tatjana Gsell hat wieder einen Adligen
• Top-Model Eva Padberg singt und rappt versaute Texte

Donnerstag, 6.11.08
• Berlusconi bezeichnet Obama als „gut gebräunt"
• Das einkommensabhängige Elterngeld bewährt sich
Streichung der Eigenheimzulage, Streichung von zwei Jahren Kindergeld für studierende Kinder, Benachteiligung schlechter verdienender Eltern und Mehrkinderfamilien mit alleinverdienenden Vätern: Für mindestes 60 Prozent der Familien bedeutet dies eine empfindliche Einbuße zugunsten der Besserverdienenden.
• Allianz macht 2 Milliarden Verlust
• Autobanken wollen Hilfe vom Staat beantragen
• Schwerin – Pakistanischer Wirt täuscht rechtsextremen Brandanschlag vor
• Leiharbeiter bei Airbus: „Menschen sind keine Ware!"
• Berlin – Migranten verprügeln Schwulen und lesbisches Pärchen
• Links-Partei fertigt Bewegungsprotokolle ihrer Mitglieder an
• Norwegische Lebensmittelfirma führt Wegwerfkopftücher für islamische Mitarbeiterinnen ein

Freitag, 7.11.08
• Obama will Finanzkrise bekämpfen
• Pro und Contra: Akte Ypsilanti ungelöst
• Hannover: Jugendliche Testkäufer bekamen viel Alkohol
• Österreichische Mittelschüler fordern Kreuze an Linzer Schulen zurück
She. 30.10.08
• Neues Referendum: Kalifornien wählt bereits beschlossenes Gesetz zur Homo-Ehe ab
33 Organisationen beklagen sich bei der deutschen Regierung über massive Einmischung.
• Weltmeere verlieren seit 2004 an Wärme

• Niedersächsische Disco verlost Brustvergrößerung in Polen
• Eure Fragen: Sie will unbedingt Analverkehr!

Samstag, 8.11.08
• Proteste gegen Atommülltransport nach Gorleben
• Merkel telefonierte mit Obama
• Erbschaftssteuer: Die Reform bleibt ein Monster
• Gesundheitsreform trotz heftiger Kritik beschlossen
• Krisengipfel: EU will Finanzmärkte lückenlos überwachen
• „Nürnberger Resolution" fordert bis 2013 vierzig Prozent Frauenquote in Spitzengremien von Aktiengesellschaften
• Schülerausweis vergessen: Bahn setzt erneut Mädchen aus dem Zug
• Lange Nacht der Gender Studies: Workshop Tango Argentino und Gender
...mit abschließendem Kurzfilm über die Praxis des Queer-Tangos.
• Lange Nacht der Gender Studies: Workshop Die Kultur der „weiblichen" Masturbation
• Deutschland wird schwanger: SAT1 sucht 100 Paare mit Kinderwunsch
• Stadt Oxford verbietet das Wort „Weihnachten"
Auch die Moslems sind irritiert.
• „Verfolgungen sind unannehmbar!": Papst richtet deutliche Worte an Muslime
• Vom grünen Angsthasen zu Klimaskeptiker: Autor Michael Crichton („Jurassic Park") ist tot

Sonntag, 9.11.08
• Ypsilanti tritt nicht mehr als Spitzenkandidatin an
• Finanzkrise: Auch Ford verbucht Milliardenverluste
• 52% der Deutschen haben mehr Angst vor religiösem als vor linkem (29%) oder rechtem (18%) Extremismus
• Frauenparkplätze: Hochkirchner Vater erkämpft Gleichberechtigung
• Geburtenrückgang: Was ist mit den Kerlen los?

• Deutsches Krebsforschungszentrum fordert Verbot von Schoko-Zigaretten
• Überraschungseier bleiben erlaubt – allerdings künftig mit nur noch Warnhinweis
She. 7.8.08
• Erstes Dialogtreffen im Vatikan beendet: Muslime bekennen sich zur Religionsfreiheit
• Australischer Erzbischof Pell äußert Zweifel an der kommenden Klimahölle
• Jesus und Mohammed zusammen auf Titelblatt: Marokko verbietet französisches Magazin
• Erste Kopftuchlehrerinnen in Wien

Montag, 10.11.08
• Neue Verluste: LBBW versenkt 350 Millionen in Island
• Auch Opel will 30 Milliarden
• Heftige Proteste gegen Atommülltransport nach Gorleben
• Feuerlöschsystem defekt: 20 Menschen ersticken in russischem Atom-U-Boot
• Defizitäres US-Engagement: Post streicht Tausende Stellen
• Uni Berlin: Höheres Alzheimer-Risiko in der Nähe von Hochspannungsleitungen
• Alle 27 Meter ein Verkehrsschild: Autofahrer blicken nicht mehr durch
• Entwicklung der Globaltemperatur widerspricht allen Vorhersagen
• Wiener Grüne fordern mehr Frauen im Magistrat
• „Jesus was schwul!“: US-Homos stürmen Gottesdienste

Dienstag, 11.11.08
• Diesmal die Türautomatik: Neue Sicherheitsprobleme bei der Bahn
• 2007 kassierte die Polizei über 480 000 Führerscheine
• US-Militär vermisst seit 40 Jahren Atombombe in Grönland
• US-Homo-Ehe: Ja-Wort im Osten, Wut im Westen
• Leukämie-Therapie kann auch gegen Aids helfen
• Neuer Trend zur Säuglingsförderung: Eltern lernen Baby-Zeichensprache

• Todeszonen in den Weltmeeren wachsen dramatisch
• Punkrocker Campino rät zum Glauben als Kraftquelle
• Oralverkehr-Quiz: Was weißt du wirklich übers Lecken und Blasen?
• Belgien will Recht auf aktive Sterbehilfe für Kinder ab 12 Jahren auch ohne Zustimmung der Eltern
• Embryonale Stammzellenforschung: Vatikan ermahnt Obama

She. 24.11.07, 26.11.07, 6.3.08, 11.4.08, 24.5.08.

• „Master of Climate Change": Neues Studienfach an australischer Universität

Mittwoch, 12.11.08

• SPD für Senkung des Wahlalters auf 16
• EU erlaubt wieder krumme Gurken
• Falsch gestempelt: 12-Jährige wird aus Münchner S-Bahn geworfen
• Nürnberger Polizei holt Schläger aus dem Unterricht
• Zwei 15-Jährige verprügeln Rentner in Nürnberger U-Bahn
• Weihnachtbäume bis zu 25 Prozent teurer
• 85 Prozent der Moslems empfinden Zungenküsse unter Schwulen als „ekelhaft"

Bei Katholiken sind es 40 Prozent, bei Konfessionslosen 20 Prozent.

• Gefälschte US-Zeitung verkündet Kriegsende in Irak und Afghanistan
• Blaues Licht in Büros steigert die Konzentration
• Superduperlesbe Martina Navratilova geht ins Dschungelcamp
• Oralsex ist im Liegen am entspannendsten

Donnerstag, 13.11.08

• Ölpreis fällt unter die 50-Dollar-Marke
• Deutschland stürzt in die Rezession
• Siemens verbucht Milliarden-Quartalverlust
• Feuersturm über Kalifornien
• Berlusconi will raschen EU-Beitritt der Türkei
• Ulmer Schüler verprügelt seinen Lehrer
• Kapitulation vor dem Mob? Berliner Verkehrsbetriebe denken an Verzicht auf Fahrscheinkontrollen

Der Berliner Sicherheitsexperte Kleinedam gibt den

Busfahrern eine Mitschuld an der ständig gegen sie verübte Gewalt.

• Drei algerische Bibelbesitzer freigesprochen

• Ärztliche Fehlentscheidung: Arzt zu 1500 Peitschenhieben und 15 Jahren Gefängnis verurteilt

Der ägyptische Arzt behandelte erfolglos eine drogenabhängige Prinzessin. Die Schläge werden alle zehn Tage in Raten zu 70 Hieben verurteilt.

• FrauenLesbenTrans-VV an der Uni Hamburg – eventuell rauchfrei

Freitag, 14.11.08

• Wirtschaftsweise empfehlen Straßenbau gegen Rezession

• Schäfer-Gümbel will nicht Ypsilantis Kasper sein

• Cem Özdemir: Erstmals wird ein Moslem Parteichef

• Prinz Charles wird 60

• Gegen Überalterung: EU will 50 Millionen Afrikaner als Arbeitskräfte nach Europa holen

• Nur ein Drittel aller dokumentarischen Filme über den 1. Weltkrieg sind echt

• Gender Gap: Frauen verdienen immer noch weniger als Männer

90 Prozent der tödliche Arbeitsunfälle betreffen Männer, 24 von 25 der gefährlichsten und schmutzigsten Berufe werden von Männern ausgeübt. 75 Prozent der Obdachlosen sind Männer. Mehr Frauen als Männer arbeiten in Teilzeit, Akademikerinnen bevorzugen schlechter bezahlte Geisteswissenschaften.

• Obama will Enthaltsamkeits-Kampagnen eindämmen und dafür mehr Kondome

• Sandwich oder Two-In-One? Schwuler Sex zu dritt erfordert Übung

• Grace Jones bietet Vitali Klitschko flotten Dreier an

Samstag, 15.11.08

• Rücktritt, Auschluss, Austritt: Ypsilanti knallt alle ab

Wer nicht im Gleichschritt marschiert, lebt inzwischen gefährlich:

• Nein-Sager von Hessen stehen unter Polizeischutz

• Weltfinanzgipfel in Washington
• 100 000 Auto-Jobs in Deutschland in Gefahr
• Telekom bespitzelte auch Verdi-Chef Bsirske
• Führerschein weg, Job weg, Scheidung: Stralsunder Polizei findet Betrunkenen mit 7,7 Promille
• Dauerparker: ADAC will kostenlose Parkplätze in den Citys abschaffen
• Fränkische Polizei verfolgt mit 17 Streifenwagen Bus mit randalierenden Fußballfans
Einer soll auf einer Raststätte ein Schild demoliert haben.
• Nach Kalifornien nun auch Ende der Homo-Ehe in Arizona
• Obama holt schwulen Bischof Robinson als geistlichen Berater
• Jugend: Rauchen ist out, Koma-Saufen in
• Mexiko-Stadt verteilt Gratis-Viagra an Senioren

Sonntag, 16.11.08
• Von der Leyen fordert mehr Männer in Kindergärten und Schulen
• Ypsilanti und die Genderkarte: Wer kritisiert, ist ein Frauenfeind
• Neue PISA-Studie: Ostdeutschland schlägt Westdeutschland
• Partei „Die Linke" will Religionsunterricht in Thüringen abschaffen
• Mutter in Geldsorgen ertränkte 8-jährigen Sohn in der Badewanne
Die Staatsanwältin erkennt darin „gute Absicht".
• 70 Prozent der farbigen US-Amerikaner lehnen Homo-Ehen ab
• Amerikanische Schwule belagern katholische Kirchen und stören Gottesdienste
• Ingrid van Bergen: Mit 77 ins Dschungelcamp

Montag, 17.11.08
• Deutsche Ärzte haben im europäischen Durchschnitt um 30 Prozent weniger Zeit für Patienten
• PISA: Sachsens Schüler stürmen an die Spitze
• Stasi 2.0: Schäubles Schnüffelgesetz auf der Kippe
• UN-Vollversammlung kritisiert Christen: Zu wenig positive Lehren aus der Scharia
• Transsexueller Thomas Beatie trägt ein zweites Baby aus
She. 26.3.08, 5.4.08, 5.7.08.

• Schon mehr als 22.680 Bundesbürger fordern Abschalten der Atomkraftwerke

Das entspricht 0,00268 Prozent der Bevölkerung.

• „Reinrassig deutsch": Logistikunternehmen Kühne will keine ausländischen Finanzpartner

...und sorgt prompt für Empörung beim Zentralrat der Juden.

• Ausstoß von Klimagasen steigt weiter

• Erster österreichischer „Boys Day"

Jungen sollen an typische Frauenberufe heran geführt werden.

• Antidiskriminierungsgesetz: Ehe darf in Frankreich wieder über homosexuelle Lebensform gestellt werden

She. 4.2.07

• Überraschende Umfrage: Nur behaarte Männer sind echte Kerle

• Britisches Dschungelcamp: Nacktmodell hat Angst vor Schwangerschaft durch Verspeisen von Känguru-Hoden

Dienstag, 18.11.08

• Opel wehrt sich gegen Verstaatlichungs-Forderungen

• Öl für 100 Millionen Dollar: Piraten kapern Tanker vor Somalia

• Von der Leyen will Kinderporno-Seiten sperren

• Rottweil – Baby nach der Geburt in Tiefkühltruhe gelegt

• Cottbus – Viereinhalb Jahre Haft: 18-Jährige erdrosselte Baby

• EU-Parlament prangert Einkommensschere zwischen Männern und Frauen an

• Für Gleichstellung der Homo-Ehe: Demonstrationen in über 100 US-Städten

• Krise in der Pornobranche: Schweizer Pornostar geht mit 22 in die Rente

• Finanzhilfe beantragt: Wiener Frauencafe von Schließung bedroht

• Finanzkrise: Der Klimaschutz muss warten

• Pamela Anderson schreibt an Obama: „Kastriere Pädos!"

Mittwoch, 19.11.08

• EU will Konjunktur mit 130 Milliarden Euro ankurbeln

• Staatsbankrott abgewendet: IWF gibt Island 2,1 Milliarden Dollar

• Opel-Krise: Solarkonzern macht ein Angebot
• Opel Insignia zum Auto des Jahres gekürt
• PISA: Hamburg und Bremen haben wieder die roten Laternen
Zur Verbesserung der Statistik sollen künftig Migranten heraus gerechnet werden.
• Bundeswehr soll bald Piraten vor Somalia bekämpfen
• 4,28 Billionen Dollar: Finanzkrise kostet USA mehr als der 2. Weltkrieg
• Sarg mit Leiche des Milliardärs Flick in Kärnten gestohlen
• Kardinal Stafford bezeichnet Obamas politische Linie als „apokalyptisch"
• 16 Prozent der US-Teenager hatten bereits Analsex – nur ein Drittel benutzte Kondome
• Mangelnde Work-Life-Balance: Psychische Erkrankungen steigen weiter

Donnerstag, 20.11.08
• US-Politiker lassen General Motors abblitzen
• EU-Landwirtschaft: Deutsche Bauern bekommen 225 Millionen weniger
• Schneefront rast auf Deutschland zu
• Hessen-SPD: Teile der Basis fordern Ypsilantis Parteiausschluss
• Nach Claudia Roth: Auch Schäuble spricht sich für einen türkischstämmigen Kanzler aus
• Obama will Trendwende beim Klimaschutz
• Baden-Württemberg: 50% Frauenquote bei den Grünen
• Österreichs Grüne wollen Konjunkturpaket für Frauen
• Rocco Buttiglione ermahnt Europa zur Besinnung auf seine christlichen Werte
Buttiglione wurde 2004 wegen einer Rede vor dem EU Parlament über Homosexualität und die Stellung der Frau als erstes designiertes und amtierendes Mitglied einer EU-Kommission abgewählt. Schließlich verzichtete er freiwillig.
• Burundi im Hexenwahn: Bereits 27. Albino in diesem Jahr getötet
• „Mit ernsthaften Grüßen": Radikale Tierschützer terrorisieren österreichisches Modehaus Kleiderbauer

• UK-Gericht bestätigt: Klimawandel rechtfertigt Öko-Terrorismus
• Trend im US-Fernsehen: Der neue Mann ist eine Memme

Freitag, 21.11.08

• LBBW macht zwei Milliarden Verlust
• Privatwirtschaft brechen die Aufträge weg
• Minus 51°C in Grönland
• Mehr Frauen in die Parlamente: Ministerin Zypries fordert Änderung des Wahlrechts
• Geheimdienste prophezeien Niedergang der USA
• Ölpreis fällt – Iran investiert in Gold
• Seeräuberpech: Gekaperter Supertanker ist ein islamisches Schiff
Nun jagen auch Dschihadisten die Piraten, die sich über hohe Investitionskosten von 500 000 Dollar beklagen.
• Bonner Wirtschaftsgespräche: Gender & Ernährung – männlich, weiblich, anders?
• Atomaufsicht warnt vor Explosionsgefahr in französischem AKW Cruas-Meysse
• Jugendgewalt: 54 Prozent der Briten halten Kinder für Tiere und Ungeziefer
• Hisbollah veranstaltet in Tyrus eine Ausstellung über ihre Selbstmordattentäter
• Neuer möglicher Mechanismus entdeckt: Auch das Erdmagnetfeld beinflusst das Klima
Die Abschwächung des Magnetfelds bindet weniger CO2 in den Meeren.
• Global Gender Gap: Schweiz verbessert sich von Platz 40 auf Platz 14 – Deutschland rutscht von Platz 5 auf 11
• Madonna und Guy Ritchie sind geschieden

Samstag, 22.11.08

• Auch Lettland steht vor der Staatspleite
• Autobauer entlassen tausende Zeitarbeiter
• Bundeshaushalt 2009 steht: 18,5 Milliarden neue Schulden

• „Angriff auf das Kindeswohl“: Immer mehr Fachleute besorgt wegen staatlich geförderter Fremdbetreuung von Kleinstkindern

Ab 2013 haben alle Kommunen die Verpflichtung, für alle Kinder bereits ab der Geburt (!) einen Betreuungsplatz zur Verfügung zu stellen.

• Nach heftigen Protesten: EU streicht Nacktsanner auf Flughäfen
• Greenpeace warnt vor Gift in Tafeltrauben
• Gaza – Hamas führt die Scharia ein
• Forscher entdecken große Wassereisgletscher auf dem Mars
• Sex & Gender: Neue australische Partei für Pornografie gegründet
• Wiener Frauen sehen Defizite bei der Versorgung von Patientinnen
• Indische Hindu-Extremisten zahlen Kopfgelder: Ein toter Pastor für 200 Euro
• Morden im Kongo: Zu welchem Heiligen sollen wir noch beten?
• Schweden streicht Sado-Masochismus aus der Krankheitenliste
• Paris Hilton ist wieder Single

Sonntag, 23.11.08

• Wintereinbruch: Schnee und Eis sorgen für Chaos
• Ford Deutschland fordert staatliche Kredite für Autobauer
• Hessens SPD und der Umgang mit einer Aufrechten: Dagmar Metzger gibt auf
• SPD geht auf Distanz zu Gabriels Klimapolitik
• Bayern erteilt „neutraler Religionskunde“ eine Absage
• Holodomor: Stalin ließ vermutlich 10 Millionen in der Ukraine verhungern

She. 24.11.07

• Aus Michael wird Mikaeel: Michael Jackson zum Islam übergetreten
• Raucht Obama immer noch heimlich?

She. 11.2.07

• Geschlechterrollen hinterfragt: Konfirmandinnen reparieren mit ihrer Pastorin ein Fahrrad
• Gift auch in Zitrusfrüchten
• Kalte Jahreszeit: Verbraucher Initiative warnt vor Gefahren in der guten Stube
• Uganda: Niedrige Aids-Rate trotz weniger Kondome

Das Programm „Enthaltsamkeit+Treue+Kondome" senkte lt. Netdoktor.de die Infektionsrate von 30 auf 6 Prozent. She. 24.5.07, 19.7.07.

• Menschenrechtskommission: Ugandas Enthaltsamkeitsprogramme vereiteln Erfolge bei der Aids-Bekämpfung
• Obama will Kondome fördern

Montag, 24.11.08

• Merkel stimmt die Deutschen ein: 2009 wird ein finsteres Jahr
• Ehemals weltgrößte Bank Citigroup überlegt Selbstzerschlagung
• Wirtschaftswissenschaftler fordern Kehrtwende in der Klimapolitik
• Sachsen kippt das Rauchverbot in Spielhallen
• Liechtenstein entschärft das Rauchverbot zum Jahresende
• EU-Kommissar Spidla will generelles Rauchverbot am Arbeitsplatz
• Sterbehilfe: Jeder sechste Arzt ist bereits dafür
• „Girls go University": Österreichische Unis bieten 100 bezahlte Praktika für Mädchen in Männerfächern

Für jede Praktikantin wird während dieser Zeit ein persönlicher Coach bereit gestellt. She. auch 17.11.08.

• 70 Prozent der Schweizer Schwulen kommen mit ihrer sexuellen Neigung nicht klar
• Hessischer Integrationspreis: Moslemische Frauen lernen Fahrradfahren
• Pam Anderson zeigt Hugh Hefner zum Geburtstag ihre blanken Möpse
• Konstanz - Hund stinkt beim Pupsen: Besitzerin verklagt Verkäufer

Dienstag, 25.11.08

• Konjunktur: Jede zweite Firma plant Entlassungen
• Wolfgang Clement tritt aus der SPD aus
• Citigroup-Aktie erlebt nach US-Rettungspaket Kurssprung von über 60 Prozent
• Briten planen Mehrwertsteuersenkung noch vor Weihnachten – Merkel sagt „Nein"
• Grünen-Chef Cem Özdemir möchte mehr Türkisch an deutschen Schulen

• Schweizer Jungmänner fordern Wehrdienst auch für Frauen
• Kinder toben nackt im Kindergarten: Duisburger Eltern stellen Strafanzeige
• Obama will Adoptionsverfahren für homosexuelle Paare vereinfachen
• US-Unis: Bis zu zwei Drittel der Studierenden sind Studentinnen

Die extreme Verschiebung führt zur Einführung von Geschlechterquoten.

• Bei 300 Euro Strafe: Benidorm verbietet Bier am Strand
• Französin bringt bei McDonald's Kind zur Welt und wirft es in den Müll

Mittwoch, 26.11.08

• Mit 200 EU-Milliarden gegen die Krise
• Erfurter Schule nach Amokdrohung durchsucht
• Hat der Iran in einem halben Jahr die Bombe?
• Grüne Bundestagsfraktion fordert nationalen Aktionsplan gegen Homofeindlichkeit
• Falsche Bio-Eier bei Edeka
• Österreichische Außenministerin Plassnik fordert mehr Frauen in UNO-Friedensmissionen
• Österreichische Frauenverbände fordern Verbot von Burschenschaften und Männerbünden an den Unis
• Jährlich mindestens 100 000 tote Vögel durch Windräder
• Zwei Drittel der Türkinnen sind zwangsverheiratet
• Mond ohne Einfluss auf die Geburtenrate
• Für 200 Euro: Berliner HIV-Positiver steckt andere Freiwillige an

Der Ausdruck dafür ist „Pozzen".

• Siegfried & Roys Löwen haben schwulen Sex
• Papst-Kater „Chico" ist Katze des Jahres

Donnerstag, 27.11.08

• Krise in Thailand: Angst vor einem Militärputsch wächst
• Attentats-Serie erschüttert Bombay
• Hessische Linke will Banken verstaatlichen
• Bayern ruiniert seinen Haushalt zur Rettung der Landesbank
• Belgisches Paar verkauft Baby um 10 000 Euro bei Ebay

• EU will ab September 2009 Glühbirnen über 100 Watt verbieten
• Türkisches Parlament nennt Kurdisch eine „unbekannte Sprache"
• Psycho-Test: Welche Spiele-Konsole passt zu dir?
• Barack wird weltweit zum Trend-Babynamen

Freitag, 28.11.08
• Muslime in Bombay: Zum Äußersten bereit
• Unruhen in Thailand: 100 000 Fluggäste sitzen in Bangkok fest
• Neue Ausfälle: Milliardendesaster bei Landesbanken wird immer größer
• Hessen-SPD: Klima der Angst und Einschüchterung
• Kiel – Mutter ließ Baby in der Kloschüssel erfrieren
• Zwei Jahre auf Bewährung für ein zertrümmertes Gesicht
Der für immer entstellte Junge nahm sich mit einem Sprung vom Münchner Olympiaturm das Leben. Die Mittäter des schon mehrfach vorbestraften Dagim S. bekamen ein Jahr bzw. ein Jahr und zwei Monate.
• Über 112 000: Verdoppelung der Abtreibungen in Spanien in zehn Jahren
• „Demo gegen Gewalt": Wiener Demonstranten attackieren Abtreibungsgegner
• Norwegische Gletscher wachsen wieder

Samstag, 29.11.08
• Tage des Grauens: 140 Terror-Tote in Bombay
• 15 Milliarden jährlich fürs Klimapaket: Firmen greifen Merkel an
• 2000 Gegendemonstranten stoppen Aufmarsch von 80 Rechtsextremen in Landsberg am Lech
• Europas Grüne in Panik: EU-Klimapaket ist kaum noch zu retten
• EU beschließt Ende der Meinungsfreiheit
Mit bis zu drei Jahren Haft bestraft werden sollen Äußerungen gegen Menschen und Gruppen wegen ihrer Rasse, Abstammung, Hautfarbe, Religion, Weltanschauung und sexueller Ausrichtung.
• Islam-Experte Troeger bezeichnet muslimische Unterwanderung gefährlicher als Terrorismus

Gibt es nun doch Unterschiede zwischen Frauen und Männern?:

• Gender Studies in Hannover lösen sich auf

• Newt Gingrich warnt USA vor Homo- und Säkularfaschismus

Sonntag, 30.11.08

• Pakistan verlegt Truppen an die indische Grenze

• Grüne fordern mindestens ein veganes Essen auf Speisekarten

• Glaubensstreit in Berlin: Kirchen kämpfen um Platz in den Schulen

• Bundesbank erwartet tiefe Rezession 2009

• Fall Flick: Spezialeinheit sucht seine Leiche

She. 19.11.08

• Neue Technik: Britische Kameras melden verdächtiges Verhalten automatisch

• Tuvalu steht das Wasser bis zum Hals

She.4.2.07, 5.2.07, 7.2.07, 30.3.07, 8.7.07, 19.9.07, 23.10.07, 4.12.07, 16.6.08.

• Gegen miese Politik: Australier wollen Alkoholtest für Politiker

• Kyoto-Protokoll und Biosprit zerstören den Regenwald

Der Anbau der Mono-Kulturen wird aus Kyoto-Geldern finanziert.

• Wiener Projekt „Menstruationshütte" will Monatsblutung zu einem Politthema machen

Monats-Rückblick November 2008

Die deutsche Regierung will Autoindustrie aus der Patsche helfen, Ypsilantis Vize Walter wurde beim Rauchen im Freien erwischt, in der englischen Grafschaft Norfolk wird der Begriff „Hausfrau" verboten und geschlechtsneutral durch „Homemaker" ersetzt, der Start der elektronischen Gesundheitskarte wird wieder verschoben. Um gewalttätigen Auseinandersetzungen bei Fahrkartenkontrollen in öffentlichen Verkehrsmitteln vorzubeugen, empfiehlt der Berliner Polizeichef Schwarzfahren, im Kongo sind eine viertel Million Menschen auf der Flucht, während wir uns über sinkende Preise bei Milch, Butter und Kaffee freuen und die Staatsbank KfW nach 300 Millionen an Lehman Brothers nochmals 228 Millionen versenkt. Die EU will nun die Finanzmärkte lückenlos überwachen, Frauenverbände fordern in Nürnberg bis 2013 eine gesetzliche Frauenquote von vierzig Prozent in Spitzengremien von Aktiengesellschaften, die Stadt Oxford verbietet auf Rücksicht auf Muslime das Wort „Weihnachten", was wiederum bei diesen für Irritierung sorgt, das Deutsche Krebsforschungszentrum will ein Verbot von Schoko-Zigaretten und Überraschungseier dürfen nun doch weiter verkauft werden – allerdings künftig mit nur noch Warnhinweis. Die LBBW vernichtet 350 Millionen in Island, auch Opel möchte 30 Milliarden, die Post streicht Tausende von Stellen, die Polizei meldet einen neuen Rekord beim Kassieren von Führerscheinen, Belgien will ein selbstbestimmtes Sterberecht für Kinder ab 12 Jahren, die SPD ist Senkung des Wahlalters auf 16 und die EU erlaubt wieder krumme Gurken. Siemens verbucht einen Quartalverlust in Milliardenhöhe, Berlusconi will einen raschen EU-Beitritt der Türkei und die EU wiederum will als Mittel gegen die Überalterung Europas 50 Millionen Afrikaner als Arbeitskräfte nach Europa holen. Obama plädiert für mehr Kondome anstatt Enthaltsamkeit, Mexiko-Stadt verteilt kostenlos Viagra an Senioren, ein britisches Gericht bestätigt ökologisch begründeten Terror zum Schutz des Klimas als rechtmäßig und nach der Streichung von Homosexualität aus der Krankheitenliste der WHO erklärt Schweden auch Sado-Masochismus als gleichwertig zur Heterosexualität. Österreichische Frauenverbände fordern ein Verbot von Burschenschaften und Männerbünden an den Unis, die deutschen Grünen fordern mindestens ein veganes Essen auf Speisekarten und ein Wiener Projekt will die Monatsblutung zu einem politischen Thema machen.

DEZEMBER 2008

Rückblick auf Dezember 2007

Inzest – Sterbehilfe – Klimakonferenz – Kindermorde – Rauchverbot – „Licht Aus!"- Jugendgewalt – gesellschaftliche Spaltung - Weihnachtsgefahren

Fällt das letzte Tabu? Der Bundesgerichtshof soll Anfang 2008 über die Abschaffung des Inzest-Paragrafen entscheiden, da inzestuöse Fortpflanzung nicht unbedingt zwangsweise zu einer Degeneration des Erbgutes führen müsse. Fast drei Viertel der Deutschen befürworten inzwischen aktive Sterbehilfe, nur noch zwanzig Prozent lehnen sie ab und aus der Schweiz kommen erschütternde Meldungen über den Sterbehilfeverein „Dignitas". Der Augsburger Bischof Mixa fordert „familienfreundliche Arbeitspolitik" anstatt „feministischer Experimente", womit er auf empörte Ablehnung stößt. Auf Bali tagt die Klimakonferenz mit 10 000 Teilnehmern, wobei die meisten Uno-Staaten den von den Fluggesellschaften angebotenen Klimaschutzaufschlag für Flugtickets ablehnen. Die Netto-Lohnquote sinkt von 56 auf 39 Prozent, das Waldsterben rückt nach über zehn Jahren Pause durch den Klimawandel wieder in den Focus und mit 1300 Hilfswerken brummt das Aids-Geschäft in Uganda. In Plauen werden zwei weitere Babyleichen gefunden, eine weitere schon verweste bei Heidelberg, in Holstein erstickt eine Mutter ihre fünf kleinen Kinder, in Thüringen wird ein totes Baby in einer Wohnung entdeckt. In der Schweiz wird „Sterbetourismus" zum Wort des Jahres, in Deutschland schafft es „Klimakatastrophe" auf Platz 1, gefolgt von „Herdprämie". Nach dem neuen Gleichstellungsgesetz droht in Norwegen 500 Betrieben mit weniger als 40 Prozent Frauenanteil im Management die Schließung, was zu bizarren Not-Besetzungen in den Vorstandsetagen führt. Ein deutscher Regierungs-Entwurf will die sexuelle Annäherung unter Jugendlichen streng reglementieren und sieht für Fummeln bis zu 10 Jahre Haft vor, die EU plant bis zu zwei Jahren Gefängnis für diskriminierende Äußerungen, Bayern beschließt gegen heftige Wirte-Proteste ein rigoroses Rauchverbot und eine große „Licht aus!"-Aktion brachte zwar Greenpeace, BILD, Google, Pro7, WWF und BUND in alle Schlagzeilen, aber nur eine Einsparung von weniger als einer Tonne CO2. Jeder Vierte betrachtet moralische Grundsätze als verzichtbaren Luxus und eine Langzeitstudie belegt eine zunehmende Kälte in einer sich spaltenden Gesellschaft. Die Innenminister warnen vor einer rasant steigenden und immer brutaler werdenden Jugendgewalt, der Streit um Heizpilze für Raucher im Freien wird immer erbitterter, eine Reihe von Städten beschließt Alkoholverbot auf öffentlichen Plätzen und Straßen, der Bierkonsum ist so niedrig wie noch nie, in Hessen schließen nach dem Rauchverbot die ersten Kneipen, die Drogenbeauftragte sieht für Wirte neue Chancen durch Familien mit Kindern und will ein Rauchverbot auch in Autos und Privatwohnungen. Nach der Konferenz auf Bali kommt der große Katzenjammer: Der Klimaschutz soll Billionen kosten, wovon niemand etwas gewusst haben will. Gewarnt wird vor Acrylamid und Cumarin in Weihnachtsgebäck, vor Weihrauch in den Kirchen, Gluten in Hostien und Feinstäuben von brennenden Adventskerzen, beim Staubsaugen sowie beim Böllerschießen zu Sylvester. Nach verschärften Kontrollen schafft es Deutschland europaweit auf Platz 1 bei den Alkoholsündern, was einen Ruf nach weiteren, noch schärferen Kontrollen nach sich zieht. Ein in einer Münchner U-Bahn zusammen getretener Rentner lässt Jugendgewalt von Immigranten auch in Hessen zum Wahlkampfthema werden. 138 muslimische Gelehrte wünschen Christen ein frohes Weihnachtsfest, afghanische Christen feiern Weihnachten im Verborgenen und ostindische Hindus brennen 12 Kirchen nieder. Bundespräsident Köhler appelliert in Weihnachtsansprache zu mehr Miteinander, Gastwirte in Schleswig-Holstein setzen zur Trennung von Rauchern und Nichtrauchern auf Glaswände und von der Leyen will überforderten Eltern das Sorgerecht entziehen.

Meldungen Dezember 2008

Montag, 1.12.08

- Bundesanleihen: So wenig Rendite wie noch nie
- Welt-AIDS-Tag: Trotz massiver Aufklärung ungebremster Anstieg in den Industriestaaten
- HIV-Infektionen in Deutschland seit 2001um 84 Prozent gestiegen
- Italien droht mit Klima-Veto
- Lebensmittelknappheit und Cholera in Simbabwe
- Klimapolitik treibt Briten in die Armut

Bis 2020 sollen 15% des Staatshaushalts in den Kampf gegen Klimagase gehen.

- Gewalttätige Eskalationen gegen Christen in Nord-Ägypten
- Sir Martin Gilbert äußert sich empört über unqualifizierte Angriffe auf Pius XII.

Gilbert zählt zu den führenden britischen Historikern und Holocaust-Forschern.

• Katholische Kirche rettete mehr Juden als allen anderen religiösen Vereinigungen und Hilfsorganisationen zusammen

• Heiratsvermittler: Eine Frau will zu ihrem Mann aufschauen

• Buchung eines Weihnachtsmanns: Verbraucherzentrale rät zu Abfassung eines schriftlich detaillierten Vertrags

Dienstag, 2.12.08

• USA befürchten riesige Milliardenlöcher bei Autobauern

• Merkel will kein EU-Klimapaket ohne globales Abkommen

• Obama in der Klima-Falle: Indien und China machen Druck

• Gewerkschaften machen Front gegen den Emissionshandel

• Familien in Bayern haben mehr in der Haushaltskasse als im Rest der Republik

• Frankreich startet Initiative zur Gleichstellung homosexueller Partnerschaften in der UNO

• Britische Polizei will in Torbay stark betrunkenen Frauen Sandalen zur Verfügung stellen

Um auf den Missbrauch von Alkohol hinzuweisen, tragen die Flip-Flops eine Botschaft. Zugleich gibt es dazu noch ein Kondom, eine Flasche Wasser und Kosmetik.

• Sparen ist sicherer: Deutsche spielen weniger Lotto

• Grüne Jugend fordert Quote für türkische Fußballer in der Nationalmannschaft

• Firmenweihnachtsfeiern: Kleiner und bescheidener

Mittwoch, 3.12.08

• US-Kongress warnt vor Biowaffen-Terror

• Perversion des Systems: Krankenkassen machen Jagd auf chronisch kranke Patienten

• Klimaschutz: Obamas Riesenrolle rückwärts

• Deutsche zahlen jährlich 50 Milliarden für den Klimaschutz ohne den geringsten Effekt

• Zu fett zum Kämpfen: Jeder zweite Bundeswehrsoldat ist übergewichtig

• Täglich 25 000 rauchende Fluggäste: Tabakkonzern JTI eröffnet Laucherlounge am Münchner Flughafen

Das Anti-Diskriminierungsgesetz in der Praxis:

• BVerfG: Kosmetik nicht nur für weibliche Gefangene

• „Oft dramatische Folgen für Kinder“: Italienischer Bischof warnt vor Ehen zwischen Katholiken und Moslems

• Al Kaida plante zu Weihnachten Blutbad im Mailänder Dom

Donnerstag, 4.12.08

• 1,352 Millionen Arbeitnehmern reicht der Lohn nicht

• Wirtschaftsprognosen: Deutsche Bank malt Horrorszenario

• Union will Deutsch als Sprache im Grundgesetz festschreiben

• Luxemburg – Großherzog Henri verweigert Unterschrift zum neuen Euthanasiegesetz

Ärzte sollten nicht nur passive, sondern auch aktive Sterbehilfe leisten.

• Die nächste Grippewelle rollt an

• Deutsche lesen immer weniger

• Schweiz: Prügelnde Frauen müssen in Kurse

2007 wurden 1300 Frauen wegen Körperverletzung bestraft, das ist ein Anstieg um 122 Prozent innerhalb von fünf Jahren.

• Weltwirtschaftskrise: Honda steigt aus der Formel 1 aus

• Integrations-Expertin Necla Kelek fordert „Migrantenquote“ für Betriebe

• Österreichische Frauenministerin fordert 40-Prozent-Quote in Führungspositionen

Freitag, 5.12.08

• 12 Milliarden: Länder besiegeln Konjunkturpaket für Deutschland

• Bundesrat stoppt vorläufig Kindergeld-Erhöhung

• Dioxin-verseuchtes Fleisch aus Irland auch in Deutschland?

• In Düsseldorf gibt es 22 000 Unternehmensberater

• Johannes Heesters wird 105

• Merkel ist in Europa populärer als der Papst

54 Prozent haben von Merkel eine gute Meinung, aber nur 48 Prozent vom Papst.

• Eisbär Knut feiert seinen 2. Geburtstag mit einer Party
• Regeneration und Lebensfreude: Orientalische Badeabende nur für Frauen in der Wiener Sargfabrik
• Auch heuer wieder: Kein Nikolaus in Wiener Kindergärten
Offizieller Grund: Kinder sollen nicht von einem Mann geängstigt werden, den sie nicht kennen. She. 6.12.07, 8.12.07.
• Robin Wood rät zu sozial-verträglich produzierten Öko-Christbäumen mit Gütesiegeln
Die Zeit wäre überreif für den öko-zertifizierten Meisenknödel!

Samstag, 6.12.08
• Polizist erschießt 15-Jährigen: Schwere Jugendkrawalle in Athen
• Forscher warnen: Klimawandel wird teurer als Finanzkrise
• OECD-Studie zum Klimawandel: 2030 wird das Wasser knapp
• Familiennetzwerk warnt eindringlich vor dem Kinderförderungsgesetz
Schon jetzt kann Alleinerziehenden nach SGB II, § 31 das Arbeitslosengeld II gekürzt bzw. gestrichen werden, wenn sie ihr Kind nicht in einer Krippe betreuen lassen, um dem Arbeitsmarkt ganztägig zur Verfügung zu stehen.
• Gegen das Grüne Gewissen: Kein Geld für Bio-Fleisch und Öko-Kühlschränke
• Papst-Musical „In nomine patris" endet in München als voller Flop
Inhalt: Ein Papst erfährt von seiner Tochter aus einer Liebesbeziehung und stürzt in eine Sinnkrise. Der im Vorfeld angekündigte Eklat blieb aus.
• „Großes Hammelfest" wird ab 2010 erster moslemischer Feiertag in Spanien
• Auch Frauen haben nächtliche Erektionen

Sonntag, 7.12.08
• EU-Klimadebatte: Merkel leitet die Kapitulation ein
• EU-Vertrag: Brüssel will Iren nochmals zur Urne bitten
Abstimmen, bis sie nachgeben werden: She. 15.6.07, 24.6.07, 29.7.08.
• Haiders Witwe wehrt sich gegen Homo-Gerüchte um ihren Mann

• Genderblick in der Architektur: Räume als Missbrauch männlicher Macht
• Transgender: Führt Australien ein drittes Geschlecht ein?
• Fragwürdige Trends: Designer-Brüste und kindliche Vagina
• Weiche Knochen durch Softdrinks?

Montag, 8.12.08
• Lehmann-Pleite: Verbraucherschützer drohen mit Klagewelle
• Suventionen für die Autoindustrie: Jeder will an den Finanztopf
• Merkel hört nicht mehr auf ihren Klimaberater Schellnhuber
• Jugendkrawalle in Griechenland weiten sich aus
• Krise erfasst die Metallindustrie
• Österreichischer Nuntius übt scharfe Kritik an Gender Mainstreaming
• Eurovision Song Kontest in Moskau: Bürgermeister warnt Schwule und Lesben vor Kundgebungen
• EU: Nach dem Ende der Gurkenkrümmung kommt der Kampf gegen die Glühbirnen

Dienstag, 9.12.08
• Automobilbau in der größten Krise ihrer Geschichte
• Verfassungsgericht erklärt Kürzung der Pendlerpauschale als grundgesetzwidrig
...und Merkel und Steinbrück feiern dies als ihr Geschenk an den Bürger.
• Weiter Jugendkrawalle in vielen griechischen Großstädten
• Menschenfresser in Papua-Neuguinea: „Japaner schmecken am besten"
Wenigstens das:
• Krise rettet das Klima: Weniger Abgase durch Rezession
• Krebsrisiko durch Tonerstaub: Studie gibt Entwarnung
She. 15.6.07, 24.6.07, 6.8.07, 9.10.07, 17.10.07.

Mittwoch, 10.12.08
• Schutz für Israel: Obama droht Iran mit atomarer Antwort
• Auch Dieselpreis rutscht unter 1 Euro

• Abstimmung zum EU-Vertrag: Brüssel lockt Irland mit weitgehenden Zugeständnisse

Beibehaltung des Abtreibungsverbots, Neutralität, ständiger Kommissar in Brüssel.

• Klimapaket: Berlusconi droht EU mit Veto

• Sarkozy plant Klima-Bonus für Osteuropäer

• EU-Streit ums Klima und Antidiskriminierungssgesetz: Cohn-Bendit pöbelt gegen Vaclav Klaus

She. Z. B.: 17.2.07, 19.3.07, 18.5.07, 29.8.07; 30.5.08.

• Sarkozy kritisiert Vaclav Klaus

• Österreichs Frauenministerin will Buben und Mädchen im Unterricht trennen

Trennung nach Geschlecht oder nach Gender?

• Energiesparlampen sparen geschätzt etwa 1,05 Prozent des Energieverbrauchs

Dafür gibt es viel Elektroschrott und Sondermüll.

Donnerstag, 11.12.08

• Ölnachfrage sinkt erstmals seit 25 Jahren

• Krawalle in Griechenland flauen ab

• Geflügelpest im Landkreis Cloppenburg

• Selbstmord zur besten Sendezeit: Britisches Fernsehen überträgt den Tod von Craig Ewert live

• 800 Cholera-Tote: Simbabwe wirft Westen Bakterien-Krieg vor

• Obama befürwortet Spätabtreibungen mit partieller Extraktion

Dabei wird das Ungeborene meist im fünften oder sechsten Schwangerschaftsmonat vaginal teilweise oder ganz extrahiert. Nach einem Scherenstich in den Kopf wird durch das entstandene Loch der Inhalt abgesaugt.

• UNO-Sicherheitsrat kritisiert Liechtenstein wegen mangelnder Gleichstellung

• Britney Spears spielt ihre Skandale auf der Bühne nach

Freitag, 12.12.08

• Bis zu vier Millionen Arbeitslose 2009?

• Berliner Daimler-Werk schickt 1600 Beschäftigte in die Kurzarbeit

• Wirtschaftskrise: Kardinal Meisner erinnert an den Aufstieg Hitlers
• Geflügelpest im Landkreis Cloppenburg breitet sich aus
• HSH Nordbank macht mindestens eine Milliarde Verlust
• Selbstmord in britischem TV löst Empörungswelle aus
• Britische Schulen verbieten in Rücksicht auf Moslems Krippenspiele und Weihnachtslieder
• Grüne fordern begleitende politische Bildung vom Kindergarten bis ins Altersheim

Eines der Hauptanliegen ist Information über die schwul-lesbische Emanzipationsbewegung.

• EU: Glühbirnenverbot spart vier Atomkraftwerke

Samstag, 13.12.08

• Merkel bremst den Klimaschutz ein
• Weltklimakonferenz in Posen: Außer Spesen nichts gewesen
• Datenklau: LB Berlin meldet den Verlust von zehntausenden Datensätzen
• 96,7 Prozent: Schäfer-Gümbel ist SPD-Spitzenkandidat
• Geflügelpest im Landkreis Cloppenburg: 58 000 Puten getötet
• Köln – Totes Baby im Altpapier gefunden
• Mutter stößt vierjährige Tochter von einer Brücke in den Neckar – tot
• Heftigste Schneefälle seit Jahrzehnten in Süden Österreichs
• „Wie wir behandelt werden, ist skandalös“: Kardinal Meisner kritisiert türkische Regierung

Sonntag, 14.12.08

• „Das ist dein Abschiedkuss, du Hund!“: Irakischer Journalist schleudert in Bagdad seine Schuhe auf George Bush

Passauer Polizeichef Mannichl von vermutlich Rechtsradikalem niedergestochen

• Rekordmengen an Schnee in den Alpen
• Vermutlich größter Betrug in der Geschichte der Wall Street: Bernard Madoff gesteht Milliarden-Zocke
• Ohne Bischof und Kapelle: Britisches Wörterbuch streicht christliche Begriffe

Nach der österreichischen Frauenministerin:

• Berliner Senatoren wollen Jungen und Mädchen getrennt unterrichten
• Pornos machen depressiv

Eine Studie der australischen Swineburn-University berichtet von Angstzuständen bei 35 Prozent und Depressionen bei 27 Prozent der Probanden.

Montag, 15.12.08

• Ölpreis steigt wieder: Opec kürzt Ölförderung um über zwei Millionen Barrel pro Tag
• Fall Mannichl: Polizei fasst zwei rechtsextreme Verdächtige
• Attentat auf Polizeichef: Das Tatmesser lag zum Lebkuchenschneiden auf der Fensterbank
• Rekordschneemengen in weiten Teilen Europas
• Trotz Finanzkrise: Die Mieten steigen weiter
• Italien lässt Abtreibungspille RU 486 zu
• Italien will Promillegrenze auf 0,2 senken

Ähnliche Pläne liegen auch in Deutschland schon längst in den Schubladen. She. 3.8.07, 5.9.07, 21.9.07, 6.11.07; 154.08, 15.5.08, 11.8.08.

• Pralinen mit Likör: Italienische Autofahrerin verliert in Trient mit 1,1 Promille den Führerschein
• Magnetosphäre: Zwei riesige Löcher im Schutzschild der Erde entdeckt
• HIV-Viren dringen auch durch gesunde Schleimhäute

Dienstag, 16.12.08

• Rechtsextreme Verdächtige im Fall Mannichl freigelassen
• Politiker fordern NPD-Verbot
• Sicherheit: BKA warnt vor Sicherheitslücken beim Internet-Browser Explorer
• Engländer ziehen sich aus dem Irak zurück
• Trotz internationaler Präsenz: Somalische Piraten kapern zwei weitere Schiffe

Was nun?:

• 2008 war viel zu warm und zu trocken

• 2008war das kälteste Jahr dieses Jahrhunderts
• Eis am Nordpol schmilzt so schnell wie noch nie
• Erderwärmung seit 2001 um 0,14 Grad gesunken
• Carl Djerassi warnt eindringlich vor der demografischen Entwicklung in Österreich

Der gebürtige Wiener ist der Erfinder der Anti-Baby-Pille. Djerassi nennt als Grund die Abkoppelung des Geschlechtsverkehrs von der Reproduktion. Eine Lösung der politischen und sozialen Konsequenzen sieht er nur noch in einer „aktiven Einwanderungspolitik".

• SPÖ bezeichnet Wahlaltersenkung auf 16 als Fehler

Trotz Umwerbung von SPÖ und ÖVP wählten Erstwähler mehrheitlich FPÖ.

• EU will nuckelfeste Kinderbücher vorschreiben

Zwar gibt es keinen einzigen belegten Unfall mit verschluckter Pappe, dafür aber wieder einen kostspieligen Unsinn mehr.

Mittwoch, 17.12.08

• Polizei verhört Müncher Ehepaar im Fall Mannichl
• Verfassungsschutz hat 31.000 rechtsextremistische Personen im Visier

Das sind 0,03875 Prozent der Gesamtbevölkerung.

• Berlin-Spandau – Schüler lässt Lehrer von Schlägertrupp verprügeln
• Neue Klimastudie: Deutschland wird bis zu 4,5 Grad wärmer
• Al Gore warnt vor völligem Abschmelzen des Nordpols in fünf Jahren
• Hellseher und Astrologen lagen mit Voraussagen für 2008 voll daneben
• Auch die Schweiz ertrinkt im Schnee

...was der Chef-Meteorologe Blumer dem staunenden TV-Zuschauer mit der Erderwärmung erklärt.

• 17 000 Berliner Polizisten sollen Namensschilder tragen

Damit sie im Telefonbuch schneller gefunden werden können?

• Düsseldorfer Polizist schreibt Brandbrief an Dienstgruppenleiter

„Ich bin an diesem Wochenende von Menschen aller Altersklassen bespuckt, beleidigt, mit Flaschen beworfen und sonst wie angegriffen worden. Komischerweise augenscheinlich durchweg von Migranten."

• Amerikanische Geschäftsführerinnen verdienen mehr als Männer
• Bad Girl oder Lady?: Wähle deinen Look!

Donnerstag, 18.12.08

• Hamas kündigt Waffenruhe auf und verschärft Raketenangriffe auf Israel
• Nach Mordanschlag auf Passauer Polizeichef: Haftbefehle gegen Münchner Ehepaar
• Nach Passauer Attentat: Bayern beschließt Resulution gegen Rechtsextremismus
• Carmen Everts: SPD-Abgeordnete sollten ihre Stimmenabgabe für Ypsilanti mit Handyfotos beweisen
• Wieder Anschlag auf Berliner Homo-Denkmal – Mahnwache geplant
• Pro Exemplar 1 Euro: Berliner Hartz IV-Empfänger sollen Ratten jagen
• 30 Prozent aller Tierarten könnten in naher Zukunft aussterben
• Prof. Rahmstorf: „Meeresspiegel steigt seit Jahrzehnten stärker als vom Weltklimarat vorhergesagt!"
• Fachleute machen sich Sorgen um staatlich geförderte Fremdbetreuung von Kleinstkindern
• „Christlicher Fundamentalismus": Chef des Bundesamtes für politische Bildung setzt Evangelikale mit Islamisten gleich
• Pestizide im Christbaum: Viele sind ökologisch bedenklich
• Frauen sind beim Aufbau von Ikea-Möbeln besser als Männer

Männern ist das Lesen der Aufbauanleitungen zu langwierig.

• GB: Obama heißester Regierungschef bei Schwulen – Merkel unter Lesben abgeschlagen

Freitag, 19.12.08

• Passauer Attentat: Österreichische Neonazi-Szene rückt ins Visier
• Mannichls sonderbares Phantombild: Nur Tatoos – aber ohne erkennbare Gesichtszüge

• Terrorist Christian Klar aus der Haft entlassen
• Schwerste Schneestürme in Wüstenstadt Las Vegas seit 30 Jahren
• 2007 kamen auf 684 862 Geburten 116 871 Abtreibungen
• Schraubenkönig Würth will Österreicher werden
• Gender Mainstreaming: Bundesrepublik erhält schlechte Noten für Gleichstellungspolitik
• Handgreifliche Szenen bei Raucher-Razzia in den Köln-Arcaden
• Amtsgericht Hannover: Rauchverbot gilt auch in Treppenhäusern
• Untersuchung: Schrumpft die Wirtschaft, wachsen die Kirchen

Die Studie der Texas State Univesity belegt in negativen Wirtschaftszyklen zwischen 1968 und 2004 Wachstumsraten besonders evangelikaler Gemeinden um 50 Prozent.

• Erderwärmung: US-Luftwaffe soll eine Million Tonnen Schwefel in die Atmosphäre pumpen

Samstag, 20.12.08

• Nach Messerattentat: Merkel fordert entschlossenes Handeln gegen Rechtsextremismus
• Nach Nazi-Attentat: Polizeischutz für Passauer Polizeichef

Bisher besteht allerdings immer nur noch ein Verdacht, dass der Täter aus der Nazi-Szene stammen könnte.

• Künstliche Befruchtung: Baby ohne Brustkrebs-Gen wird in London geboren

Das Embryo wurde aus elf im Reagenzglas erzeugten Embryonen ausgewählt. Die nicht selektierten wurden „zerstört".

• Drogenbeauftragte fordert höhere Steuern auf Bier und Wein
• Regierung verdoppelt Geldstrafen bei Alkoholfahrten über 0,5 Promille

Prohibition Now!

• Trotz gewaltpräventiven Schulprogramms: Zwei 13-Jährige schlagen Harburger Rentner krankenhausreif
• Lindauer Spielbank klagt über ein Drittel weniger Umsatz durch das Rauchverbot
• Nur 66 von 192 UN-Mitgliedsstaaten stimmen für mehr Homorechte

• Kein Homosexueller im Kabinett: Schwule und Lesben empört über Obama

Sonntag, 21.12.08

• Nach Passauer Anschlag: Steinmeier fordert NPD-Verbot
• Passau-Attentäter: Wo verstecken sich die Tattoo-Nazis?
• Emnid-Umfrage: 47 Prozent der Deutschen haben Angst vor rechtsradikalen Anschlägen
69 Prozent halten halten Rechtsextremismus für gefährlicher als Linksextremismus.
• Neue schwere Jugendkrawalle in Athen
• Solidarität mit Griechen: 1000 gewaltbereite Autonome marschieren in Hamburg
Vier verletzte Polizisten, zehn Festnahmen.
• Grüne fordern im Bundestag Gleichstellung von Homo-Paaren: CSU genervt
• Teure Klimapolitik: Die Autoindustrie bittet zur Kasse
• FAO warnt: Bald eine Milliarde Menschen leiden Hunger
• Navi, Handy, Datenschreiber: Das Auto wird zum Datensammler
• Nigeria – Sechs Pastoren ermordet, 25 000 Christen auf der Flucht
• Praktizierende Katholiken zeugen mehr Kinder
Die durchschnittliche Geburtenrate in Österreich liegt bei 1,4 Kindern, bei praktizierenden Katholiken bei 2,66.
• Seminar in Hamburg: „Gender und Ernährung – männlich, weiblich, anders?“
Frappierende Erkenntnis: Männer trinken weniger Früchte- und Kräutertees, dafür mehr Alkohol und essen mehr Fleisch.

Montag, 22.12.08

• Passauer Neo-Nazi Überfall: Ist der Täter Österreicher?
• Politiker wollen Druck auf rechte Szene erhöhen
• Müntefering gibt Grünes Licht für Rot-Rot in den Ländern
• Clement sieht SPD auf falschem Kurs
• Volle Gotteshäuser: Politiker fordern Christmettenbesuch nur für Kirchensteuer-Zahler

• Hypo Real Estate-Bank will mit Massenentlassungen aus der Krise kommen

• Drogenbeauftragte rudert bei Erhöhung der Bier- und Weinsteuer zurück

War nach dem Rauchverbot ja nur mal ein Versuchsballon. Angeblich sollte „nur“ eine Studie über den Einfluss höherer Steuern auf den Alkoholkonsum durchgeführt werden.

• Katholische Kirche in Poppenbüttel geschändet – Gebetsbücher auf dem Altar verbrannt

• Gender und neue Identitätskonzepte: Wiener Ausstellung „Dear Anus“ widmet sich geschlechteraktivistischen Sichtweisen

Fazit: Wenigstens beim Arschloch sind Männer und Frauen gleich. Aber darauf muss frau/man(n) erst mal kommen!

• 60 000 Euro: Stadt Braunschweig lässt Fußgängerwege auf Gender-Gerechtigkeit prüfen

Dienstag, 23.12.08

• Passauer Anschlag: 500 Fürstenzeller demonstrieren gegen Gewalt von Rechts

• Fürstenzeller Kirchenglocken läuten gegen Rechtsextremismus

• Mordanschlag auf Polizeichef: Verdächtiges Neonazi-Paar wieder frei

• Schäfer-Gümbel fordert von Reichen Zwangsanleihen für den Staat

• Drogenbeauftragte Bätzing will Schwangere vor Alkohol warnen

Ein Warnsignal mit einer durchgestrichenen Schwangeren auf Bier- und Weinflaschen soll werdende Mütter abschrecken. Ob das hilft?

• Zoll fahndet intensiv nach illegalen Böllern aus Polen und Tschechien

• Kärnten beschließt Bauverbot für Minarette

• Strafanzeige gegen Verein „Christsein heute“ wegen Volksverhetzung

In einem Spendenaufruf wurde auf Sklaverei in moslemischen Ländern verwiesen.

• Britische Klimahysterie: Traditionsmarke Land Rover steht vor der Pleite

• Burkini in Berliner Bädern nun offiziell erlaubt

• Gefährlicher Mythos: Cola in der Vagina schützt nicht vor Schwangerschaft

• Die Lesben kommen: Keine Party ohne knutschende Frauen

Mittwoch, 24.12.08 (Heiligabend)
• Fall Mannichl: Wo ist der Mann mit der grünen Schlange?
• Passauer Polizei ermittelt in alle Richtungen und sucht neue Zeugen
• Auch Zentralrat der Juden besorgt über Rechtsextremismus in Deutschland
• Hamas schickt achtzig Raketen nach Sderot
She. 19.5.07, 21.5.07, 19.6.07, 5.8.07; 23.2.08, 27.2.08, 28.2.08, 7.6.08.
• „Rosa Weihnacht" in Amsterdam: Streit um Heilige Familie mit Schwulen und Lesben
Maria ist in einer Krippe im Stadtzentrum eine Transvestitin in Lackstiefeln und Minirock, Josef gibt es doppelt als Schwule in Latex-Shorts oder mit Leder-Harnisch. Proteste stoßen auf „Unverständnis".
• Papst-Weihnachtsrede schockt Schwule
Benedikt XVI. wandte sich vehement gegen Gender und Relativismus. Weder wurden die Schwulen verteufelt noch überhaupt angesprochen. Trotzdem erfolgte innerhalb weniger Stunden ein europaweiter Aufschrei.
• Christliche Konvertitin in Ägypten von Polizei gefoltert und vergewaltigt
• Bangladesh –Buddhisten zwingen Christen zu Rekonvertierung
• 70 Orgasmen für ein Bild: Berliner Künstler malt mit Sperma
• Männliche Tierwelt in Gefahr: Immer mehr Tiere als Zwitter oder mit zu kleinem Penis
Gender auch in der Tierwelt?
• Maya-Kalender endet: Geht in vier Jahren die Welt unter?

Donnerstag, 25.12.08
• Nach Passauer Attentat: CSU will Kampf gegen Rechts intensivieren
• Politik und Medien behindern Passauer Ermittlungen
In der Sonderkommission beklagen die Ermittler eine frühe Festlegung auf einen rechtsextremen Täter.
• Hamas beschießt massiv israelische Städte

• Neben der Queen: Ahmahinedschad richtet Weihnachtsansprache an das britische Volk
• „Mann ist Mann und Frau ist Frau“: Papst-Rede zu Gender löst heftige Debatte aus
• KritikerInnen bezeichnen Papst-Rede zu Gender als „völlig unverantwortlich“
• Volker Beck nennt Papst-Rede „hetzerisch“
• Nach Brandanschlag auf Kirche: Dorstener müssen Weihnachtsgottesdienst im Zelt feiern
• Finanzkrise: Schmidt befürchtet Finanzloch beim Gesundheitsfonds
• Fall Mannichl: LKA soll von Anfang an neu ermitteln

1,90 Metergroß, tätowiert im Gesicht, Soko, ausgesetzte Belohnungen in Österreich und Tschechien– und niemand findet ihn?

Freitag, 26.12.08

• Israel droht Hamas mit Gegenschlag
• Fall Mannichl: Immer noch keine Spur zu einem Täter
• Rechtsextremismus nimmt zu

Nach einer im März von den Ländern verbindlich vereinbarten neue Zählweise können Propaganda-Delikte (z. B. Hakenkreuz-Schmierereien) auch ohne Aufklärung des Hintergrunds als rechts motivierte Straftaten gewertet werden.

• Börsen-Bilanz: Aktionäre verloren über 7 Billionen Dollar
• Alkohol: Sachsen und Bayern sind am trinkfreudigsten
• „Gleiches Recht für alle“: Professor fordert Scharia für in der Schweiz lebende Moslems

100 Prozent sind noch toppbar:

• NASA-Klimapapst Hansen macht den Menschen zwischen „100 und 105 Prozent“ für den Klimawandel verantwortlich
• Experten warnen vor gefährlichen Böllern
• Tony Blair liest täglich im Koran

Samstag, 27.12.08

• Rechtsextreme Taten um 30 Prozent gestiegen

• Israel fliegt Luftangriffe in Gaza-Streifen
• Alarmierende Bilanz 2008: Naturkatastrophen verursachten 200 Milliarden Dollar Schaden
• Katastrophen-Bilanz: 2008 war eines der schlimmsten Jahre
• Rückkehr, Buße, Besinnung: Kirchen profitieren von der Krise

Noch ist es freiwillig:

• Fahranfänger sollen sich für geringere Versicherungsbeiträge per Satellit überwachen lassen
• Über 14 Milliarden D-Mark sind noch im Umlauf
• Lesben- und Schwulenverbände planen für 2009 CSD's in dreißig deutschen Städten
• Deutschland wählte seine TV-Mieslinge: Bush Nummer 1, Lafontaine auf Platz 2

Sonntag, 28.12.08

• Israel droht Hamas mit Boden-Offensive
• Experte Schellnhuber warnt vor dramatischer Beschleunigung des Klimawandels
• Anteil fluorierter Treibhausgase 2007 um 4,8 Prozent gestiegen

Die als Alternative zum Ozonschicht-schädigenden FCKW eingeführten Ersatzstoffe sind langzeitstabiler und bis zu 1300 Mal stärker klimawirksamer als CO2.

• Dornburg-Frickhofen (Hessen): Blasius-Kapelle zum zweiten Mal geschändet
• Sinkende Geburtenraten: Vatikan fordert mehr Unterstützung der Familien
• Drogenbeauftragte Bätzing will Modedroge „Spice" ab Januar verbieten lassen

Die als Räucherwerk verkaufte Kräutermischung enthält einer Analyse zufolge eine Cannabis-ähnliche Substanz.

• Fall Mannichl: Politiker hüllen sich auffällig in Schweigen
• Vorsicht vor Katzen im Adventskranz: Katzen können Glitzerndem nur schwer widerstehen

Montag, 29.12.08

• Israel legt Infrastruktur der Hamas im Gaza-Streifen in Schutt und Asche

• Ägypten zeigt Verständnis: Hamas wusste, was sie erwartet

• Merkel: Hamas hat alleine Schuld am Krieg

• Haushalt: Steuerschwall saniert die Staatskassen

• Rechte schlagen immer öfter zu

• Passau will NPD-Demo vor Polizeidirektion verbieten

• Bürgermeister von Warin wegen Morddrohungen aus der rechtsradikalen Szene untergetaucht

• Polizei verbietet Roger Kusch weitere Sterbehilfe

She. 6.9.07, 7.9.07; 27.3.08, 29.3.08, 30.3.08, 1.7.08, 2.7.08, 3.7.08, 1.9.08.

• Mehr als eine Million Exemplare: „Feuchtgebiete“ ist 2008 Bestseller Nummer 1

• Weltklima destabilisiert sich stärker als angenommen

• Klimawandel stärker als gedacht: Münchner Rückversicherung will Prämien erhöhen

• Ein Gesetz geht in Rauch auf: Zigarettenabsatz in Spanien steigt wieder merklich

Dienstag, 30.12.08

• 300 Tote in Gaza – Israel droht Hamas mit Krieg bis zum „bitteren Ende“

• „Tod Israel!“: 2000 Menschen demonstrieren in Berlin gegen Militärschlag

• Frauenmörder Pommerenke (71) stirbt nach 49 Jahren in Haft

Heinrich Pommerenke tötete vier Frauen und wollte in Freiheit sterben.

• Willkommensparty für Christian Klar in Berlin

Klar war wegen neunfachen Mordes zu fünfmal lebenslänglich plus 15 Jahre verurteilt und kam nach 26 Jahren frei.

• Baden-Württemberg will die Zahl der Professorinnen verdoppeln

• Bürgermeister zunehmend genervt durch Feinstaubzonen

• Feinstaubwert lag zum Jahreswechsel 2007/08 um 6300 Prozent höher als normal

Silvester verbieten? Bonner Meteorologen überlegen Einleitung rechtlicher Schritte.

• Thüringer Gesundheitsministerium warnt vor geräucherter Gänsebrust

Mittwoch, 31.12.08

• Hamas-Raketen treffen erstmal Beerschewa

• Weimar – Patientin lag 5 Tage tot auf Behindertenklo

• Angeblich vor Rechtsextremen abgetauchter Wariner Bürgermeister bei schwulem Freund in Hamburg

• 62 Prozent der Ostdeutschen sehen sich nicht als Bundesbürger

• Giftcoctails in der Luft durch Böller und Raketen

• Schmierereien und Zerstörung: Zwei Kirchen in Mülheim/Ruhr müssen bewacht werden

• 2009: Neues Jahr und viele neue Gesetze

• Ab Morgen: Drastisch erhöhte Lkw-Maut bedroht 40 000 Jobs

• Aus mit Raucherfahrten über die Grenze: In Österreich kommt das Rauchverbot

• 2007 und 2008: Geringste Hurrican-Aktivität in der Nördlichen Hemisphäre seit 30 Jahren

She. 14.2.07, 23.3.07, 4.4.07, 5.4.07, 18.4.07, 25.5.07, 6.6.07, 8.6.07, 10.6.07, 27.7.07, 1.11.07, 31.12.07; 13.4.08, 4.6.08, 23.7.08, 1.9.08, 2.9.08, 3.9.08, 7.9.08, 8.9.08.

• 22 der am häufigsten benutzten Klimamodelle können das vergangene Klima nicht erklären

...aber dafür wenigstens das der Zukunft...

• 2009: Britney Spears will nie wieder Nägel kauen

Monats-Rückblick Dezember 2008

Trotz jahrzehntelanger Aufklärung steigen die HIV-Infektionen auch in Deutschland ungebremst weiter an, Frankreich startet in der UNO eine Initiative zur Gleichstellung homosexueller Partnerschaften, die britische Polizei stellt betrunkenen Frauen Sandalen zur Verfügung, dazu gibt es noch ein Kondom, eine Flasche Wasser und

Kosmetik. Die Deutschen zahlen jährlich 50 Milliarden für den Klimaschutz, während über einer Million der arbeitenden Menschen ihr Gehalt nicht zum Leben ausreicht, gleichzeitig stoppt der Bundesrat eine Erhöhung des Kindergeldes. Nach dem Scheitern des EU-Vertrags von Lissabon will Brüssel die Iren solange abstimmen lassen, bis sie nachgeben, die Jugendkrawalle in Griechenland eskalieren, nach der Aufregung im vergangenen Jahr um krebserregenden Tonerstaub aus Laserdruckern gibt eine schwedische Studie nun Entwarnung, die EU kämpft weiter um ein Glühbirnenverbot und verspricht die Einsparung von vier Atomkraftwerken , während andere Studien eine Einsparungen im Energie-Gesamtverbrauch um etwa 1 Prozent berechnen. Obama befürwortet Spätabtreibungen auch mit partieller Extraktion, die Grünen fordern Aufklärung über schwul-lesbische Lebensweisen vom Kindergarten an, in weiten Teilen Europas schneit es wie schon seit Jahrzehnten nicht mehr, was Experten mit der Erderwärmung erklären. Die EU denkt an eine gesetzliche Vorschrift für nuckelfeste Kinderbücher, die Drogenbeauftragte fordert höhere Steuern auf Wein und Bier, die Geldstrafen für Alkoholfahrten über 0,5 Prozent werden verdoppelt. Einem angeblichen Angriff Rechtsextremer auf den Passauer Polizeichef folgt eine Forderung nach einem Verbot der NPD, Politiker rufen auf zum Kampf gegen Rechtsextremismus, nach einer Umfrage fürchten sich 48 Prozent der Deutschen vor rechter Gewalt, auch der Zentralrat der Juden zeigt sich empört und auch die CSU will den Kampf gegen Rechts verstärken, während die Ermittler auf der Stelle treten. Der Bestseller Nr. 1 im Jahr 2008 heißt „Feuchtgebiete", das Thüringer Gesundheitsministerium warnt vor geräucherter Gänsebrust und ebenfalls gewarnt wird vor Giftstoffen aus Böllern und Raketen.

Platz für eigene Anmerkungen